Guía increíblemente fácil para el iPhone 15 y el iPhone 15 Pro

Primeros pasos con el iPhone 2023 y iOS 17

Scott La Counte

RIDICULOUSLY
SIMPLE BOOKS

ANAHEIM, CALIFORNIA

www.RidiculouslySimpleBooks.com

Índice

Descargo de responsabilidad*: Tenga en cuenta que, aunque se ha hecho todo lo posible para garantizar la precisión, este libro no está avalado por Apple, Inc. y debe considerarse no oficial.*

INTRODUCCIÓN

Descubre los entresijos del iPhone 15 y el iPhone 15 Pro con esta guía. Tanto si eres un usuario experimentado de iPhone como si sientes curiosidad por las últimas novedades de Apple, este libro te ofrece una inmersión profunda en las nuevas funciones y capacidades de estos avanzados dispositivos.

Tanto si vas a actualizar a iOS 17 como si vas a desbloquear un iPhone nuevo, hay mucho que desempaquetar.

En esta guía descubrirá:

- Nueva estética de diseño: Comprende el elegante rediseño con bordes planos y una muesca minimizada, que confiere a los iPhones un atractivo contemporáneo.
- Visión general del sistema de cámaras
- Trucos y consejos: Libera todo el potencial de tu iPhone 15 o iPhone 15 Pro con consejos y sugerencias de expertos.
- Uso de Face ID
- Uso de la isla dinámica
- Cómo utilizar Picture-in-Picture en películas y programas de televisión
- Cómo añadir widgets a tu pantalla de inicio
- Organizar aplicaciones con la biblioteca de aplicaciones
- Comprar, eliminar, reorganizar y actualizar aplicaciones
- Desenviar y editar mensajes de texto
- Uso de Siri
- Uso de aplicaciones preinstaladas como Notas, Calendario, Recordatorios, etc.
- Y mucho, mucho más.

Esta guía, ideal tanto para compradores potenciales que estén sopesando sus opciones como para propietarios actuales deseosos de sacar el máximo partido a su nuevo dispositivo, pretende ofrecer un conocimiento exhaustivo de las capacidades del iPhone 15 y del iPhone 15 Pro.

Nota: Este libro no está avalado por Apple, Inc y debe considerarse no oficial.

[1]

RESUMEN DEL TELÉFONO

¿CUÁL ES LA GRAN DIFERENCIA?

Antes de hablar del uso de los teléfonos, tenemos que hablar un poco de la variedad de teléfonos. Hay mucho donde elegir, y si estás actualizando desde el modelo del año pasado, puede que notes la diferencia enseguida. En esta sección, desglosaremos las diferencias.

Lo más importante que debes saber: esta guía se aplica a todos los teléfonos. El iPhone Pro Max no funciona de forma diferente al iPhone normal o incluso al iPhone SE. Todos funcionan igual. Hay algunas cosas en esta guía, sin embargo, que se aplicarán sólo a ciertos teléfonos, y voy a señalar a los que cuando vienen; los teléfonos Max, por ejemplo, tienen la opción de tomar fotos en un formato RAW, que, si usted es un fotógrafo, te encantará, pero si usted no es un fotógrafo, es probable que no saben de lo que estoy hablando.

Otra cosa que tienes que saber: el iPhone es un dispositivo impresionante, incluso si tienes el modelo más barato, te sorprenderá lo potente que es.

iPhone 14 Pro vs iPhone 15 Pro

En primer lugar, hablemos de lo mejor de lo mejor: la serie Pro. ¿Cómo se comporta el modelo de este año frente al del año pasado?

Diseño

Con un robusto marco de titanio, el iPhone 15 Pro no solo destaca por su resistencia, sino que también es notablemente más ligero que sus homólogos de acero inoxidable. Con unos biseles más finos, presenta una estética moderna que lo distingue visualmente del iPhone 14 Pro.

El salto al titanio proporciona al iPhone 15 Pro una mayor durabilidad y resistencia a los arañazos en comparación con el iPhone 14 Pro de acero inoxidable. Estos biseles refinados también allanan el camino para el uso con una sola mano sin esfuerzo, y con la gama de colores ampliada, hay un tono para que coincida con cada personalidad.

Cámara

El iPhone 15 Pro presume de un sofisticado sistema de cámaras compuesto por una cámara principal de 48 MP, un objetivo ultra gran angular de 12 MP y un teleobjetivo de 12 MP con un generoso zoom óptico de 3 aumentos. Se trata de una clara mejora con respecto a la cámara principal de 12 MP del iPhone 14 Pro. Esta actualización promete no sólo mejorar la fotografía con poca luz, sino también imágenes más nítidas y detalladas. Aún más notable es la introducción en el iPhone 15 Pro del teleobjetivo periscópico, que amplía los objetos hasta 6x ópticamente, triplicando el zoom 2x del iPhone 14 Pro.

El ya impresionante sistema de cámara del iPhone 14 Pro tiene un digno sucesor. La cámara principal de 48 MP del iPhone 15 Pro rinde mejor en situaciones de poca luz y ofrece una captura de mayor detalle. La innovadora lente periscópica con zoom óptico 6x lo distancia aún más de su predecesor. Además, el iPhone 15 Pro introduce el modo Cinemático, una función diseñada para que los usuarios puedan crear vídeos de calidad cinematográfica con una profundidad de campo exquisita.

Chip

Bajo el capó, el iPhone 15 Pro alberga el avanzado chip A17 Bionic, una iteración superior al A15 Bionic del iPhone 14 Pro. Mientras que el A15 Bionic ya dominaba el panorama del procesamiento móvil, se espera que el A17 Bionic lleve la potencia de procesamiento y las capacidades multitarea a niveles sin precedentes, dando cabida fácilmente a la grabación de vídeo de alta resolución y a intensas sesiones de juego.

La integración del chip A17 Bionic también ofrece perspectivas de una gestión más eficiente de la energía, lo que indica mejoras potenciales en la longevidad de la batería del iPhone 15 Pro.

Cargando

Con el cambio al puerto USB-C, el iPhone 15 Pro simplifica la experiencia de carga. Dado que USB-C es un elemento básico para muchos dispositivos contemporáneos, a los usuarios les resultará más fácil cargar su iPhone 15 Pro con otros gadgets. Aunque el iPhone 14 Pro contaba con USB-C, se basaba principalmente en el puerto Lightning. Sin embargo, con el iPhone 15 Pro, USB-C no es solo una opción, sino el nuevo estándar.

Otras características

El iPhone 15 Pro da un salto con la incorporación de un botón de acción, que cumple diversas funciones, desde el acceso instantáneo a Siri hasta atajos simplificados. Una función destacada, la asistencia en carretera vía satélite, garantiza que los usuarios que se queden tirados en lugares menos accesibles no se queden en la estacada.

Comparativamente, el iPhone 14 Pro empleaba un botón lateral para interacciones con Siri y capturas de pantalla, pero no contaba con Asistencia en Carretera vía satélite. Este nuevo botón de acción promete una plétora de funciones de acceso rápido, haciendo hincapié tanto en la funcionalidad como en la comodidad.

iPhone 14 vs iPhone 15

Ahora pasemos al iPhone normal y comparémoslo con el modelo del año pasado.

Diseño

Tanto el iPhone 14 como el iPhone 15 lucen una silueta de bordes planos complementada con un marco de acero inoxidable. Aunque comparten similitudes, el iPhone 15 es un poco más grande que su predecesor, aunque ambos tienen una pantalla de 6,1 pulgadas.

Mostrar

Cada uno de estos modelos deslumbra con una pantalla Super Retina XDR, que proyecta imágenes con una resolución de 2532 x 1170 píxeles. Sin embargo, el iPhone 15 lleva la luminancia un escalón más arriba, ostentando un brillo máximo de 1600 nits en comparación con los 1200 nits del iPhone 14.

Cámara

Uno de los puntos en común de estos iPhone es la triple lente de la cámara trasera: una cámara principal de 12 MP, una lente ultra gran angular de 12 MP y un teleobjetivo de 12 MP. Sin embargo, el iPhone 15 marca un nuevo territorio con una robusta cámara principal de 48 MP, un salto desde la lente de 12 MP del iPhone 14. Para enriquecer aún más la experiencia fotográfica, el iPhone 15 introduce un teleobjetivo periscópico que amplía los sujetos hasta 6 aumentos ópticos, eclipsando el zoom 2x del iPhone 14.

Chip

El motor del iPhone 14 es el chip A15 Bionic. En cambio, el iPhone 15 está diseñado en torno al A16 Bionic, la siguiente generación de procesadores móviles de Apple. Aunque el A16 Bionic promete un rendimiento superior, se prevé que el salto respecto al A15 sea sutil.

Otras características

En esencia, ambos iPhone comparten funcionalidades como Face ID, un escáner LiDAR y altavoces estéreo envolventes. El iPhone 15 se distingue por el novedoso botón Action, que puede servir como herramienta de acceso rápido o como activador de Siri, y la innovadora asistencia en carretera vía satélite, que garantiza la seguridad de los usuarios en zonas remotas.

Estableciendo paralelismos, aunque las diferencias entre el iPhone 14 y el 15 puedan parecer matizables, el iPhone 15 anuncia una serie de características refinadas, desde el brillo de su pantalla hasta la destreza de la cámara y el innovador botón Action.

iPhone 15 vs iPhone 15 Pro

Está bien saber en qué se diferencian los modelos de generaciones anteriores, pero ¿y los de este año? ¿Qué pasa si estás en la tienda tratando de decidir si realmente debe pagar más por el Pro? Déjame que te explique en qué se diferencian, pero, de nuevo, te diré que ambos teléfonos son dispositivos estelares y que estarás contento con cualquiera de ellos.

Pantalla

Tanto el iPhone 15 como el 15 Pro tienen una pantalla Super Retina XDR de 6,1 pulgadas. Pero aquí viene lo bueno: la pantalla del Pro tiene esta ingeniosa tecnología ProMotion. En pocas palabras, significa que todo se ve como la seda cuando ves vídeos, juegas o navegas por Internet. Además, cuando no estás inmerso en TikTok o lo que sea, se reduce para ahorrar batería. El iPhone 15 básico, en cambio, dice: "Me conformo con mi frecuencia de refresco normal de 60 Hz, gracias".

Y, para todos los noctámbulos, el Pro tiene una pantalla siempre encendida, perfecta para el modo StandBy. ¿El 15? No tanto.

Diseño

Colores a raudales con el iPhone 15. Piensa en bonitos rosas, amarillos suaves, verdes fríos y azules tranquilos. Por su parte, el 15 Pro es todo elegancia: negro, blanco, un azul elegante y este tono titanio que es un poco beige, pero elegante. El 15 tiene un cuerpo de aluminio con un toque de color en la parte trasera de cristal. ¿Y el Pro? Piensa en James Bond: titanio con una textura mate.

Tamaño y peso

El iPhone 15 es un poco más grande, pero sorprendentemente más ligero. El titanio suele ser más ligero que el aluminio, pero ¿el peso añadido del Pro? Probablemente por la cámara adicional. Estadísticas rápidas: el iPhone 15 pesa 6,02 onzas y el Pro 6,6 onzas.

Complementos interesantes

Los 15 Pro han sustituido el interruptor de silencio por este nuevo "Botón de acción". Es básicamente un botón rápido para cosas como usar la linterna o hacer una foto rápida.

Enfrentamiento de cámaras

Pero, ¿qué pasa con la característica que realmente importa a todo el mundo? La cámara.

La 15 tiene dos cámaras, pero la Pro añade otra para esas fotos nítidas con zoom. ¿Modo nocturno? Ambos lo tienen, pero el Pro te permite usarlo en modo retrato.

Dentro del capó

Ambos teléfonos son rápidos, pero el Pro tiene un chip ligeramente mejor para los aficionados a los juegos. Y si tienes un montón de fotos y aplicaciones, el Pro es el único con una opción de almacenamiento de 1 TB.

Cargando

El USB-C está de moda. Pero si quieres esas velocidades superrápidas, tienes que ser Pro. Eso sí: tendrás que hacerte con tu propio cable USB-C 3 para aumentar la velocidad.

Hay otras diferencias sutiles, pero éstas son las principales.

iPhone 15 Pro Max vs Samsung S23 Ultra

Estoy seguro de que sabes que hay otros teléfonos en down-notablemente los teléfonos Android. ¿Y qué hay de esos teléfonos? Tomemos el dispositivo premium de Apple y comparémoslo con uno de los teléfonos premium más populares que existen: el Samsung S23 Ultra. ¿Cómo queda?

Imagínatelo: estás sosteniendo el iPhone 15 Pro Max. Lo primero que notarás es su elegante diseño de titanio contorneado, que es claramente diferente al de sus predecesores. Ah, ¡y por fin se han pasado al USB Type-C! Los fans de la personalización apreciarán el Action Button que han introducido, algo que recuerda al Apple Watch Ultra. Es ligeramente más ligero en la mano, pesa unos 221 gramos y viene en una sofisticada paleta de tonos Titanio como Natural, Azul, Blanco y Negro.

Dale la vuelta al Galaxy S23 Ultra. Tiene ese diseño familiar de sándwich de cristal que recuerda al Galaxy S22 Ultra. Para los que hacen bocetos o toman notas, el lápiz óptico S Pen integrado será una delicia. Con 234 gramos, es un poco más pesado que el iPhone y ofrece una gama de colores que incluye crema, lavanda y negro fantasma.

Ahora, atención, elijas el que elijas, ninguno lleva un adaptador de pared en la caja. Sí, eso existe ahora.

En cuanto a la pantalla, el iPhone 15 Pro Max cuenta con una pantalla Super Retina XDR de 6,7 pulgadas, que garantiza que tus sesiones de Netflix se vean fantásticas. Una característica dinámica es su tecnología ProMotion de 1-120 Hz, que se ajusta en función de lo que estés viendo. En cuanto a la seguridad, confía en el fiable Face ID para mantener todo bajo control. Por su parte, el Galaxy S23 Ultra es ligeramente superior con una pantalla de 6,8 pulgadas y un diminuto orificio para la cámara frontal. Su escáner ultrasónico de huellas dactilares en pantalla parece sacado de una película de ciencia ficción.

Bajo el capó, las cosas se ponen interesantes. El iPhone lleva un chipset Apple A17 Pro de 3 nm, respaldado por 8 GB de RAM. Además, el iPhone incluye iOS 17 de serie, con la generosa promesa de cinco años de actualizaciones. Por otro lado, el Galaxy S23 Ultra, impulsado por una versión personalizada del Snapdragon 8 Gen 2, ofrece opciones de 8 GB y 12 GB de RAM. Sin olvidar sus funciones DeX, que transforman el teléfono en un miniordenador, y, por supuesto, las funcionalidades especiales del S Pen.

En cuanto a la cámara, el iPhone cuenta con una cámara principal de 48 MP y un nuevo motor fotónico. Esto significa fotos más rápidas en cenas con poca luz o en días soleados en el parque. El Galaxy, sin embargo, está en su propia liga, con una cámara principal de 200 MP y una cámara frontal de 12 MP. Las fotos de las vacaciones pueden rivalizar con las profesionales. Ten en cuenta, sin embargo, que más píxeles no significan necesariamente mejores fotos. Pero tiene lentes increíbles que te van a sorprender.

Ahora, si estás disfrutando de una maratón de música o películas, ambos teléfonos prometen un sonido estelar. El iPhone destaca por sus altavoces estéreo y su motor háptico Advanced Taptic Engine, que garantizan una experiencia más envolvente. Galaxy tampoco se queda atrás y presume de un audio ejemplar y una respuesta háptica de gama alta.

Preocupado por la batería, el iPhone tiene una capacidad estimada de entre 4.200 y 4.300 mAh y ofrece 20 W de carga por cable y 15 W con MagSafe para carga inalámbrica. El Galaxy S23 Ultra, sin embargo, tiene una batería más potente de 5.000 mAh, carga por cable más rápida de 45 W e incluso carga inalámbrica inversa, lo que significa que puedes cargar otro dispositivo inalámbrico colocándolo contra la parte trasera del teléfono, sin necesidad de cables.

¿Cuál es la conclusión? En cualquier caso, ¡estás de suerte! Para mucha gente, todo se reduce al ecosistema en el que quieren invertir. Si tienes un Apple Watch, un Apple TV o un iPad, elegir un iPhone es una decisión obvia.

NOVEDADES DE IOS 17

Una de las mejores cosas del iPhone es que las actualizaciones de su sistema operativo son gratuitas; eso significa que aunque no compres un teléfono nuevo, tendrás acceso a un montón de nuevas funciones. Sin embargo, algunas funciones del sistema operativo no estarán disponibles para los modelos más antiguos. Cuando una función sea exclusiva de un nuevo dispositivo, lo indicaré.

Hay muchas actualizaciones de iOS, pero a continuación te indicamos las que probablemente te interesen.

Características principales
Estas son las características que más entusiasman a la gente.

Buzón de voz en directo
¿Alguna vez has sentido la necesidad de... no escuchar los mensajes de voz? Te presentamos Live Voicemail. Básicamente, es una transcripción mágica en tiempo real. Escanea los mensajes de voz como si estuvieras hojeando un cómic. ¿No estás seguro de quién es? Su nombre y sus dígitos están ahí. ¿Y si estás esperando una posible oferta de trabajo? Puedes husmear y ver si RRHH te ha dejado un mensaje sin ni siquiera escucharlo.

Carteles de contacto
Considéralo tu tarjeta de visita. Tu póster de contacto puede ser un Memoji atrevido, un selfie glorioso, ¡o incluso ambas cosas! ¿Quieres darle un toque especial? Ponle un texto con tu título, tus pronombres o incluso el lema de tu vida: "Más pizza, menos drama".

NameDrop
Olvídate de las tarjetas de visita; eso es tan del año 2000. Con NameDrop, un rápido movimiento de teléfono cerca del iPhone de otra persona y ¡bam! intercambio de contactos. Es como un apretón de manos secreto en la era digital. Y sí, es tan seguro como una cámara acorazada, gracias al cifrado de extremo a extremo.

Pilas inteligentes
Los widgets acaban de actualizarse. Agrúpalos en tu pantalla de inicio para tenerlos a la vista. Imagina tener un mini centro de control que te muestre el caos de la semana, el tiempo de hoy y tus 5 tareas principales.

Revista

Tu nuevo confidente digital. Ya sea para expresar tus sentimientos, garabatear cosas al azar o capturar recuerdos, Journal es lo que necesitas. Una pizca de autocuidado en tu dispositivo. Y con los recordatorios, no olvidarás ese "tiempo para mí" diario. Esta función no llegará de inmediato a iOS 17; lo hará a finales de este año.

StandBy

Por último, StandBy es como el salvapantallas de tu teléfono. Cuando tu iPhone se está enfriando y sacando jugo, este modo entra en acción y te ofrece información esencial sin necesidad de despertarte del todo. Personalízalo a tu gusto.

Otras características

¿Y qué hay de otras funciones que siguen actualizándose, pero quizá no tanto?

Mensajes

Apps de iMessage unificadas: Con un toque en el icono más, accede a los elementos enviados con más frecuencia. Desliza el dedo hacia arriba para ver más apps de iMessage.

Mensajería eficiente: Usa la flecha para saltar a los mensajes no leídos y desliza el dedo para responder rápidamente.

Búsqueda mejorada: aplique varios filtros para agilizar la búsqueda de mensajes.

Funciones de localización: Comparte o solicita ubicaciones con facilidad y visualízalas directamente en tu chat.

Transcripción de mensajes de audio: Lea las transcripciones de los mensajes de audio y escúchelos cuando le convenga.

Organización de stickers: Encuentra todos tus stickers (Live Stickers, emojis, Memoji y mucho más) en una sola ubicación, sincronizados en todos los dispositivos.

FaceTime

Dejar mensajes: ¿No puedes conectarte? Deja mensajes de audio o vídeo.

Reaccione con realidad aumentada: Muestra divertidas reacciones en 3D o actívalas con gestos de la mano.

FaceTime en el Apple TV: Utiliza tu iPhone como cámara e inicia o transfiere llamadas FaceTime a tu televisor.

Mejoras del teclado

La autocorrección mejorada y las predicciones en línea garantizan una experiencia de escritura más fluida.

Safari y contraseñas

Perfiles: Experiencias de navegación separadas con perfiles distintos para temas como el trabajo y lo personal.

Navegación privada mejorada: Mayor seguridad en la navegación privada.

Funciones de autorrelleno: Rellena instantáneamente códigos de verificación de un solo uso desde correos electrónicos.

Música y AirPlay

Las funciones de listas de reproducción colaborativas, las sugerencias de dispositivos inteligentes y el próximo AirPlay en las habitaciones de hotel van a revolucionar tus experiencias musicales y de uso compartido.

Mapas

El acceso a mapas sin conexión y las funciones mejoradas de rutas para vehículos eléctricos hacen que la navegación sea más fluida que nunca.

App Salud

Los nuevos conocimientos sobre salud mental y visual hacen hincapié en el bienestar general.

Privacidad y seguridad

La mayor seguridad de las comunicaciones, las advertencias sobre contenido sensible, los permisos mejorados y el modo de bloqueo ampliado garantizan la seguridad de sus datos.

Dispositivos compatibles

Aunque iOS 17 es una actualización gratuita, no es compatible con todos los dispositivos. Si tu teléfono solo tiene unos pocos años, entonces deberías estar bien. A continuación se muestra una lista de todos los teléfonos compatibles. Si no ves el tuyo, significa que no es elegible para una actualización a iOS 17:

- iPhone 15
- iPhone 15 Plus
- iPhone 15 Pro
- iPhone 15 Pro Max
- iPhone 14
- iPhone 14 Plus
- iPhone 14 Pro
- iPhone 14 Pro Max
- iPhone 13
- iPhone 13 mini
- iPhone 13 Pro
- iPhone 13 Pro Max
- iPhone 12
- iPhone 12 mini
- iPhone 12 Pro
- iPhone 12 Pro Max
- iPhone 11
- iPhone 11 Pro
- iPhone 11 Pro Max
- iPhone XS
- iPhone XS Max

- iPhone XR
- iPhone SE (2ª generación o posterior)

¿CÓMO ACTUALIZAR SU TELÉFONO?

Si tienes activadas las actualizaciones automáticas, no tienes que hacer nada. Se descargarán solas (normalmente mientras duermes). Si quieres hacerlo manualmente, o ver si las actualizaciones automáticas están activadas, ve a Ajustes > General > Actualizaciones de software.

La actualización es bastante grande, así que asegúrate de descargarla a través de Wi-Fi y no con datos. Una vez descargada, tardará varios minutos en instalarse y no podrás utilizar el teléfono durante parte de este tiempo, así que asegúrate de que no estás esperando ninguna llamada.

Bienvenido a casa

Pongámonos cosméticos, ¿vale?

El botón físico Home fue una característica de los iPhone durante mucho tiempo -y lo sigue siendo en los teléfonos SE-. Pero en 2018, Apple cambió esto con el lanzamiento del iPhone X.

A estas alturas, es probable que mucha gente esté empezando a acostumbrarse a no tener botón Home; pero todavía hay mucha gente ahí fuera que nunca ha usado un iPhone sin Home.

En el próximo capítulo hablaré de cómo configurarlo, así que sé que todo esto suena un poco retrógrado, pero como mucha gente se está actualizando al nuevo iPhone desde un modelo anterior, merece la pena hablar de las principales cosas que serán diferentes.

Si ya has usado antes el iPhone con el botón Home, ¡seguro que te pasas un buen día poniendo continuamente el pulgar donde antes estaba el botón! No te preocupes. Lo superarás. De hecho, cuando te acostumbres a que no esté ahí, empezarás a ver que es más efectivo sin él.

Antes de sumergirnos en los gestos, vamos a cubrir algunas otras cosas que parecen diferentes acerca de este teléfono.

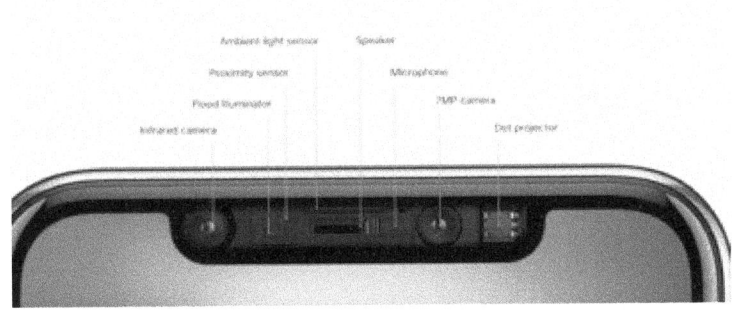

La parte superior del teléfono (se conoce como muesca superior) es una franja negra. Todo ello ayuda a que el teléfono funcione mejor. En el extremo derecho (mirando al teléfono) hay un proyector de puntos. Suena a algo que proyectará tu iPhone en la pared, ¿verdad? ¡Ojalá! Esa es en realidad la cámara que escanea tu cara para Face ID (hablaré de eso en un segundo). Al lado está la cámara, de 12 MP. Hay otros sensores y cámaras en el extremo izquierdo. Suenan elegantes, ¿verdad? Sensor de proximidad. Iluminador de inundación. Elegante es... ¡bien elegante! Pero, ¿qué significa eso en términos sencillos? Significa que la cámara frontal puede tomar selfies impresionantes. Si has utilizado el iPhone 8 u 8 Plus, probablemente estés familiarizado con el modo Retrato Retrato? Si no es así, en pocas palabras, le da un aspecto borroso y profesional a tu foto. Para ello, necesitas algunos sensores adicionales; a partir del iPhone X (y de cualquier iPhone posterior), esas funciones se encuentran tanto en la parte delantera como en la trasera del teléfono. Eso significa que puedes obtener el mismo tipo de fotos independientemente de la cámara que utilices (frontal o trasera).

Lo anterior se aplica a la mayoría de los teléfonos. Pero en 2022, Apple lanzó un nuevo teléfono que se atrevió a ser diferente: el iPhone Pro 14. Este teléfono reemplazó ese sensor frontal superior por una "Isla Dinámica". Cubriré eso en un momento. Esto es lo que debes saber si tienes este modelo: es interactivo. A diferencia de los otros iPhones, este conjunto en forma de píldora se puede tocar e interactuar con él.

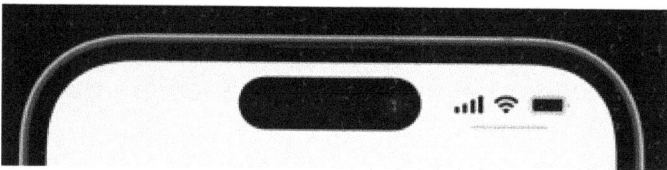

Vale, todo eso es interesante, ¿no? Pero en realidad no haces nada con la muesca. ¿Qué pasa con los botones del propio teléfono? Buena pregunta. Gracias por preguntar.

La ubicación de los botones no dista mucho de la de anteriores iPhones.

En el lado derecho del teléfono, tienes el volumen arriba y abajo, ¿que hace qué? Lo has adivinado. Sube y baja el volumen. También hay un interruptor encima que silencia el sonido.

En el lado izquierdo tienes tu "Botón lateral." Cuenta la leyenda que lo llamaron "Botón lateral" porque está en el lateral del teléfono. Ese botón está en otros teléfonos -aunque un poco más corto- pero funciona de manera un poco diferente aquí.

El botón lateral es y no es el sustituto del botón Home. Eso suena vago, ¿eh? Esto es lo que quiero decir: no usarás este botón para volver a la pantalla de inicio, pero puedes usarlo para activar Siri (o simplemente para decir "Oye Siri"). También puedes usar este botón para encender y apagar el teléfono, o para ponerlo en modo de espera (que es el modo en el que lo pones después de terminar de jugar a Angry Birds en el baño y necesitas dejar el teléfono durante un minuto para lavarte las manos).

El uso más común del botón lateral es activar el teléfono. Si coges el teléfono y lo miras con cara de enfado o confusión, también lo harás. Pero si alguna vez te encuentras atascado y descolgar el teléfono no es despertarlo, a continuación, sólo tiene que pulsar el botón lateral y usted debe estar bien.

Ese botón lateral también te será útil cuando quieras usar Apple Pay-Presiona dos veces el botón y luego mira tristemente tu teléfono mientras el dinero se retira por arte de magia.

HABLEMOS DE TU CARA

Las cosas iban bien contigo y el botón Home. Podías frotar el pulgar sobre él y, como un genio en una botella, leía mágicamente tu ADN y se encendía. ¿Por qué Apple tuvo que arruinar algo tan bueno?

Claro, deshacerse del botón le da más espacio en la pantalla, pero un montón de otros teléfonos han añadido un botón en la parte posterior del teléfono para que pueda tener lo mejor de ambos mundos. Es como si Apple estuviera tratando de obligarte a amarlo, ¿no? No sé por qué Apple lo hace todo, pero si la historia pasada nos enseña algo, hemos aprendido que Apple nos hace adaptarnos a cosas mejores quitándonos las cosas que amamos. Nos encantaban nuestras unidades de CD... y Apple las quitó y puso unidades USB en su lugar; aunque lo superamos, ¿no? Lo volvieron a hacer con la toma de auriculares. Y en los nuevos MacBook, el USB ha desaparecido y en su lugar, el más rápido USB-C.

El cambio nunca es divertido, pero no es necesariamente malo. Si te gustan los números, éste te encantará. Ese pequeño escáner dactilar de tu viejo teléfono tiene una proporción de 50.000:1: esa es la proporción de lo difícil que le resultaría a alguien entrar en tu teléfono. El iPhone con Face ID? 1,000,000:1. Así que si eres un fan de la seguridad, entonces Face ID es una obviedad.

Si eres esa persona que siempre está lanzando "¿Y si...?" a la ecuación (eres la misma persona que se preguntaba morbosamente: "¿Y si alguien me robara el teléfono y me cortara el dedo para desbloquearlo? Seguiría funcionando el escáner de huellas dactilares?"), entonces seguro que tienes unas cuantas preguntas. Por ejemplo:

- ¿Y si llevo gafas y luego me las quito o me pongo lentillas?
- ¿Y si tengo barba y me la afeito?
- ¿Y si creo que me parezco a Brad Pitt, pero el teléfono dice que soy más bien Lyle Lovett?

Lo siento, Lyle, no todo el mundo puede ser un Brad, pero no tienes que preocuparte por esos dos primeros puntos. Face ID tiene reconocimiento adaptativo, así que no te pasará nada si decides dejártelo crecer para Movember.

Si estás en una habitación oscura, Face ID también funcionará, aunque con un poco de ayuda del sensor de luz, lo que resulta un poco molesto si estás tumbado en la cama y la única forma de desbloquear el teléfono es que se encienda una luz para escanear tu cara. Si estás en una habitación oscura, también puedes simplemente pulsar ese botón lateral para abrirlo manualmente y saltarte el Face ID.

ALCANZAR EL CIELO

Hace varios años, Apple hizo un gran cambio en el iPhone haciendo las cosas... ¡bien grandes! Introdujeron lo que se conocería como el modelo "plus". Era maravilloso... ¡y grande! Si tuvieras manos de Shaq, no tendrías problemas para moverte por el dispositivo. Si tenías manos humanas normales, entonces las aplicaciones de la fila superior del teléfono eran un poco exageradas.

Esto no fue un gran problema en el iPhone X porque era un poco más pequeño que el plus. Los teléfonos de la siguiente generación, sin embargo, introdujeron un modelo "max". En los teléfonos antiguos, esto era un broche de presión: simplemente toque dos veces (no presione, toque) el botón Inicio. ¿En los teléfonos nuevos? Lo siento, pero volvemos a aprender cosas nuevas... Me he quedado sin huesos para este capítulo.

Para llegar a la parte superior, desliza el dedo hacia abajo en el borde inferior de la pantalla.

FORZAR EL REINICIO

Lo ideal sería que nunca tuvieras que forzar el reinicio de tu teléfono (eso significa que tu teléfono se congela y no puedes hacer nada). Si alguna vez ocurre, entonces ¿qué haces sin botón Home? No te preocupes. Es muy sencillo:

1. Pulse y suelte rápidamente el botón Subir volumen.
2. Pulse y suelte rápidamente el botón Bajar volumen.
3. Mantenga pulsado el botón lateral hasta que vea el logotipo de Apple.

Esas son las opciones para forzar el apagado de tu teléfono. ¿Y si no está congelado y sólo quieres apagarlo? Mantén pulsados el botón lateral y Subir volumen al mismo tiempo. Aparecerán varias opciones: Deslizar para apagar, Identificación médica y SOS de emergencia.. La que quieres es obviamente la primera. SOS llamará a los servicios de emergencia locales, ¡así que no lo deslices por error!

RESUMEN DEL PRIMER CAPÍTULO DE RIDICULOUSLY SIMPLE

Vale, ¿sólo tienes un minuto para ponerte en marcha y necesitas el resumen de 1 minuto de todo lo importante?

Vamos a cubrir los gestos. El lado izquierdo será la forma en que el gesto solía trabajar, y el lado derecho será la forma en que funciona en los nuevos iPhones.

iPhone 8 y abajo	A partir del iPhone X
Ir a la pantalla de inicio - Pulse el botón Inicio.	Ve a la pantalla de inicio: desliza el dedo hacia arriba desde la parte inferior de la pantalla.
Multitarea - Pulsa dos veces el botón Home.	Multitarea - Desliza el dedo hacia arriba desde la parte inferior de la pantalla, pero no lo levantes hasta que llegue al centro.
Centro de control - Desliza el dedo hacia arriba desde la parte inferior de la pantalla.	Centro de control - Desliza el dedo hacia abajo desde la esquina superior derecha de la pantalla.
Notificaciones - Desliza el dedo hacia abajo desde la parte superior de la pantalla.	Notificaciones - Desliza el dedo hacia abajo desde la parte superior central de la pantalla.
Buscar - Desde la pantalla de inicio, desliza el dedo hacia abajo desde el centro de la pantalla.	Buscar - Desde la pantalla de inicio, desliza el dedo hacia abajo desde el centro de la pantalla.
Acceder a los widgets - Desde la pantalla de inicio o de bloqueo, desliza el dedo hacia la derecha.	Acceder a los widgets - Desde la pantalla de inicio o de bloqueo, desliza el dedo hacia la derecha.
Llegar a la cima - Pulsa dos veces (no presiones) el botón Inicio.	Llegar a la cima - Desliza el dedo hacia abajo en el borde inferior de la pantalla.

HOLA, MUNDO

Este capítulo tratará:
- Configurar el iPhone por primera vez
- Configurar tu iPhone con los ajustes de tu teléfono anterior
- Configuración de Face ID
- Cargando
- Navegar por el teléfono mediante gestos
- Utilizar el teclado en pantalla

PREPARAR LAS COSAS

Ahora que ya conoces las principales diferencias entre la naturaleza física del teléfono, demos un paso atrás y hablemos de cómo configurarlo. Si ya estás en la pantalla de inicio, obviamente puedes saltarte esta sección.

Desembalar el iPhone no debería depararte ninguna sorpresa. No tiene manual, pero eso es normal en Apple. Puedes encontrar el manual en la página web de Apple (https://support.apple.com/manuals/iphone) si es algo que te gustaría ver. Lo que sí merece la pena destacar son los auriculares. Hace unos años, Apple decidió por nosotros que ya no necesitábamos un conector normal para auriculares. Qué bien, ¿verdad? Pero para ser amables, siempre incluían un adaptador Lightning de 3,5 m para que pudieras usar cualquier auricular cuando estuviera enchufado. Los nuevos modelos prescinden de él. Si quieres usarlo, puedes comprar uno por menos de 10 dólares.

Una vez que encienda el teléfono con el botón lateralaparecerá una pantalla de configuración. La configuración puede ser intimidante para muchas personas, pero la configuración de Apple es probablemente la más fácil que jamás hayas hecho, incluso mi madre, que odia todos los aparatos electrónicos, no tuvo ningún problema en hacerlo por su cuenta.

Es bastante sencillo. Supongo que podría escribir todo lo que verás en la pantalla, pero parece un poco redundante ya que lo estás viendo en la pantalla. En pocas palabras, se le va a pedir su idioma preferido y el país, su red inalámbrica (asegúrese de conectarse a su red inalámbrica aquí, o va a empezar a descargar un montón de aplicaciones a través de su LTElo que consumirá tus datos), y tendrás que activar tu dispositivo con tu operador de telefonía móvil.

Esto es lo básico. Hay algunas opciones después de aquí que pueden ser un poco menos sencillas. La primera es una pregunta sobre si quieres activar los servicios de localización. Te recomiendo que digas que sí. Así es como el Mapa sabrá automáticamente dónde estás. O cuando hagas una foto en Boring Town, EE.UU., y varios años después digas "¿Dónde demonios se hizo esta foto?", sabrás exactamente dónde se hizo si los Servicios de Localización están activados. Recuerda: todo lo que no actives aquí (o que sí actives) puede cambiarse más adelante. Así que, si cambias de opinión, no pasa nada.

> Debes saberlo: Cada vez que se utilicen los servicios de localización en una aplicación, verás un pequeño icono en forma de flecha en la esquina superior derecha de la pantalla.

FACE ID

Face ID es probablemente una de las funciones de las que más se habla. Permite que el teléfono escanee tu cara para desbloquearlo: es más seguro que tu huella dactilar. Para empezar, solo tienes que pulsar el botón Empezar.

A continuación, se te pedirá que pongas la cara en el centro de la cámara y que muevas la cabeza para que la cámara pueda ver todos tus rasgos. Es como girar el cuello. Tardarás unos 20 segundos.

Una vez hecho, recibirás un mensaje. Ya está. Tu teléfono ya está listo para desbloquearse al ver tu preciosa cara.

Después de configurar Face IDse te pedirá que introduzcas una contraseña. ¿Por qué necesitas un código si tienes Face ID? La razón más importante es que puede haber ocasiones en las que no quieras utilizar Face ID: por ejemplo, si está oscuro y no quieres que se ilumine mucho tu teléfono, o si tienes un amigo que necesita entrar en tu teléfono.

Por defecto, el código de acceso es de seis dígitos. Si no quieres añadir uno, toca "No añadir código"; en esta misma zona, también puedes cambiarlo por uno de cuatro dígitos. Mi único consejo aquí es que seas creativo: no utilices los mismos cuatro dígitos que el pin de tu banco, ni los cuatro últimos de tu número social. Y recuerda: puedes cambiarlo más tarde.

Una vez configuradas las opciones de seguridad, tendrás la opción de restaurar desde una copia de seguridad. Si usted tiene un iPhone anterior, yo recomendaría hacer esto-que le ahorrará tiempo ajustando algunos de los ajustes más tarde.

Si has decidido restaurar desde una copia de seguridad, asegúrate de que está actualizada. En tu antiguo iPhone, ve a Ajustes, luego toca tu nombre en la parte superior (probablemente tendrá una foto tuya), a continuación toca "iCloudy, por último, ve a "Copia de seguridad de iCloud". Puede que esté configurada como automática. Sin embargo, para asegurarte de que lo tienes todo, yo tocaría "Copia de seguridad ahora". Debajo de la opción Copia de seguridad ahora, puedes ver cuándo se realizó la última copia de seguridad.

¡Ya casi está! Pero primero Apple necesita saber cómo coger tu dinero. La siguiente pantalla consiste en crear un ID de Apple. Si ya tienes uno, inicia sesión; si no lo tienes, crea uno gratuito. ¿No quieres darle a Apple el dinero que tanto te ha costado ganar? No te culpo. Al fin y al cabo, acaban de sacarte más de 1.000 dólares por tu teléfono. Pero sigues necesitando un ID de Apple. No te preocupes, no tienes que darles más dinero si realmente no quieres, pero estoy seguro de que querrás descargar aplicaciones gratuitas (como Facebook), para las que también necesitarás un ID de Apple.

Una vez que su teléfono está todo pensando en cómo va a tomar su dinero, será el momento de configurar iCloud. Una vez más, esto es algo que recomiendo configurar. iCloud realiza copias de seguridad de todo de forma remota; así que, si quieres compartir cosas a través de múltiples dispositivos (tu Apple Watch, iPad, MacBook, Apple TVpor ejemplo) es muy fácil.

Después de iCloud está Apple Pay. "¡Espera", dices! "¡Pensé que Apple ya había preguntado cómo iban a conseguir más dinero!". ¡Lo hicieron! ¡Esto es todo acerca de cómo otros van a tomar su dinero! Una vez que tienes un teléfono caro, ¡todo el mundo quiere un pedazo de ti! Apple Pay creará básicamente una tarjeta de crédito virtual para que cuando estés en el supermercado puedas pagar tocando el teléfono en lugar de sacar la cartera.

Apple también tiene su propia tarjeta (Apple Card) de la que hablaré más adelante.

¿Es Apple Pay ¿es realmente seguro? En una palabra: sí. Es más seguro que la tarjeta que llevas en la cartera. A diferencia de esa tarjeta, nadie puede ver los números que contiene. Y si alguien te robara el teléfono, no podría utilizar Apple Pay a menos que conociera tu contraseña. El cifrado de Apple Pay también es mucho más sofisticado: es mucho más probable que pirateen tu número en Internet que en tu teléfono.

La mayoría de los bancos están en Apple Paypero, por desgracia, algunos no. Si no ves el tuyo, tendrás que esperar. No puedes añadirlo manualmente.

A continuación, iCloud Llavero. Como la mayoría de las cosas en la configuración, todo depende de con qué te sientas cómodo. Llavero almacena todas tus contraseñas en un solo lugar. Así, si compras en Internet, no tienes que añadirlas ni recordarlas. Todo está seguro: nadie más que tú puede verlo. Y, por supuesto, puedes activarlo o desactivarlo más tarde.

Sólo unos pocos pasos más. Sin dolor hasta ahora, ¿verdad?

El siguiente es Siri. Siri es tu asistente personal. Puedes decir cosas como: "Oye, Siri: ¿qué tiempo hace?" y, como por arte de magia, te lo dirá. Lo trataré más adelante en el libro, pero por ahora yo lo activaría.

Después de activar Siridecida si desea o no comunicar los datos de diagnóstico y uso a Apple. Si te preocupa la privacidad, toca "Acerca de los diagnósticos y la privacidad"para saber qué información recibirá Apple y cómo se utilizará.

Por último, decida si desea utilizar una visualización ampliada o no. Si prefieres iconos más grandes, puedes elegir Vista ampliada para una visualización magnificada. Depende totalmente de ti, y esta configuración puede cambiarse más adelante.

Y por fin, ¡la configuración ha terminado! La última pantalla dice "Bienvenido al iPhone - Empezar". Si pulsas sobre ella, accederás a la pantalla de inicio, y ahí es donde empieza realmente la diversión.

¡ME SIENTO CARGADO!

Antes de profundizar en el uso del teléfono, quiero hablar rápidamente de la carga. Probablemente sepas cómo conectar el cargador al teléfono. Si no sabes cómo conectar un enchufe, llama a ese sobrino que nunca te devuelve las llamadas y pregúntale. Seguro que le encantará saber de ti.

Lo que quizá no sea tan obvio es que el iPhone no necesita estar enchufado a nada para cargarse. Los nuevos iPhones se pueden cargar de forma inalámbrica. Para ello necesitas lo que se llama un "cargador Qi". No son terriblemente caros (entre 20 dólares). Los cargadores Qi son compatibles con otros teléfonos, así que muchas cafeterías y hoteles los tienen listos para usar. Para usarlo, sólo tienes que poner el teléfono encima de la alfombrilla de carga inalámbrica y asegurarte de que se enciende la luz de carga (⚡) se encienda. Es muy sencillo.

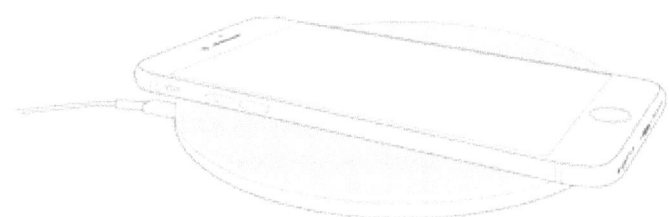

En 2020, Apple introdujo MagSafe y su propio cargador inalámbrico. La mala noticia... es que te va a costar un extra. Apple *no* incluye un cargador inalámbrico en la caja. Un cargador inalámbrico MagSafe cuesta 39 dólares. ¡Pero hay más! También necesitas un adaptador: un 20W USB-C Power Adapter, para ser precisos. Eso cuesta otros 19 $. La razón por la que necesitas un adaptador especial es para asegurarte de que obtienes la carga más rápida. Si usas menos, el teléfono se cargará más despacio.

Y hablando de MagSafe, si quieres aprovecharlo, necesitarás una funda MagSafe. Estas fundas tienen un imán especial en el interior. Estos anillos magnéticos ayudan a encajar el cargador en el iPhone y se aseguran de que esté bien colocado para la carga inalámbrica.

El cargador MagSafe también puede cargar iPhone más antiguos, e incluso dispositivos Android. Aunque *puedes* cargar los AirPods con él, *no se puede* cargar el Apple Watch. Sin embargo, existen accesorios para cargar de forma inalámbrica el iPhone y el Apple Watch al mismo tiempo.

Basta de configuración ¡¿Cómo uso esta cosa ya?!

El iPhone es un dispositivo con pantalla táctil, así que para usarlo se podría pensar que sólo hay que preocuparse de una cosa: ¡tocarlo!

Eso es verdad. Pero hay diferentes formas de tocarlo. Afortunadamente, a diferencia de los gestos, nada ha cambiado realmente; así que, si sabes cómo usar los gestos, te irá bien. A continuación te ofrecemos un breve resumen:

Toque

Es el "clic" del mundo iPhone. Un toque es una pulsación breve. No tiene por qué ser fuerte ni durar mucho. Tocarás iconos, hipervínculos, opciones de formularios y mucho más. También tocarás números en un teclado táctil para hacer llamadas. No es exactamente ciencia espacial, ¿verdad?

Mantener pulsado

Esto significa simplemente tocar la pantalla y dejar el dedo en contacto con el cristal. Es útil para abrir menús contextuales u otras opciones en algunas aplicaciones.

Grifo doble

Se refiere a dos toques rápidos, como hacer doble clic con el dedo. Al pulsar dos veces se realizan diferentes funciones en distintas aplicaciones. También permite ampliar imágenes o páginas web.

Gesto oculto¡!

El micrófono es una especie de gesto en tu teléfono. Puedes configurar el teléfono para que reconozca los toques. Así, si tocas dos (o tres) veces la parte trasera del teléfono, se activa algo, como las notificaciones. Suena un poco problemático, como si confundiera teclear con tocar o algo así, pero funciona sorprendentemente bien.

Para añadir el toque hacia atrás, ve a la app Ajustes y selecciona Accesibilidad > Tocar > Back Tap. A continuación, selecciona una de las opciones disponibles.

Pase

Deslizar significa poner el dedo sobre la superficie de la pantalla, arrastrarlo hasta un punto determinado y, a continuación, retirarlo de la superficie. Utilizarás este movimiento para navegar por los niveles de menú de tus aplicaciones, por las páginas de Safarietc. Se convertirá en algo natural de la noche a la mañana, te lo prometo.

Arrastre

Mecánicamente es lo mismo que deslizar, pero con un propósito diferente. Tocarás un objeto para seleccionarlo y, a continuación, lo arrastrarás hasta donde tenga que ir y lo soltarás. Es como arrastrar y soltar con el ratón, pero sin intermediarios.

Pellizcar

Coge dos dedos, colócalos en la pantalla del iPhone y muévelos acercándolos o alejándolos con un movimiento de pellizco o de pellizco inverso. Si juntas los dedos, harás zoom en muchas aplicaciones, como navegadores web y visores de fotos; si los separas, harás zoom.

Girar e inclinar

Muchas aplicaciones de iPhone aprovechan la rotación e inclinación del propio dispositivo. Por ejemplo, en la aplicación de pago Star Walkde pago, puedes inclinar la pantalla para que apunte a la sección del cielo nocturno que te interese: Star Walk mostrará las constelaciones en función de la dirección en la que apuntes con el iPhone.

¿CÓMO ENVIAR BONITOS EMOJIS A TODO EL MUNDO?

La razón por la que tienes un iPhone es para enviar adorables emojis con tus mensajes de texto, ¡obviamente! ¿Y cómo se hace? Todo está en el teclado, así que lo explicaré a continuación.

Cada vez que escribes un mensaje, el teclado aparece automáticamente. No hay pasos adicionales. Pero hay algunas cosas que puedes hacer con el teclado para hacerlo más personal.

Hay que fijarse en algunas cosas del teclado: la tecla de suprimir está marcada con una pequeña "x" (justo al lado de la letra M) y la tecla de mayúsculas es la que tiene la flecha hacia arriba (al lado de la letra Z).

Por defecto, la primera letra que escriba aparecerá en mayúsculas. Sin embargo, puedes saber en qué mayúsculas y minúsculas están las letras de un vistazo rápido.

Para utilizar la tecla Mayúsculas, sólo tienes que tocarla y, a continuación, pulsar la letra que quieras escribir en mayúscula o la puntuación alternativa que quieras utilizar. También puedes tocar la tecla de mayúsculas y arrastrar el dedo hasta la letra que quieras escribir en mayúscula. Toca dos veces la tecla de mayúsculas para activar el bloqueo de mayúsculas (es decir, todo se escribe en mayúsculas) y toca una vez para salir del bloqueo de mayúsculas.

Caracteres especiales

Para escribir caracteres especiales, mantén pulsada la tecla de la letra asociada hasta que aparezcan las opciones. Arrastra el dedo hasta el carácter que quieras utilizar y listo. ¿Para qué utilizarías esto exactamente? Digamos que estás escribiendo algo en español y necesitas el acento en la "e"; si mantienes pulsada la "e", aparecerá esa opción.

Uso del dictado

Reconozcámoslo: a veces escribir con el teclado apesta. ¿No sería más fácil decir lo que quieres escribir? Si es así, Dictation puede ayudarte. Sólo tienes que pulsar el micrófono situado junto a la barra espaciadora y empezar a hablar. Funciona bastante bien.

Teclados numéricos y de símbolos

Por supuesto, en la vida hay algo más que letras y signos de exclamación. Si necesitas usar números, toca la tecla 123 en la esquina inferior izquierda. Aparecerá otro teclado con números y signos de puntuación.

Desde este teclado, puedes volver al alfabeto pulsando la tecla ABC en la esquina inferior izquierda. También puedes acceder a un teclado adicional que incluye el resto de símbolos estándar pulsando la tecla #+-, justo encima de la tecla ABC.

Emoji Teclado

Y por fin, ¡el momento que estabas esperando! ¡Emojis!

El teclado emoji es accesible mediante la tecla de cara sonriente situada entre la tecla 123 y la tecla de dictado. Los emojis son pequeñas imágenes de dibujos animados que puedes utilizar para animar tus mensajes de texto u otros escritos. Esto va mucho más allá de los emoticonos de dos puntos de antaño: hay suficientes emojis en tu iPhone para crear todo un vocabulario visual.

Para utilizar el teclado emoji, fíjate en que hay categorías en la parte inferior (y que el icono del globo terráqueo en el extremo izquierdo te devolverá al mundo del lenguaje). Dentro de esas categorías, hay varias pantallas de pictogramas para elegir. Muchos de los emojis humanos incluyen variaciones multiculturales. Basta con mantenerlos pulsados para revelar otras opciones.

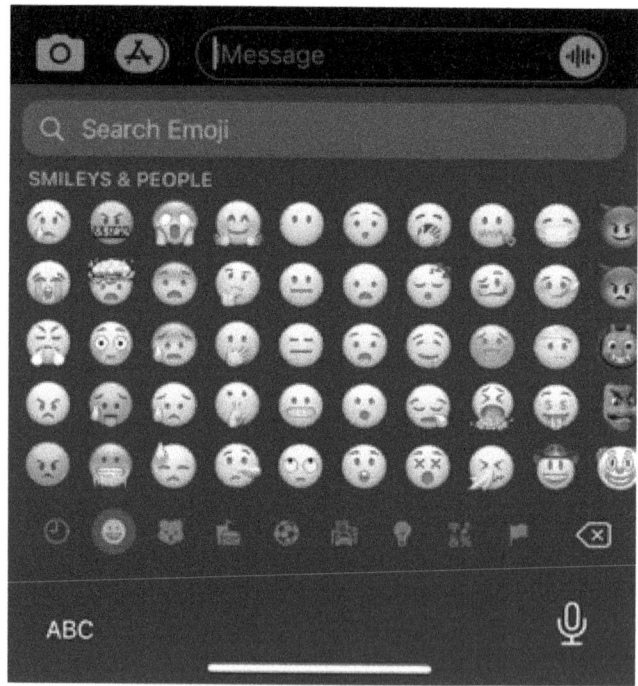

Emoji Buscar en

Si te encantan los emoji, probablemente odies buscarlos. Los días en los que sólo había uno o dos emojis han pasado a la historia: los teclados emoji ahora tienen docenas y docenas y docenas de expresiones entre las que elegir. Eso es genial para tener más opciones. Pero pésimo para descubrirlos.

Puedes buscar en tu teclado emoji escribiendo una expresión en la barra de búsqueda.

Por ejemplo, busco "Feliz". Aparecerán expresiones emoji que coincidan con ese término.

Puedes volver al teclado normal pulsando sobre los varios emoji que hay junto a la barra espaciadora.

Mecanografía multilingüe

La mayoría de la gente ya lo tiene todo listo. Saben todo lo que necesitan saber sobre cómo escribir en el iPhone y están listos para lanzar emojis a sus amigos. Hay algunas otras características que se aplican a algunas personas (no a todas).

Una de estas funciones es la escritura multilingüe. Es para las personas que escriben en varios idiomas a la vez. Así, si tecleas entre español e inglés, no verás continuamente un mensaje diciendo que tu ortografía es incorrecta.

Si eso te suena a ti, entonces sólo necesitas habilitar otro diccionario, lo cual es sencillo. Ve a Ajustes > General > Diccionario.

Configuración de teclados internacionales

Si escribes en otro idioma con bastante frecuencia, quizá te interese configurar teclados internacionales. Para configurar teclados internacionales, visita Configuración > General > Teclado > Teclados. A continuación, puedes añadir un teclado internacional adecuado pulsando "Añadir nuevo teclado". Por ejemplo, el iPhone es muy compatible con la introducción de texto en chino: puedes elegir entre pinyin, trazo, zhuyin y escritura a mano, en la que tú mismo esbozas el carácter.

Cuando actives otro teclado, la tecla de la cara sonriente cambiará al icono de un globo terráqueo. Para utilizar teclados internacionales, pulsa la tecla del globo terráqueo para desplazarte por las opciones de teclado.

Tu iPhone está repleto de funciones que te ayudarán a evitar errores, como la función de autocorrección de Apple, que evita las erratas más comunes. En iOS 8, Apple introdujo una función de texto predictivo que predice qué palabras es más probable que escribas, y su precisión es aún mayor en el nuevo iOS.

Aparecen tres opciones justo encima del teclado: la entrada tal y como se ha escrito, más dos suposiciones. El texto predictivo también se adapta al contexto. Aprende tus patrones de habla cuando envías un correo a tu jefe o un mensaje a tu mejor amigo, y te ofrece sugerencias adecuadas en función de a quién estés enviando el mensaje. Por supuesto, si te molesta, puedes ir a Ajustes > General > Teclados y desactivar el texto predictivo deslizando el deslizador verde hacia la izquierda.

Teclados de terceros

Por último, puedes añadir teclados de terceros a tu teléfono. Así, si odias el teclado del iPhone y quieres algo similar a lo que hay en Android, entonces puedes ir a la App Store y conseguirlo (más sobre esto más adelante).

SÓLO LO BÁSICO... ¡Y QUE SEA SENCILLO!

Este capítulo tratará:
- Pantalla de inicio
- Hacer llamadas
- Añadir y eliminar aplicaciones
- Aplicaciones de organización
- Añadir widgets
- Envío de mensajes
- Fijar mensajes
- iMessage aplicaciones
- Notificaciones
- AirDrop

BIENVENIDO A CASA

Hay algo que prácticamente no ha cambiado desde el lanzamiento del primer iPhone: la pantalla de inicio. Su aspecto ha evolucionado, pero no su diseño. Todo lo que necesitas saber sobre ella es que es la pantalla principal. Así que, cuando leas "ve a la pantalla de inicio", me refiero a esta pantalla. ¿Entiendes?

Siempre en pantalla

El iPhone 14 Pro tiene una pantalla Always On Display (esto no está en los otros teléfonos, por desgracia). Es genial... ¡hasta que deja de serlo! Si no quieres tener la pantalla siempre encendida (nota: la pantalla siempre encendida no mejora mucho la duración de la batería), ve a la aplicación Ajustes, selecciona Pantalla y brillo y desactiva Siempre encendida.

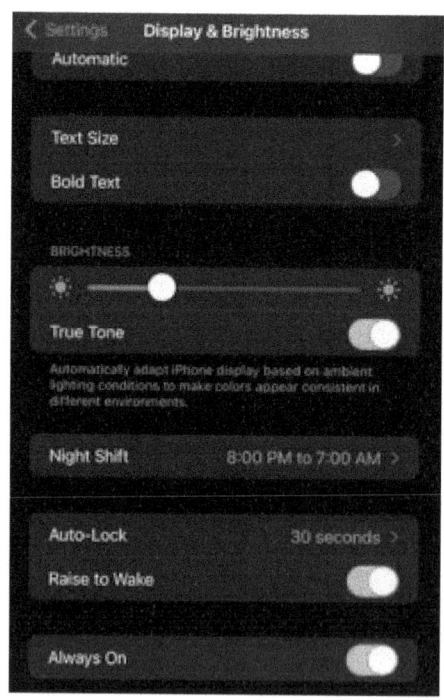

Centro de control

Aunque no conozcas el término, probablemente hayas utilizado el Centro de controles donde encontrarás los accesos directos que controlan las funciones más utilizadas del teléfono, como el volumen y la cámara.

Centro de control es más potente que antes. iOS 13 introdujo dos nuevas funciones en el Centro de control: Modo Noche y unirse a una red (que veremos más adelante). Sin embargo, hay funciones más antiguas que quizá no conozcas.

Desliza el dedo por la esquina superior derecha para abrir el Centro de control..

USO DEL CENTRO DE CONTROL

Echemos un vistazo a cada sección del Centro de control. El primer grupo es el que controla la actividad inalámbrica de tu teléfono. Comenzando en la esquina superior izquierda, el icono del avión es el Modo Avión, que apaga rápidamente todas las redes celulares y Wi-Fi. que desactiva rápidamente todos los servicios de telefonía móvil, Wi-Fiy BluetoothAl lado está el icono de Datos Celulares; debajo del avión está el conmutador Wi-Fi; y finalmente, el conmutador Bluetooth.

Si pulsas prolongadamente cualquiera de estos botones, aparecerá una lista ampliada de opciones.

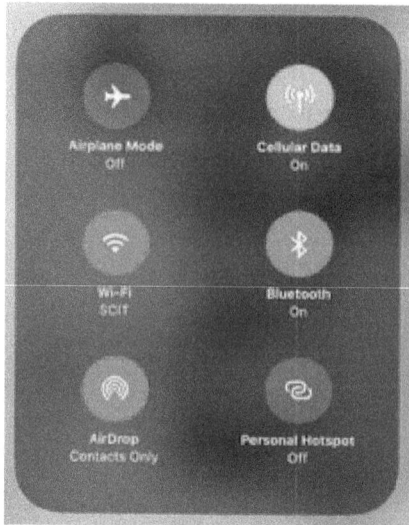

Si mantiene pulsado el botón Wi-Fi en la pantalla anterior, aparecerán todas las redes Wi-Fi dentro del alcance y podrás unirte a una: ya no tendrás que ir a la aplicación Ajustes para unirte a una red Wi-Fi.

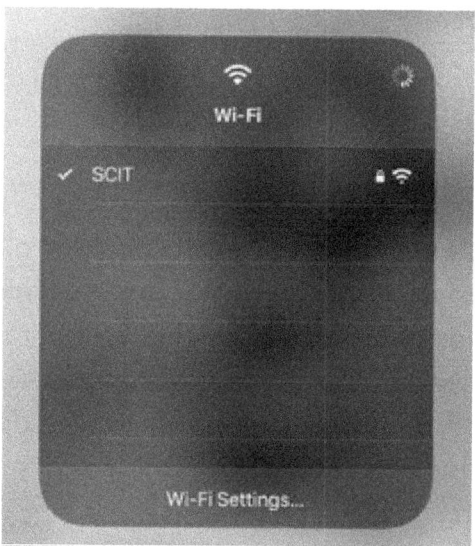

En los ajustes inalámbricos están: bloqueo de rotación de pantalla (púlsalo y tu pantalla no girará automáticamente cuando inclines el teléfono hacia un lado), modo No molestar y Screen Mirroring (si tienes un Apple TVpuedes usar este botón para reflejar el teléfono en el televisor).

En el lado derecho está el control de Música (toca en la esquina superior derecha y podrás seleccionar dónde quieres escuchar la música si tienes un dispositivo AirPlay como los AirPods o HomePod). Debajo está el brillo y el volumen del teléfono.

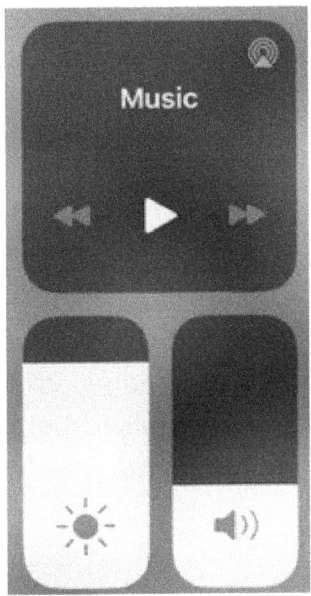

Mantén pulsado el botón de brillo y podrás seleccionar si quieres activar el modo nocturno. El modo nocturno convierte en negras las áreas de tu teléfono que son blancas; por ejemplo, cuando estás leyendo un libro en iBookslas páginas se oscurecen. También puedes utilizar el modo nocturno, que reduce la cantidad de luz azul que emite el teléfono: la exposición a este tipo de luz por la noche puede afectar a tus hábitos de sueño.

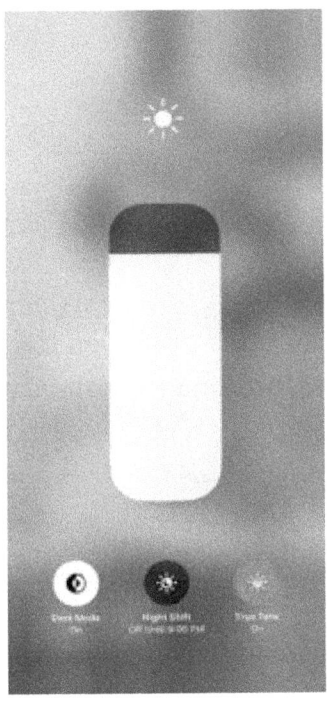

En la parte inferior del Centro de control está la Linterna, Temporizador, Calculadora-Cámara acceso directo, grabación de pantalla (voy a cubrir por qué usted no puede tener esto más adelante), y Apple TV remoto (de nuevo, usted puede o no puede tener esto).

Si pulsas prolongadamente la mayoría de ellos, aparecerán accesos directos a opciones de la aplicación. Por ejemplo, si mantienes pulsado el botón de la cámara, aparecerán accesos directos a los distintos tipos de fotos que puedes hacer.

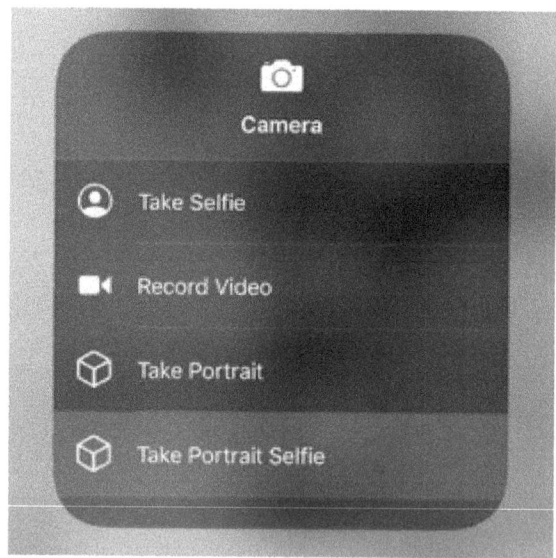

PERSONALIZACIÓN DEL CENTRO DE CONTROL

Puede añadir y eliminar algunas de las opciones del Panel de control accediendo a **Configuración > Centro de control** y selecciona Personalizar controles.

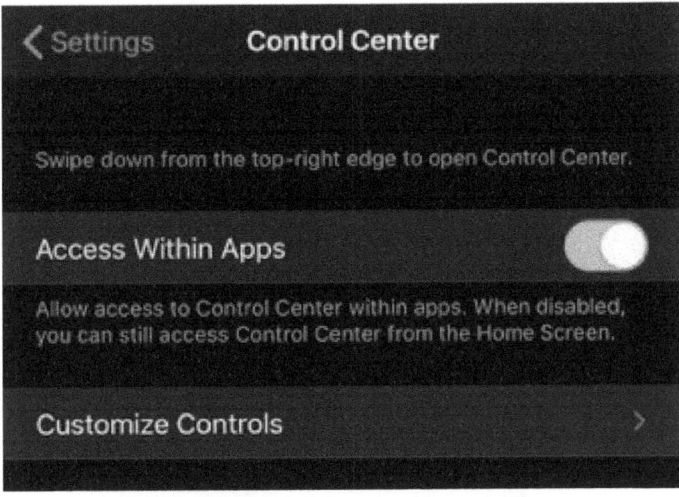

En la parte superior están los controles incluidos actualmente (es decir, los que puedes quitar). Pulsa el signo menos rojo para eliminarlos.

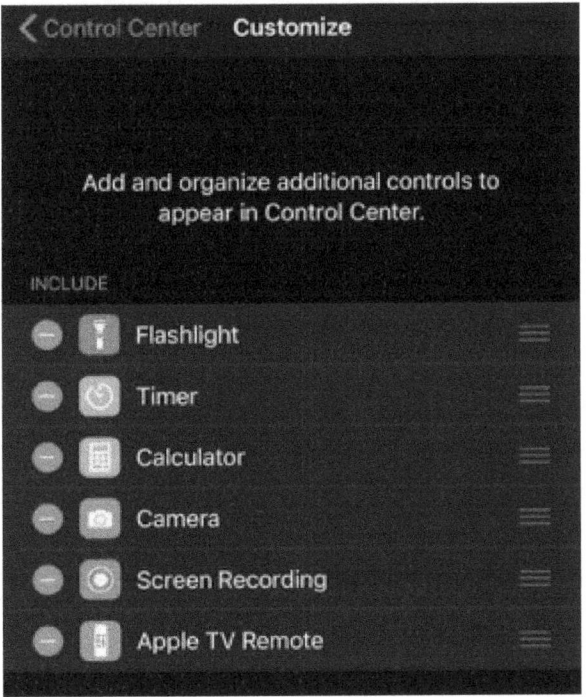

¿Recuerdas que dije que había algunos controles que yo tenía y que puede que tú no? Aquí es donde puedes añadirlos. Debajo están los que puedes añadir al Centro de Control. Toca el signo más para añadirlos.

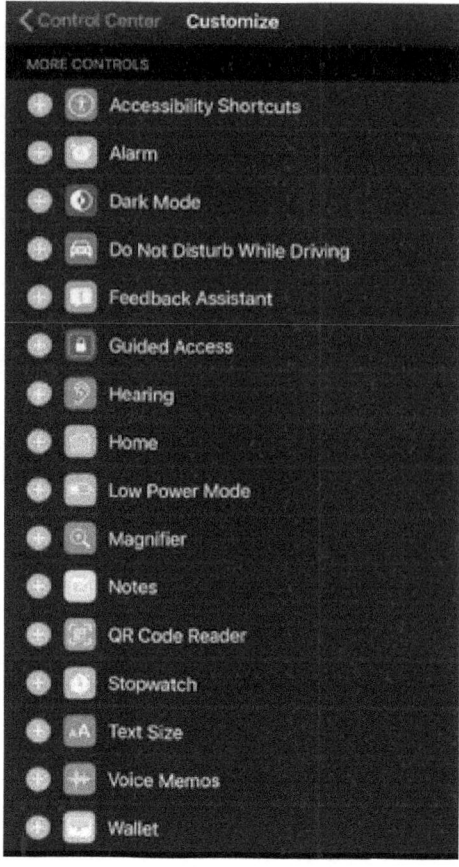

HACER LLAMADAS

¿Sabes lo que siempre me sorprende cuando veo anuncios del iPhone? Es un teléfono, pero parece que la gente nunca habla por él. Pero si puede hacer llamadas.

Si necesitas llamar a alguien, toca el icono verde del teléfono en la esquina inferior izquierda de la pantalla de inicio. Aparecerá el teclado del iPhone. Introduce tu número y pulsa el botón verde Llamar. Para colgar, pulsa el botón rojo Fin en la parte inferior de la pantalla. También verás otras opciones en la pantalla de llamada. Si necesitas utilizar el teclado durante una llamada, pulsa el círculo del teclado para abrirlo. Del mismo modo, aquí puedes silenciar una llamada o ponerla en altavoz.

Recibir una llamada es bastante intuitivo. Cuando suene el teléfono, el iPhone le dirá quién llama. Si su nombre está almacenado en tus contactos (más adelante hablaremos de ello), aparecerá en la pantalla. Todo lo que tienes que hacer es deslizar el dedo para responder a la llamada. También hay algunas opciones adicionales: puedes pedirle al iPhone que te recuerde la llamada más tarde tocando "Recordármelo", o puedes responder con un mensaje de texto. iOS incluye algunas respuestas enlatadas muy prácticas, como "Ahora no puedo hablar...", "Te llamo luego", "Voy para allá" y "¿Qué pasa?". También puedes enviar un mensaje personalizado si lo necesitas. Si pierdes una llamada, iPhone te avisará la próxima vez que despiertes el teléfono. Por defecto, puedes responder a una llamada perdida directamente desde la pantalla de bloqueo.

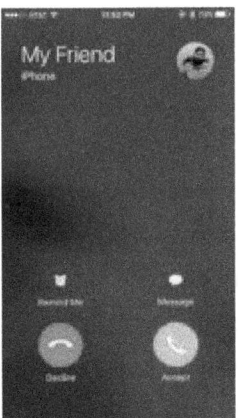

Cuando recibe una llamada de un número desconocido, el iPhone consulta otras aplicaciones, como Mail, en las que se pueden encontrar números de teléfono. Con esa información, hará una suposición por ti y te dirá quién puede estar llamando. Un poco escalofriante, ¿verdad? Pero también muy útil.

Si quieres sentirte especial, puedes hacer que Siri anuncie tu llamada. Para activar esta función, ve a Ajustes > Teléfono > Anunciar llamadas. Selecciona Siempre, Auriculares y coche, Solo auriculares o Nunca para elegir tu forma preferida de anunciar las llamadas.

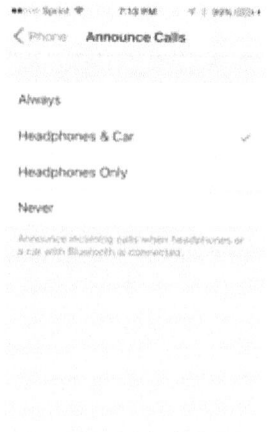

ENVIAR AL BUZÓN DE VOZ

A menos que hayas estado viviendo bajo una roca, probablemente lo sepas todo sobre el buzón de voz. Hay otro tipo de buzón de voz con el que quizá no estés familiarizado: El buzón de voz en directo.

El buzón de voz en directo es una opción que aparece cuando alguien te llama; verás un pequeño botón junto a responder que dice Enviar al buzón de voz.

Cuando lo hagas, se pedirá a la persona que deje un mensaje, y verás ese mensaje en tiempo real mientras lo dice.

¿Cuál es la diferencia entre el buzón de voz en directo y el buzón de voz normal? Con el buzón de voz en directo, puedes responder a la llamada mientras están hablando, interrumpiendo así el mensaje que están dejando. Es una forma estupenda de filtrar las llamadas y evitar el spam.

MENSAJERÍA

Cada vez más usuarios de teléfonos inteligentes se mantienen conectados a través de mensajes de texto en lugar de llamadas telefónicas, y el iPhone facilita el contacto con todo el mundo. Además de enviar mensajes de texto SMS normales y mensajes multimedia (fotos, enlaces, videoclips y notas de voz), también puedes usar iMessage para interactuar con otros usuarios de Apple. Esta función te permite enviar mensajes instantáneos a cualquiera que haya iniciado sesión en un Mac con OS X Mountain Lion o superior, o en cualquier dispositivo iOS con iOS 5 o superior.

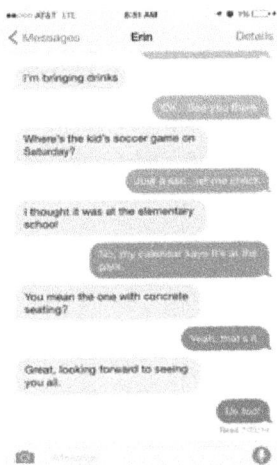

En la pantalla principal de Mensajes podrás ver las diferentes conversaciones que tienes en curso. También puedes eliminar conversaciones deslizando el dedo de derecha a izquierda sobre la conversación que desees y pulsando el botón rojo Eliminar. Las conversaciones nuevas o las conversaciones existentes con mensajes nuevos se resaltarán con un gran punto azul junto a ellas, y el icono de Mensajes tendrá una insignia que mostrará el número de mensajes no leídos que tienes, de forma similar a los iconos de Correo y Teléfono.

Para crear un mensaje, pulse el icono Mensajes y, a continuación, en el botón Redactar en la esquina superior derecha.

Cuando aparezca el cuadro de diálogo de nuevo mensaje, haz clic en el botón de signo más (+) para elegir de tu lista de contactos, o simplemente escribe el número de teléfono de la persona a la que deseas enviar el mensaje. Para los mensajes de grupo, sigue añadiendo tantas personas como quieras. Por último, haz clic en el campo inferior para empezar a escribir el mensaje.

iMessage ha añadido un montón de nuevas funciones en los últimos años. Si lo único que quieres es enviar un mensaje, solo tienes que pulsar la flecha azul hacia arriba.

Pero puedes hacer mucho más que enviar un mensaje. (Ten en cuenta que si envías un mensaje con nuevas funciones a alguien con un sistema operativo más antiguo o un dispositivo que no sea Apple, no se verá como aparece en tu pantalla).

Para empezar, sigue adelante y presiona (pero no sueltes ese botón azul-o si estás usando un teléfono con 3D Touch o Haptic Touch, presiona un poco más). Aparecerán varias animaciones diferentes para el mensaje.

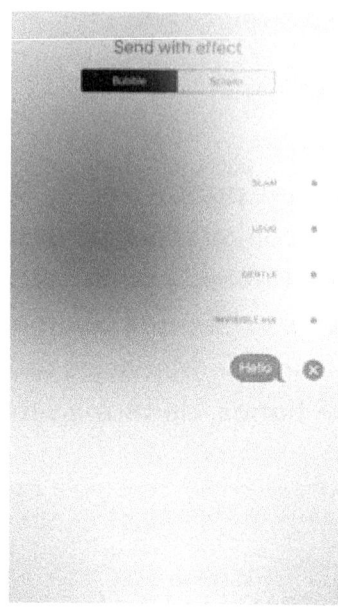

En la parte superior de esta pantalla, también verás dos pestañas; una dice "Burbuja" y la otra "Pantalla"; si pulsas "Pantalla" podrás añadir animaciones a toda la pantalla. Desliza el dedo a derecha e izquierda para ver cada nueva animación.

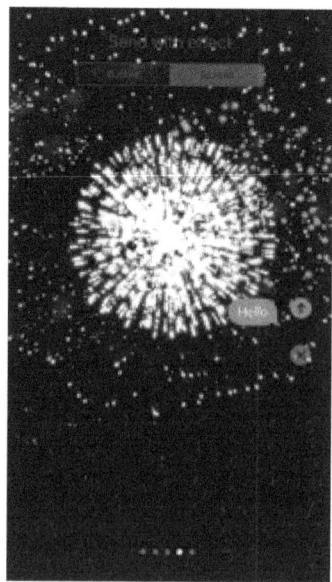

Cuando recibas un mensaje que te guste y quieras responder a él, puedes mantener pulsado el dedo sobre el mensaje o la imagen; aparecerán diferentes formas de reaccionar.

Una vez que hayas hecho tu elección, la persona que te reciba verá cómo has respondido.

Si quieres añadir una animación, una foto, un vídeo o muchas otras cosas, vamos a ver las opciones que aparecen junto al mensaje.

Tienes tres opciones que te ofrecen aún más posibilidades. La primera es la cámara, que te permite enviar fotos con tu mensaje (o hacer fotos nuevas; ten en cuenta que estas fotos no se guardarán en tu teléfono). (más sobre esto en un segundo), y la última te permite grabar un mensaje con tu voz.

Veamos primero la opción de la cámara.

Si sólo quieres adjuntar una foto a tu mensaje, después de pulsar la cámara, ve a la esquina superior izquierda y pulsa el icono Foto; aparecerán todas las fotos que puedes adjuntar.

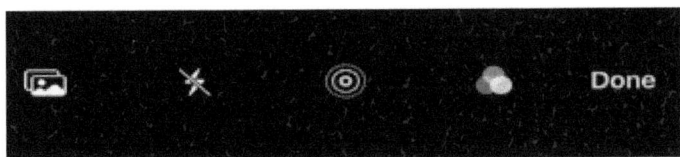

Si quieres hacer una foto original, toca el botón redondo de la parte inferior. Para añadir efectos, toca la estrella de la esquina inferior izquierda.

Si tocas Efectos, aparecerán todos los efectos disponibles. Hablaré más sobre Animoji pero, como ejemplo, esta aplicación te permite poner un Animoji sobre tu cara (mira el ejemplo de abajo, nada mal para una foto de autor, ¿eh?).

Finalmente, la última opción son las aplicaciones. Ya deberías saberlo todo sobre las apps para el teléfono, pero ahora hay un nuevo conjunto de apps llamadas iMessage de iMessage. Estas aplicaciones te permiten ser tanto tonto (enviar pegatinas digitales) como serio (enviar dinero a alguien por SMS). Para empezar, pulsa el botón "+" para abrir la iMessage App Tienda.

Puedes navegar por todas las aplicaciones como lo harías en la App Store normal. La instalación de también es igual.

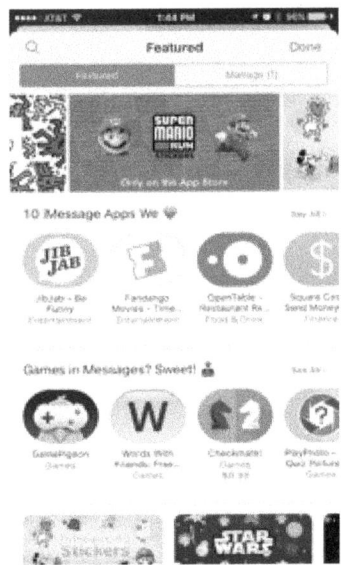

Cuando estés listo para usar la aplicación, sólo tienes que tocar Aplicaciones, tocar la aplicación que quieras cargar y tocar lo que quieras enviar. También puedes arrastrar stickers sobre los mensajes. Solo tienes que tocar, mantener pulsado y arrastrar.

También en la sección de aplicaciones hay un botón llamado "#imágenes".

Si pulsas este botón podrás buscar miles de memes humorísticos y GIF animados. Solo tienes que pulsarlo y buscar el término que quieras encontrar, como "Dinero" o "Pelea".

Una última función de iMessage que merece la pena probar es la nota manuscrita personal. Pulsa sobre un nuevo mensaje como si fueras a empezar a escribirlo; ahora gira el teléfono horizontalmente. Aparecerá una opción para crear una nota manuscrita con el dedo. Firma y pulsa "Listo" cuando hayas terminado.

ETIQUETADO DE MENSAJES

Si has utilizado programas de mensajería como Slack, probablemente estés familiarizado con la función de etiquetar a alguien en una conversación. Etiquetar llama la atención de la persona e inicia un nuevo hilo dentro de la conversación.

Así que si estás en un gran intercambio de mensajes de texto, cuando etiquetas a alguien, todo el mundo puede leerlo, pero no se notifica a todo el mundo. Así es un poco menos discreto.

Para etiquetar a alguien en una conversación, basta con poner una @ delante de su nombre cuando respondas.

Si quieres responder en línea a un mensaje, mantén pulsado el mensaje. Por "en línea" me refiero a lo siguiente: digamos que hay un mensaje varios textos más arriba, puedes pulsar prolongadamente para responder a él, de modo que sepan a qué mensaje te estás refiriendo.

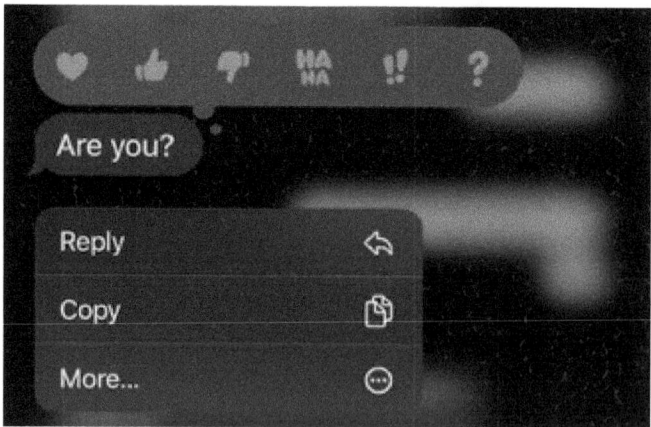

Una vez que pulses Responder, sólo tienes que responder como lo harías normalmente.

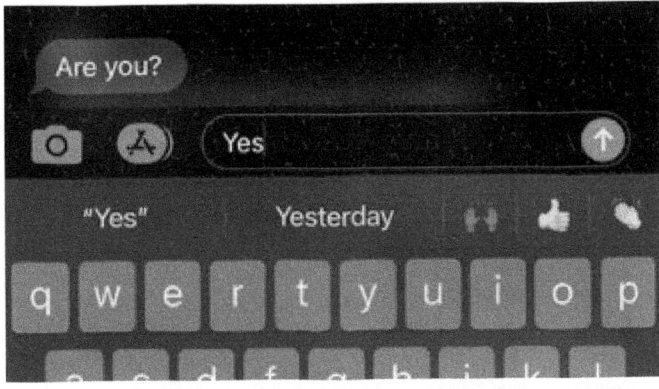

Esto alertará a la persona y verá el mensaje con una notificación de respuesta debajo del mensaje.

Si está varios textos por encima, también lo verán como el mensaje de abajo.

FIJAR MENSAJES

Si envías muchos mensajes de texto, responder puede resultar un poco engorroso. El funcionamiento de Mensajes es que las conversaciones más recientes aparecen en la parte superior. Esto funciona bien en la mayoría de los casos, pero también puedes anclar los favoritos a la parte superior.

En el siguiente ejemplo, mi mujer aparece en la parte superior de las conversaciones. Aunque otras personas me hayan escrito más recientemente, ella siempre estará ahí arriba (a menos que la elimine). Así es más fácil responder.

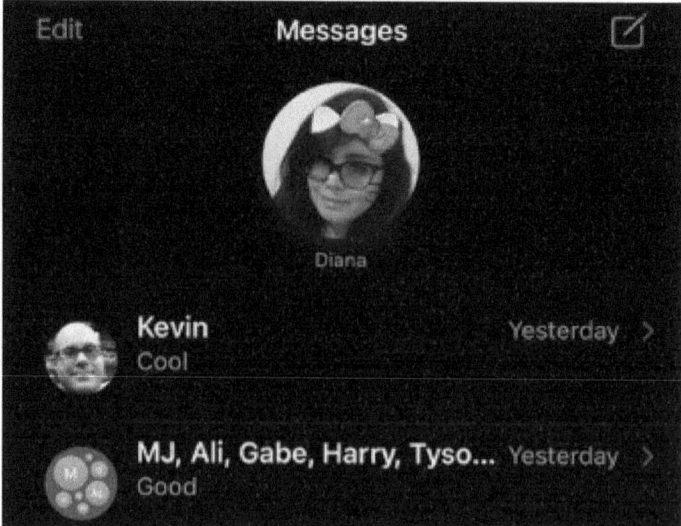

Para añadir o eliminar a alguien de la parte superior, toca el botón Editar en la esquina superior izquierda y, a continuación, selecciona Editar pines.

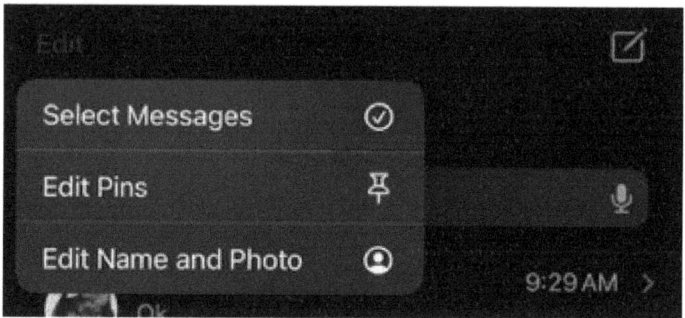

Si quieres eliminarlos, toca el icono con el signo menos que aparece encima de su foto (en la esquina superior izquierda); si quieres añadirlos, toca el icono del pin amarillo.

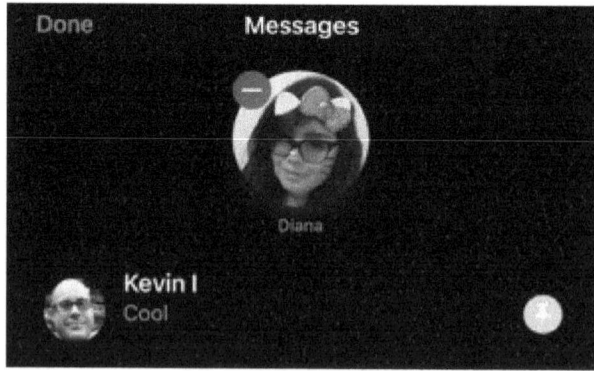

Puedes tener a varias personas ancladas en la parte superior. Personalmente, creo que tres está bien, pero puedes añadir incluso más.

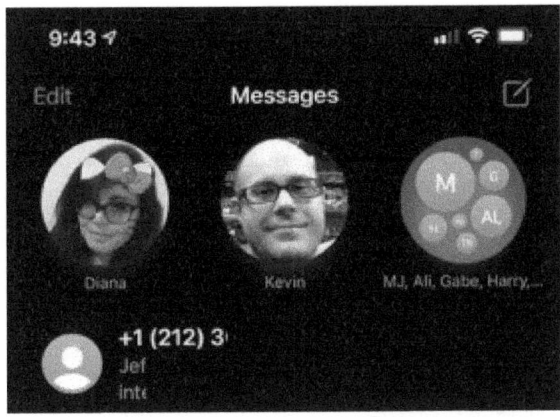

ENVIAR FOTOS EN LOS MENSAJES

Cuando envíes grupos de fotos, Mensajes dispondrá las fotos de menos de tres en vertical. Tócalas para agrandarlas.

Si envías más de tres fotos, se apilarán unas encima de otras y tendrás que deslizar el dedo por ellas.

DESENVIAR MENSAJES

Seamos sinceros: todos hemos enviado mensajes de texto de los que nos hemos arrepentido. Puedes anular o editar esos mensajes. Solo tienes que mantener pulsado el mensaje (tienes que hacerlo relativamente rápido; si pasa demasiado tiempo, la opción desaparece) y, a continuación, seleccionar Deshacer envío o Editar.

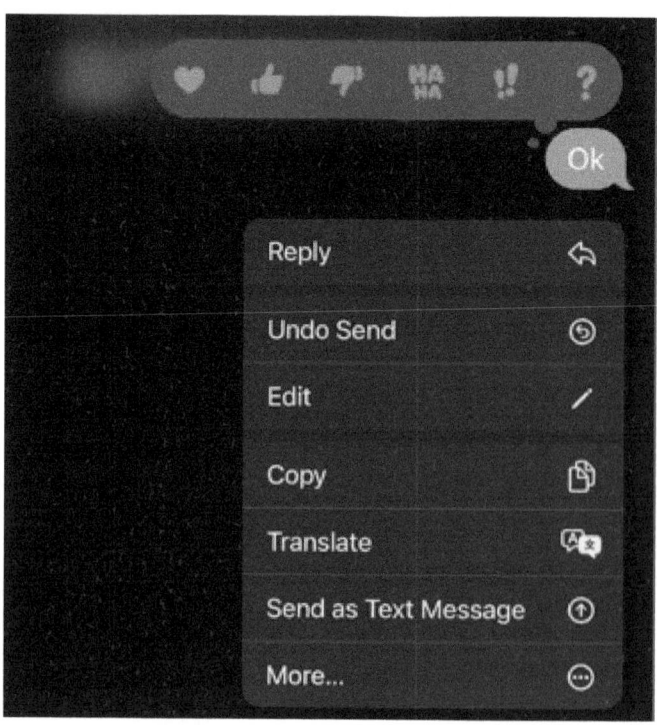

Si crees que esto te sacará de la caseta del perro y podrás decir "¡Yo nunca dije eso!". Piénsalo otra vez. La persona al otro lado del mensaje verá que el mensaje no ha sido enviado o ha sido editado.

COMPARTE TU UBICACIÓN EN MENSAJES

Has quedado con un amigo para comer en un sitio concurrido. Estás allí. Ellos están allí. ¿Pero dónde están? Puedes localizar tu mensaje en Mensajes. Así que si dicen: "¿Dónde estás exactamente?" Puedes responder con una gota de lluvia.

Cuando abras un mensaje, sólo tienes que pulsar ese pequeño + a la izquierda.

Esto plantea varias opciones. Una es la localización. Eso es lo que quieres.

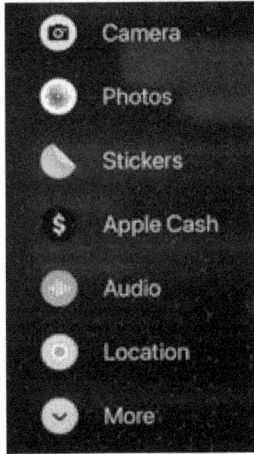

Esto hará que aparezca tu ubicación, y ahora sólo tienes que pulsar enviar para ponerla en un mensaje de texto.

También puedes tocar el icono de la chincheta en la esquina superior izquierda, que te permitirá colocar la chincheta; así que si quieres compartir dónde estarás dentro de 30 minutos y no dónde estás ahora, entonces toca eso y luego arrastra hasta el lugar al que te diriges.

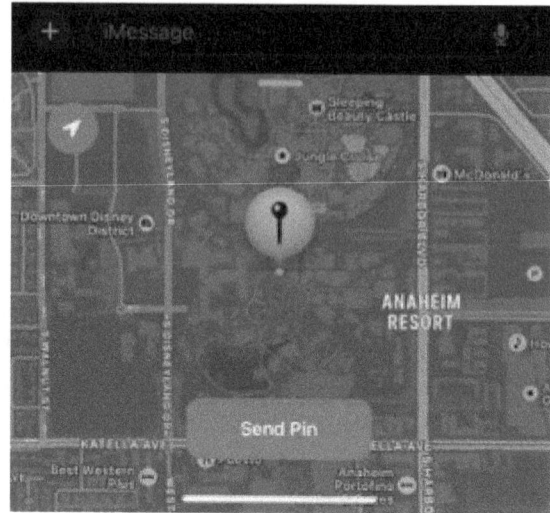

Por último, una vez que pulsas Enviar pin, la ubicación aparece en el mensaje, y puedes escribir un mensaje y pulsar enviar o pulsar enviar sin mensaje. La persona que reciba el mensaje tocará ese mapa y verá dónde estás en Apple Maps.

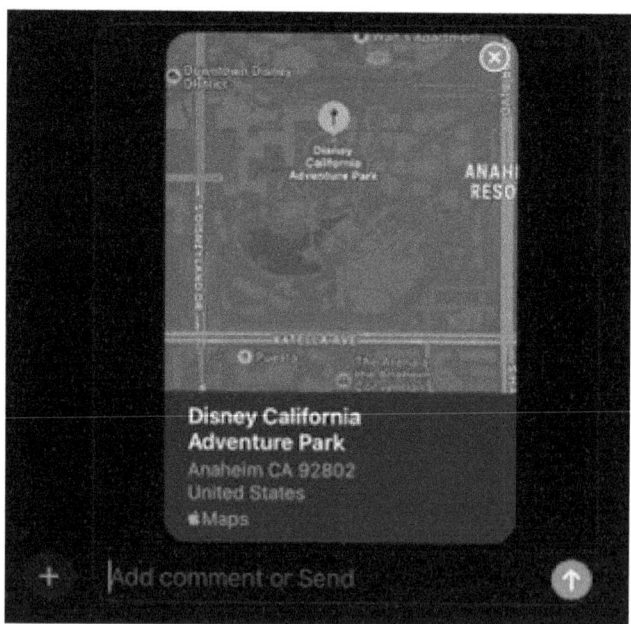

CREAR PEGATINAS CON MENSAJES A PARTIR DE FOTOS

Las pegatinas existen desde hace tiempo en iPhone, pero a partir de iOS 17 puedes convertir fotos en pegatinas.

Digamos que tienes una foto preciosa de tu amigo peludo que te encantaría usar como respuesta a los mensajes. Lo único que tienes que hacer es mantener pulsada la persona u objeto que quieras eliminar de la foto (en mi caso, mi Jack Russell) y esperar a que aparezca el menú. Cuando lo veas, pulsa en Añadir pegatina.

Esto lo añadirá a la sección Pegatinas de Mensaje.

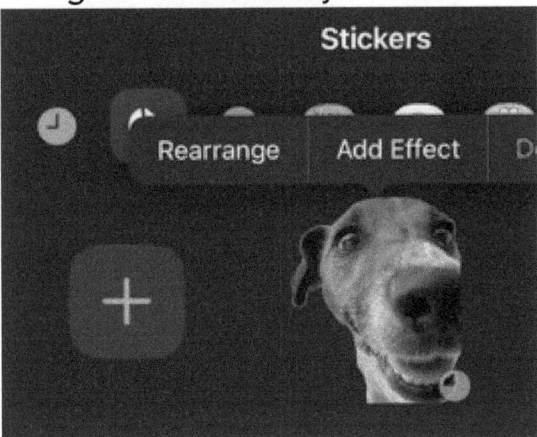

También podrás añadirle efectos; si quieres que tenga un contorno, por ejemplo.

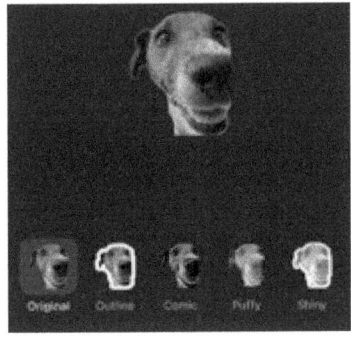

Ahora, cada vez que envíes un mensaje, tienes la opción de tocar el icono + a la izquierda de Mensaje y tocar Stickers.

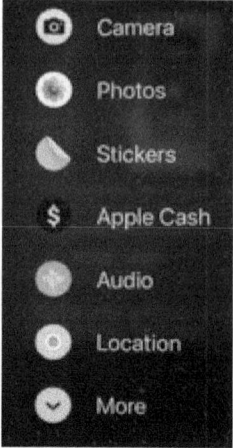

Solo tienes que mantener pulsada la pegatina y arrastrarla a Mensajes.

HAY UNA APLICACIÓN PARA ESO

App es la abreviatura de aplicación. Así que, cuando oigas la expresión "Hay una aplicación para eso", sólo significa que hay un programa que hace lo que tú quieres hacer. Si eres usuario de Windows, todas esas cosas que siempre tienes abiertas (como Word y Excel) son aplicaciones. Apple tiene literalmente millones de apps. Abrir una app es tan sencillo como tocarla.

A diferencia de las aplicaciones del ordenador, en el teléfono no tienes que cerrarlas. Todo es automático. Para la mayoría de las aplicaciones, incluso recordará dónde estabas, por lo que cuando se abre de nuevo se guarda.

APLICACIONES DE ORGANIZACIÓN

Si eres como yo (y como la mayoría de la gente), te encantan las aplicaciones y tienes muchas. Así que necesitarás saber cómo moverlas, ponerlas en carpetas y eliminarlas. Es muy fácil.

Puede que la pantalla de inicio sea la primera que veas, pero si deslizas el dedo hacia la derecha, verás que hay más; puedes tener 11. Personalmente, guardo las aplicaciones más usadas en la primera pantalla, y las que no, en carpetas en la segunda. El dock inferior es donde pongo las aplicaciones que uso todo el tiempo (como Mail y Safari).

Para reorganizar las aplicaciones, coge el dedo y toca una de ellas. En lugar de pulsar, mantén el dedo pulsado durante unos segundos; verás que aparece una opción de aplicación, pero mantén el dedo pulsado hasta que las aplicaciones se muevan. Cuando las aplicaciones se muevan así, puedes tocarlas sin abrirlas y arrastrarlas por la pantalla. ¡Pruébalo! Toca una aplicación y arrastra el dedo para moverla. Cuando hayas encontrado el lugar perfecto, levanta el dedo y la aplicación caerá en su sitio. Cuando hayas descargado más aplicaciones, también podrás arrastrarlas por las pantallas de inicio.

Puedes eliminar una aplicación utilizando el mismo método para moverlas. La única diferencia es que en lugar de moverlas, toca la "x" en la esquina superior izquierda del icono. No te preocupes por borrar algo por accidente. Las aplicaciones se almacenan en la nube. Puedes borrarlas e instalarlas tantas veces como quieras; no tienes que volver a pagar, sólo tienes que descargarlas de nuevo.

Colocar las aplicaciones en diferentes pantallas es útil, pero para estar realmente organizado es mejor utilizar carpetas. Puedes, por ejemplo, tener una carpeta para todas tus aplicaciones de juegos, financieras, sociales, lo que quieras. Tú eliges el nombre. Si quieres una carpeta "Aplicaciones que uso en el baño", ¡puedes tenerla!

Para crear una carpeta, sólo tienes que arrastrar una aplicación sobre otra que quieras añadir a esa carpeta.

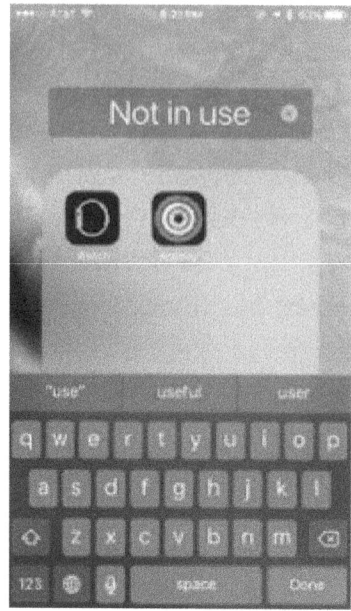

Una vez que estén juntas, puedes darle un nombre a la carpeta. Para eliminar la carpeta, basta con poner las apps de la carpeta en "modo jiggle" y arrastrarlas fuera de la carpeta. El iPhone no permite carpetas vacías: cuando una carpeta está vacía, el iPhone la elimina automáticamente.

Cuando haya terminado de organizar las aplicaciones, pulse el botón Listo en la esquina superior derecha.

ADIÓS AL DESORDEN, HOLA A LA BIBLIOTECA DE APLICACIONES

La App Store de Apple ¡es enorme! Miles y miles de aplicaciones. Hay tantas opciones que realmente parece haber una aplicación para todo. Es maravilloso. Es increíble. Es increíble. Ocupa mucho espacio en tu pantalla de inicio.

El problema con todas esas aplicaciones es que, después de usar el teléfono durante un tiempo, empiezan a acumularse. Tu teléfono se llena de aplicaciones. Algunas las usas todo el tiempo, pero te pasas varios minutos intentando encontrarlas.

Ahí es donde App Library te va a ayudar. Puedes seguir teniendo tus aplicaciones más importantes en la pantalla de inicio, donde son fáciles de encontrar, pero luego puedes tener el resto organizadas en la biblioteca de aplicaciones, donde están organizadas en una lista.

ENVIAR A LA BIBLIOTECA

¿Alguna vez te has descargado una aplicación y ha empezado a instalarse en tu pantalla de inicio? A mí me molesta. La pantalla de inicio es un privilegio en mi teléfono. Está reservada sólo para las aplicaciones que me han demostrado que me cambian la vida, como Candy Crush y Words With Friends. ¿Cómo se atreven a instalar una aplicación no probada en esa pantalla?

Puedes cambiar eso yendo a la aplicación Ajustes, luego Pantalla de inicio; a continuación selecciona el interruptor para Biblioteca de aplicaciones Sólo en Aplicaciones recién descargadas. La próxima vez que descargues una aplicación, se enviará directamente a la App Library.

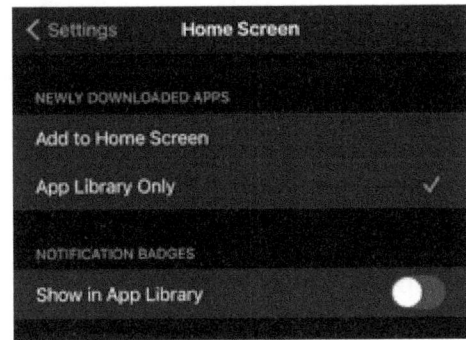

Si descubres que la aplicación es un cambio de juego que utilizas todo el tiempo, puedes moverla a otra pantalla: sólo tienes que mantener pulsado el dedo sobre ella y arrastrarla (igual que harías al reorganizar otras aplicaciones).

También puedes mover aplicaciones de tu pantalla de inicio a la App Library. Mantenla pulsada y, a continuación, pulsa el botón con el signo menos situado en la esquina superior izquierda de la aplicación. Te preguntará si quieres eliminar la aplicación o moverla a la App Library.

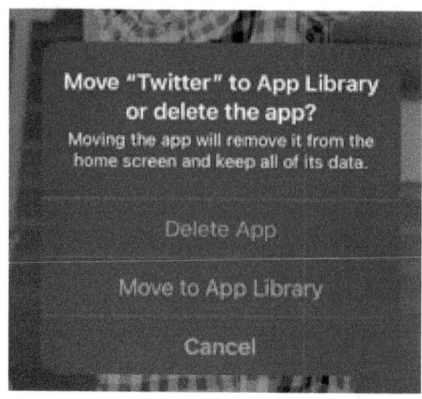

HAY UN WIDGET PARA ESO

Los usuarios de Android probablemente han estado mostrando widgets para usted durante años. iPhone ha tenido widgets por un tiempo, pero nunca han sido algo que usted podría tener en su pantalla de inicio. Eso cambió en iOS 15.

Es muy sencillo. Mantén pulsada la pantalla de inicio. En el ejemplo de abajo ya tengo un widget de fotos en mi teléfono. Para añadir otro, toca el icono + en la esquina superior izquierda.

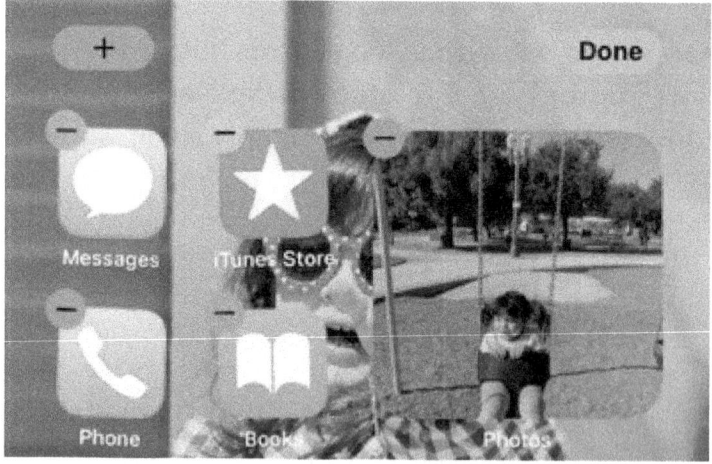

Puedes buscar widgets o desplazarte por ellos.

Cuando encuentres el que quieres, tócalo; algunos widgets tendrán varias variaciones y tamaños entre los que puedes elegir.

Una vez añadido, puedes arrastrarlo por la pantalla como harías con el icono de una aplicación. Si decides que no lo quieres, toca el icono - en la esquina superior izquierda del widget.

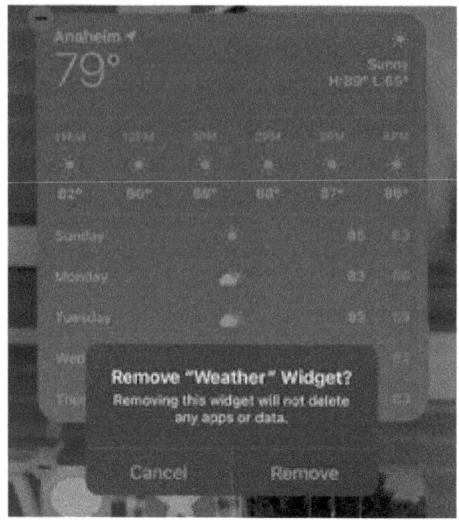

PILAS INTELIGENTES

También puedes añadir lo que se conoce como Pila Inteligente, que cambia en función de lo que predice que vas a utilizar durante un momento del día.

Si el widget tiene el mismo tamaño, puede arrastrarlo a otro cuadro de widget para crear su propia pila inteligente.

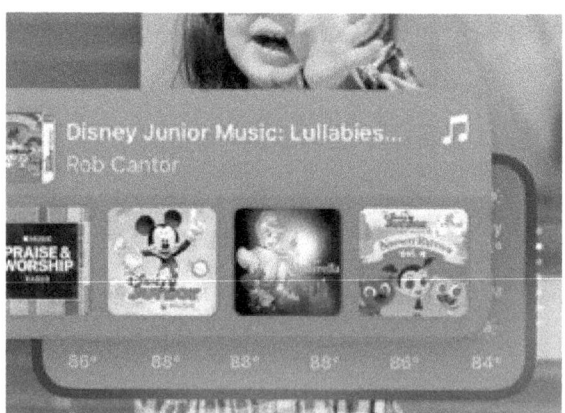

Una vez añadido, puedes deslizar el dedo hacia arriba y hacia abajo dentro de ese widget para alternar entre la aplicación.

Si pulsas prolongadamente sobre él, podrás editar la pila.

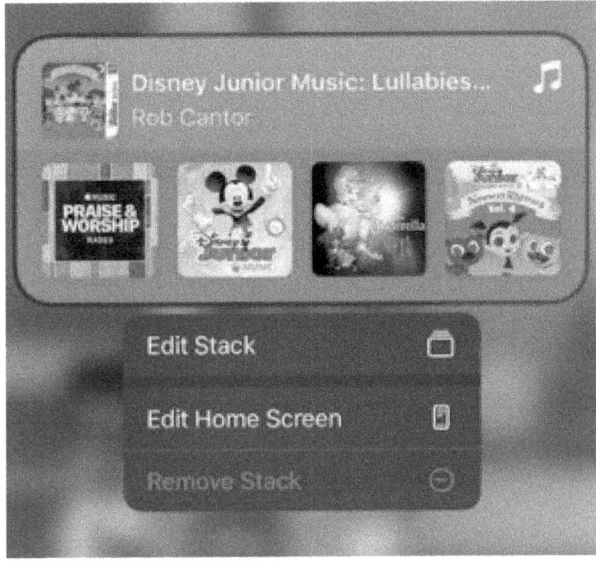

Cuando lo edites, podrás mover lo que haya en la pila y desactivar Smart Rotate, para que no rote a lo largo del día.

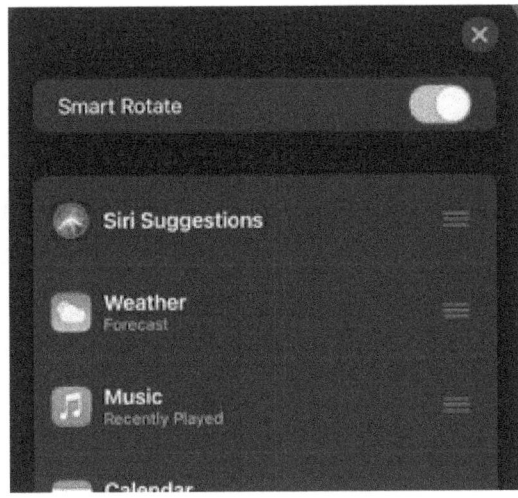

BUSCAR TEXTO EN APP

Si deslizas el dedo hacia abajo desde el centro de la pantalla, puedes buscar aplicaciones rápidamente, lo que resulta útil si tienes muchas. También puedes buscar texto dentro de las apps deslizando hacia abajo hasta la sección titulada "Buscar en apps".

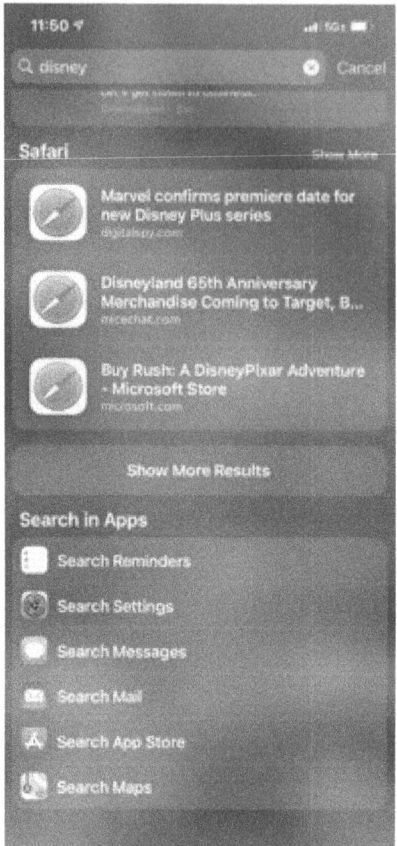

NOTIFICACIONES

Cuando tengas el teléfono bloqueado, empezarás a ver notificaciones en algún momento; esto te dice cosas como "Tienes un nuevo correo electrónico", "No olvides poner la alarma", etc.

Así, cuando veas todas tus notificaciones en la pantalla de bloqueo, estarán organizadas por categorías. Para ver todas las notificaciones de una categoría, solo tienes que pulsarla.

¿No le gustan las agrupaciones? No hay problema. Puedes desactivarlo para cualquier aplicación. Ve a Ajustes, luego a Notificacionesy toca la aplicación para la que quieras desactivar la agrupación. En Agrupaciones de notificaciones, desactiva la opción automática.

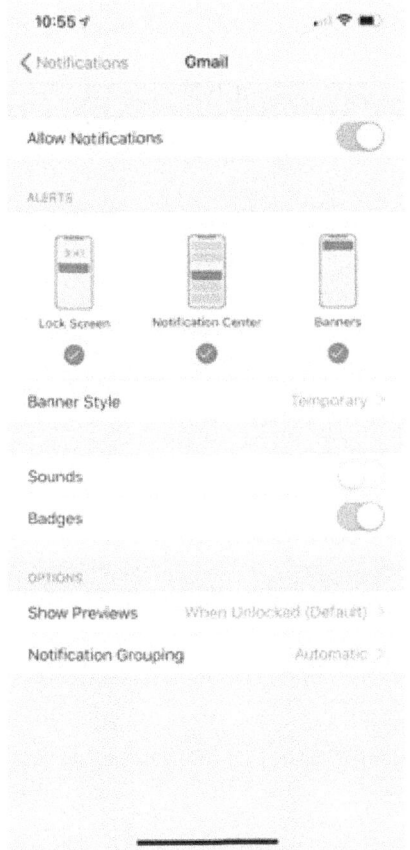

RESUMEN DE LA NOTIFICACIÓN

Las notificaciones pueden ser un poco… demasiado. Si tienes dispositivos conectados como Nest, correo electrónico y mensajes, tu teléfono empezará a sonar con demasiada frecuencia. Resumen de notificaciones te ayuda a no agobiarte, ya que te permite programar cuándo te llegan las distintas notificaciones.

Para empezar, ve a la aplicación Ajustes y, a continuación, a Notificaciones.

A continuación, vaya a Resumen programado.

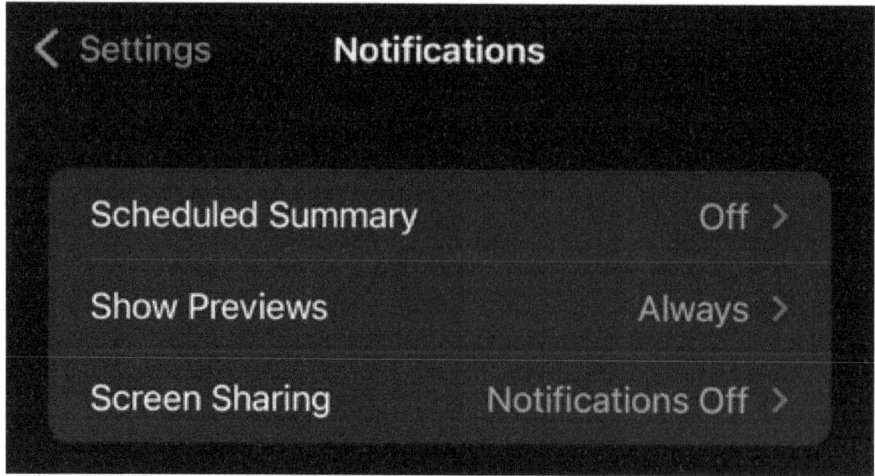

Si está desactivado, actívalo y configura tu horario.

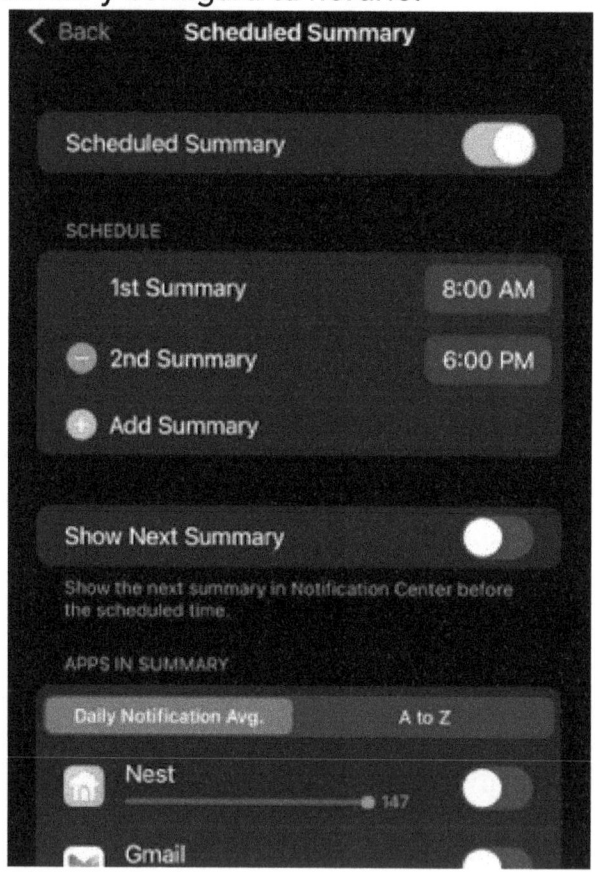

Uso de AirDrop

AirDrop

Imagínatelo: Vas a tomar un café con un amigo y tiene que enseñarte ese vídeo tan gracioso del fin de semana pasado. Antes, para compartirlo, tenías que navegar por las distintas opciones. Pero gracias a los magos de la tecnología de Apple, ya puedes despedirte de esos tediosos pasos a la hora de compartir entre iPhones. Bienvenido a la era de Air-Drop.

Para activar esta función, ve a Ajustes > General > AirDrop. Confirma que tienes activada la opción "Unir dispositivos".

ENFOQUE

Los teléfonos pueden distraernos de lo que tenemos que hacer. Sí, son geniales para jugar en el baño, pero tienes que volver al trabajo. Para ayudarte, existe el modo Enfoque. Para acceder a él, desliza el dedo hacia abajo desde la esquina superior derecha y toca el botón Enfoque.

Hay varios modos de enfoque diferentes, cada uno con distintos ajustes. Algunos te enviarán notificaciones, pero no llamadas, por ejemplo.

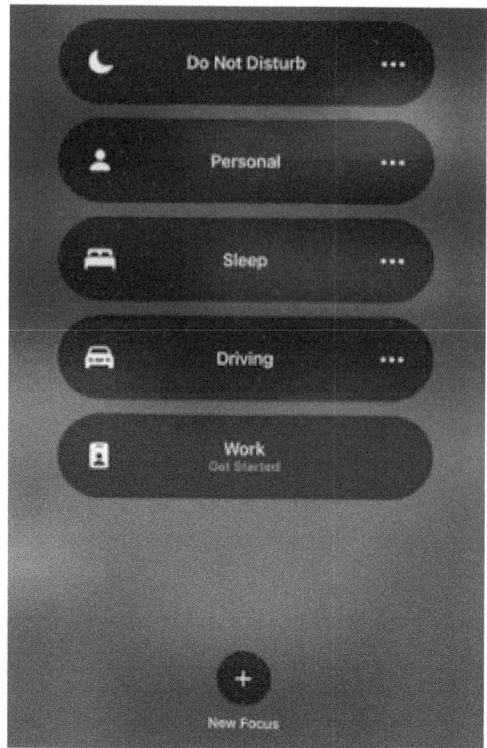

Si haces clic en los tres puntos de la esquina del modo, podrás seleccionar durante cuánto tiempo estará activado (si no lo haces, permanecerá activado hasta que lo apagues).

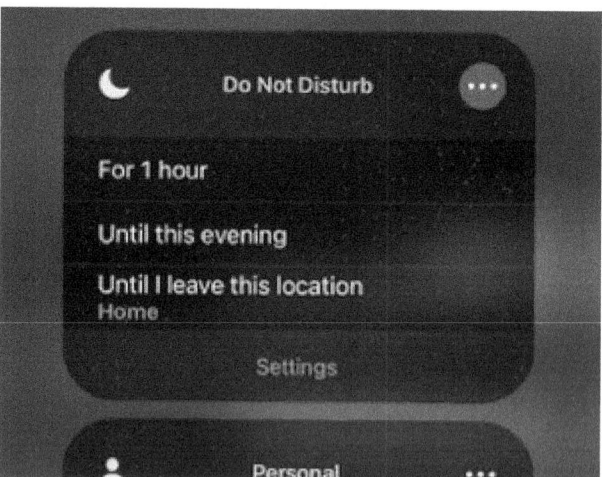

También puedes añadir un modo. Hay modos predefinidos que puedes añadir.

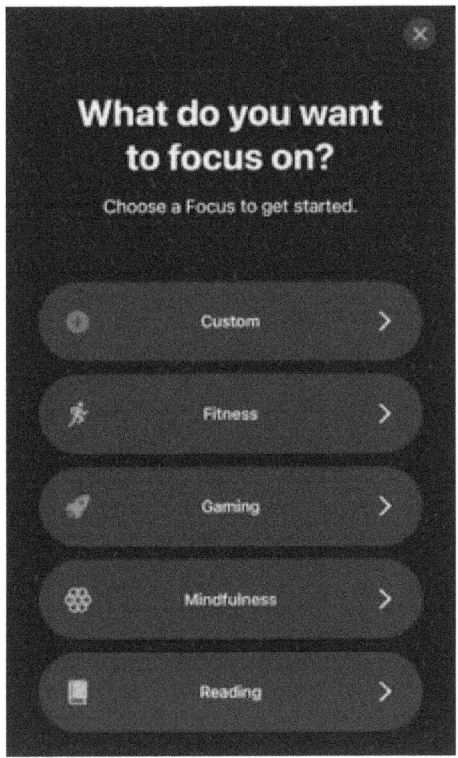

Al pulsar sobre cada modo, se indica lo que hace.

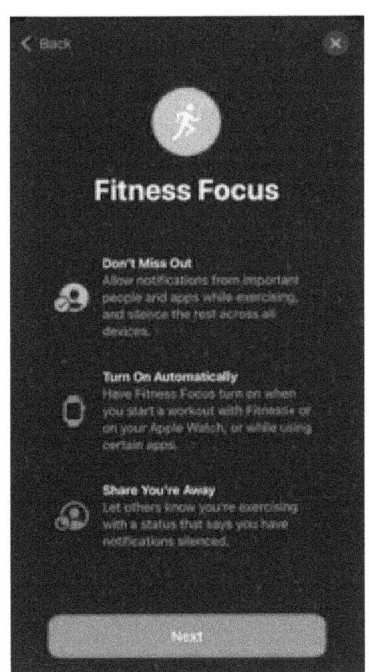

También puedes crear tu propio modo personalizado.

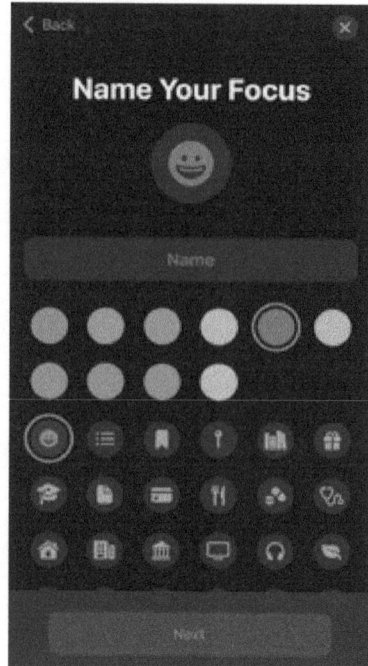

Crear tu propio modo te permite definir los límites.

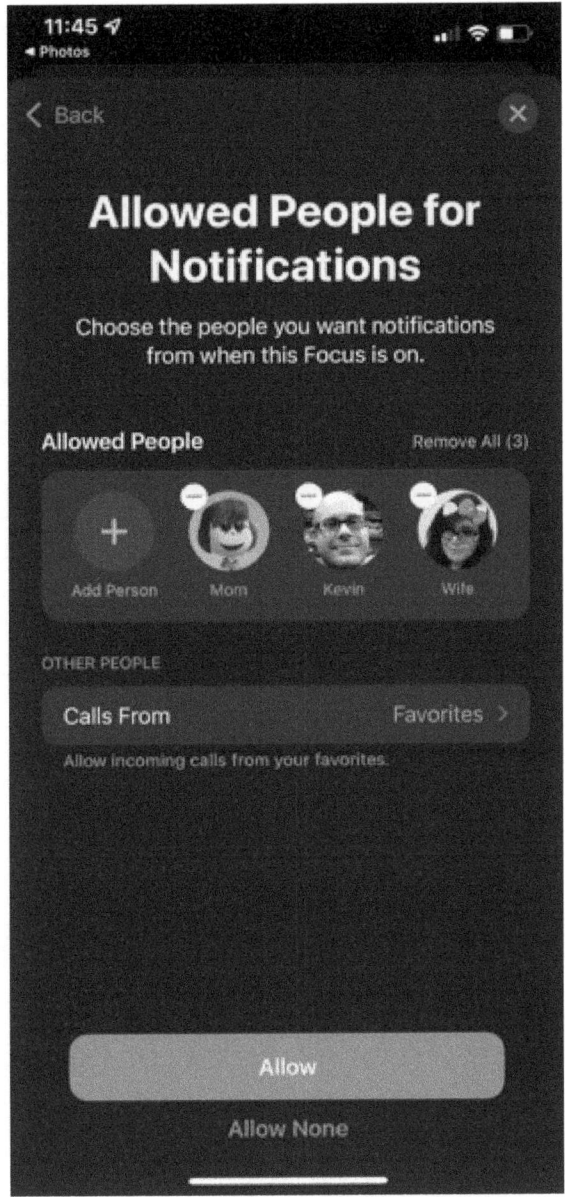

También puedes elegir las aplicaciones que reciben notificaciones. Así que puedes decirle que puedes recibir Tweets, pero no mensajes de Facebook.

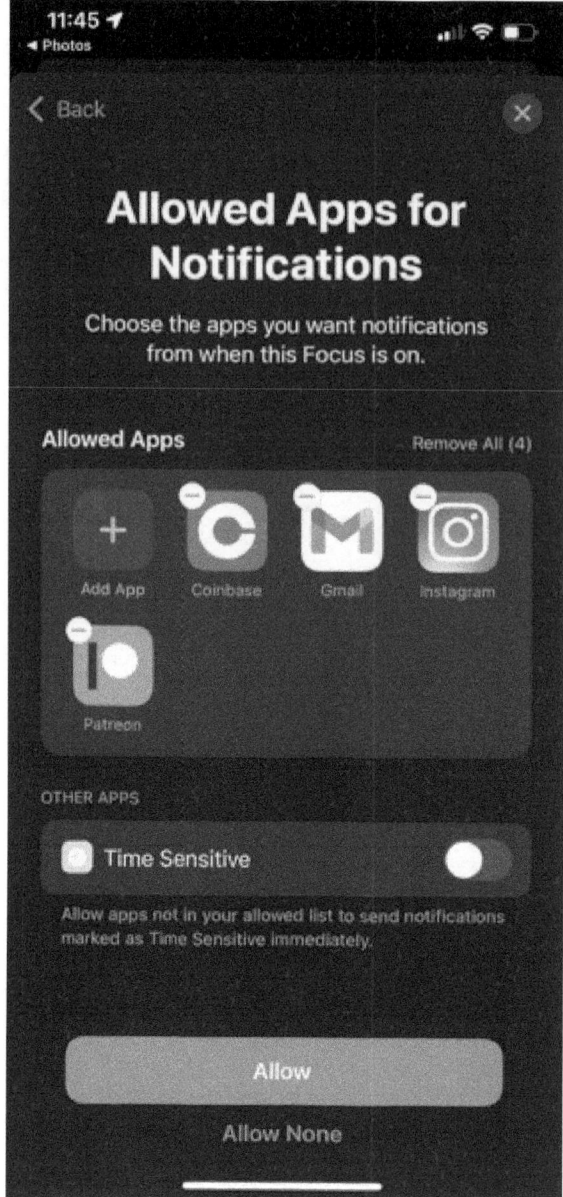

Pulsa Hecho y se añadirá.

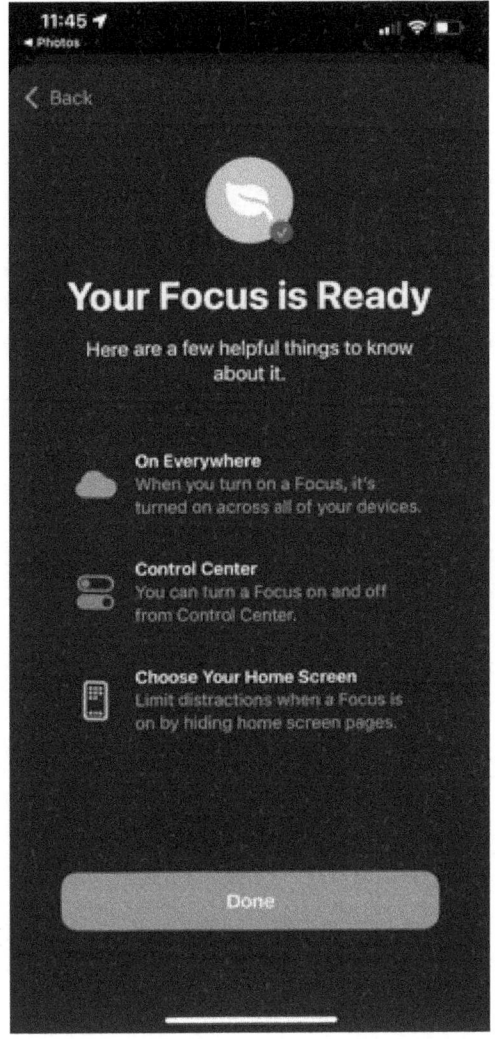

CARTERA

Apple Wallet es donde puedes almacenar versiones digitales de cosas como tarjetas de crédito, tarjetas de seguros e incluso documentos de identidad y llaves. Cada año crece más y más, pero, por desgracia, depende de las empresas añadirlo al sistema de Apple. Así que si no ves la compañía de tu tarjeta de crédito o no puedes añadir algo como un DNI, es porque aún no es compatible.

En la sección de Servicios de Apple de esta guía se hablará más extensamente de estas funciones.

Para añadir algo a tu Cartera, abre la aplicación Cartera y toca el icono + en la esquina superior derecha.

A continuación, seleccione lo que desea añadir. También puedes solicitar una Apple Card. Apple Card es la tarjeta de crédito de Apple.

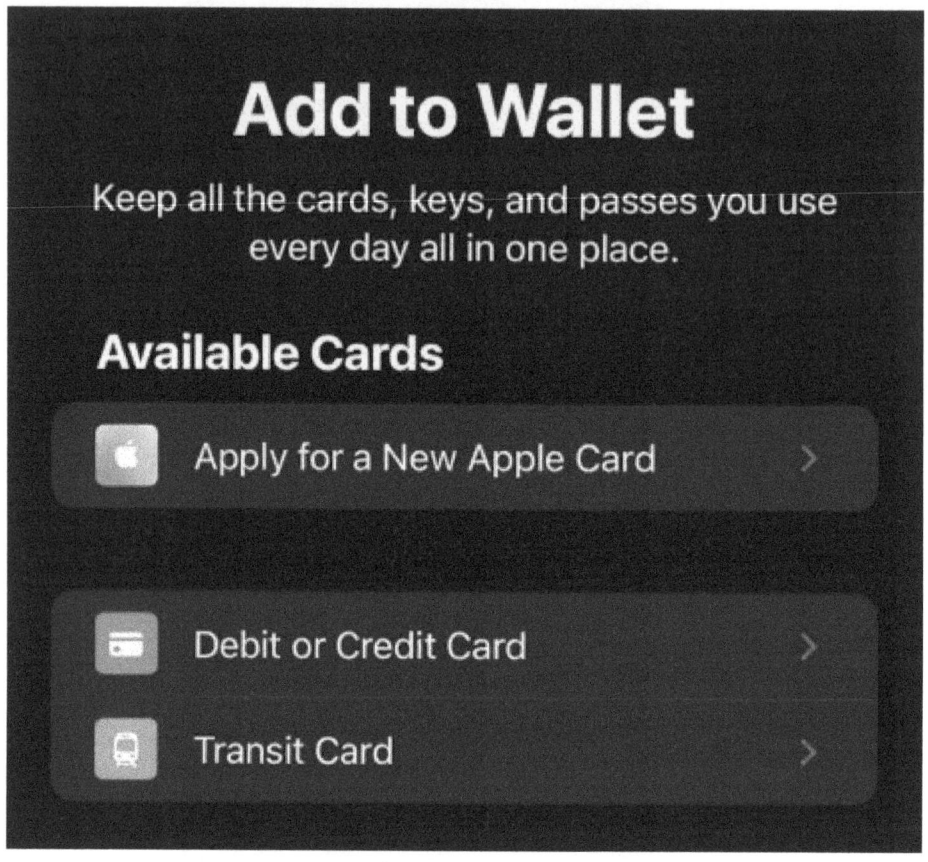

Sólo porque estés leyendo esto en EE.UU. no des por sentado que no verás cosas de otros países. Si viajas a algún lugar como China, verás incluso tarjetas de tránsito de ese país.

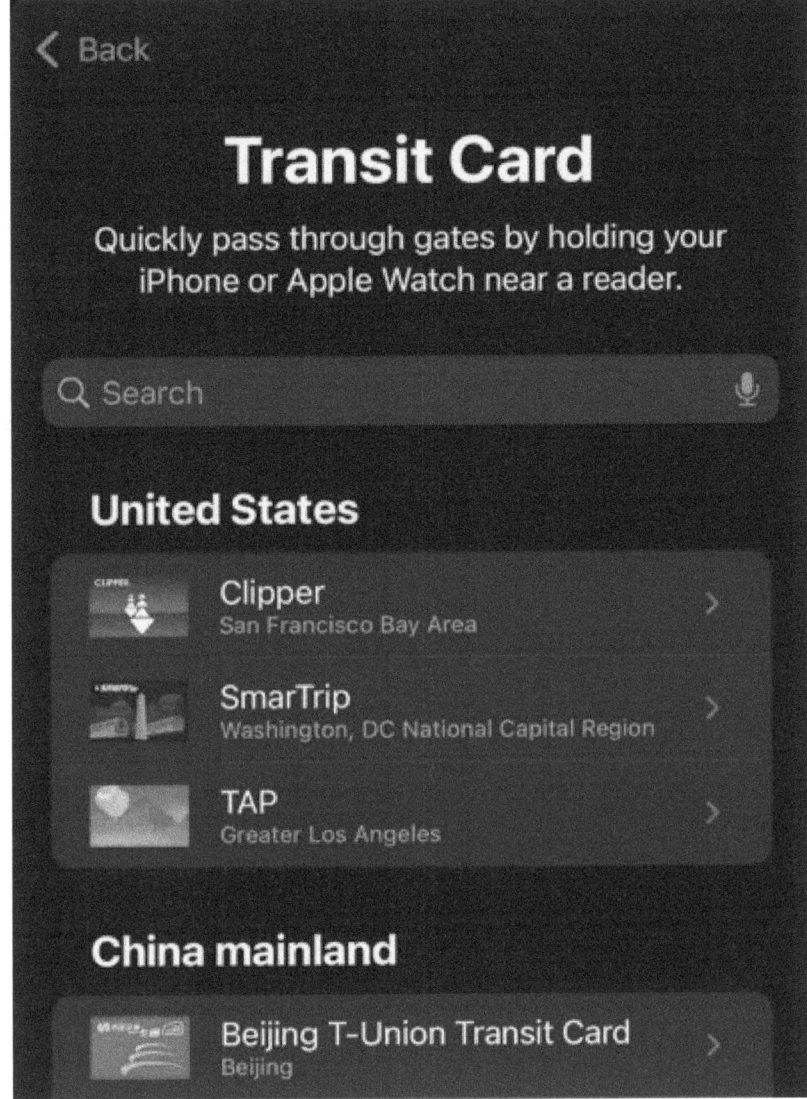

Foco

Spotlight es donde vas para encontrar cosas en tu teléfono. Hay dos maneras de llegar: deslizar hacia arriba desde la pantalla de inicio o deslizar hacia la izquierda desde la pantalla de inicio principal.

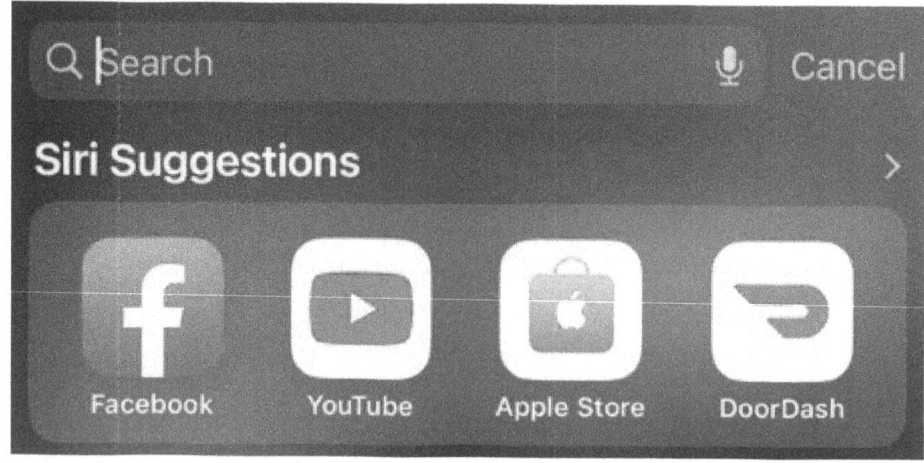

¿Qué puede buscar? En una palabra: ¡todo! Bueno, prácticamente todo. Puedes buscar programas de televisión, películas, personas, pero con las últimas actualizaciones puedes buscar aún más, incluso Live Text dentro de tus fotos. Es increíblemente inteligente y cada vez lo es más, así que si no puedes encontrar algo en tu teléfono, prueba a buscarlo.

Avanzar

Este capítulo tratará:
- Más información sobre la aplicación Teléfono
- Enviar correo electrónico
- Navegar por Internet
- Utilizar iTunes
- Encontrar aplicaciones en el App Store
- Añadir elementos al calendario
- Encontrar el tiempo
- Uso de mapas
- Salud
- Buscar a mis Amigos
- Buscar mi Teléfono
- HomeKit
- ARKit

Hay millones de aplicaciones que puedes descargar, pero Apple invierte mucho tiempo en asegurarse de que algunas de las mejores sean suyas. Cuando adquieres un iPhone nuevo, hay docenas de aplicaciones ya instaladas. Eres libre de borrarlas (y volver a descargarlas más tarde), pero antes de hacerlo, asegúrate de saber cuáles son.

Teléfono

En los capítulos anteriores, obtuviste una visión de muy alto nivel sobre la realización de llamadas. Ahora vamos a ir un poco más profundo.

Abra la aplicación Teléfono. Fíjate en las pestañas de la parte inferior de la pantalla. Vamos a repasar lo que hace cada una.

Favoritos: Son las personas a las que llamas con más frecuencia. También están en tus contactos. Es algo así como tu marcación rápida.

Recientes: Cualquier llamada (saliente o entrante) aparecerá aquí. Las llamadas entrantes aparecen en negro y las salientes en rojo.

Contactos: Aquí es donde estarán todos los contactos. ¿Te has fijado en las letras del lateral? Toca la letra correspondiente a la persona a la que quieres llamar para saltar a esa letra.

Teclado: Esto es lo que usas si quieres llamar a la persona usando un teclado real.

Buzón de voz: todos tus mensajes de voz se almacenan aquí hasta que los borres.

Personalmente, me gusta añadir contactos entrando en iCloud.com e iniciar sesión con mi cuenta de iTunes iTunes. Se sincroniza automáticamente con el teléfono y está basado en la web, lo que significa que no importa si utilizas un Mac o un PC. Prefiero esta forma porque puedo escribir con un teclado de verdad.

Para este libro, sin embargo, voy a utilizar el método del teléfono, que es casi idéntico al de iCloud..

Para añadir un contacto, pulse "Contactosy, a continuación, pulse el botón "+" en la esquina superior derecha. Además, puede eliminar contactos pulsando en el botón Editar en su lugar y, a continuación, pulse sobre la persona que desea eliminar, a continuación, pulse "Eliminar."

Edit   **Favorites**   +

Para insertar información, basta con tocar en cada campo. Si pulsas en "añadir foto" también tendrás la opción de tomar la foto de alguien o utilizar una que ya tengas. Si quieres asignar un tono de llamada o una vibración, para que suene una determinada canción sólo cuando esa persona esté llamando, añádelo en tonos de llamada. Cuando hayas terminado, pulsa "Hecho". Ahora te dará la opción de añadir a la persona a tus favoritos si es alguien a quien vas a llamar a menudo.

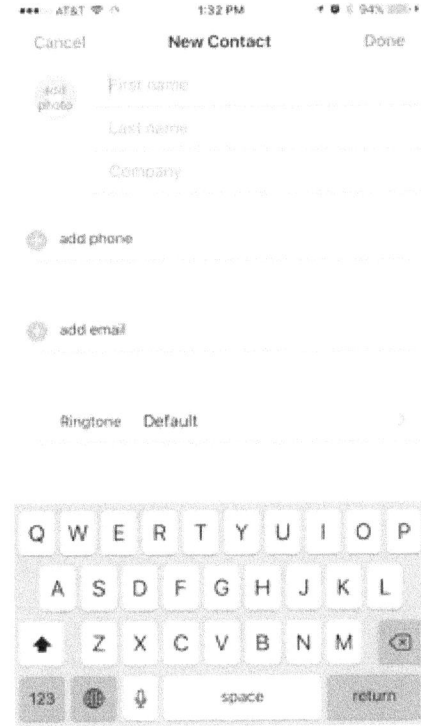

Para llamar a una persona, sólo tienes que pulsar su nombre. Si desea enviarles un mensaje de texto, pulse la flecha azul situada junto a su nombre. Ten en cuenta que sólo aparecerá la flecha azul si estás en la sección "Favoritos". Para llamar a alguien que no está en tus favoritos, pulsa sobre su nombre en los contactos y te preguntará si quieres llamar o enviar un mensaje de texto. Si prefieres llamar a la persona usando Facetime (si tiene Facetime) también tendrás la opción tocando el botón azul de exclamación.

Una de las funciones más anunciadas del iPhone es la de No molestar.. Cuando esta función está activada, no pasa ninguna llamada; ni siquiera ves que tu teléfono está sonando a menos que sea de alguien de tu lista de aprobados. Así, puedes configurarlo para que suene sólo si te llama alguien de tu familia. Para utilizar esta función, tienes que ir a Ajustes en la pantalla de inicio.

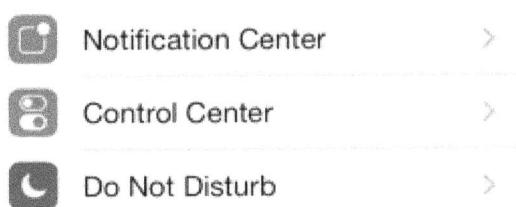

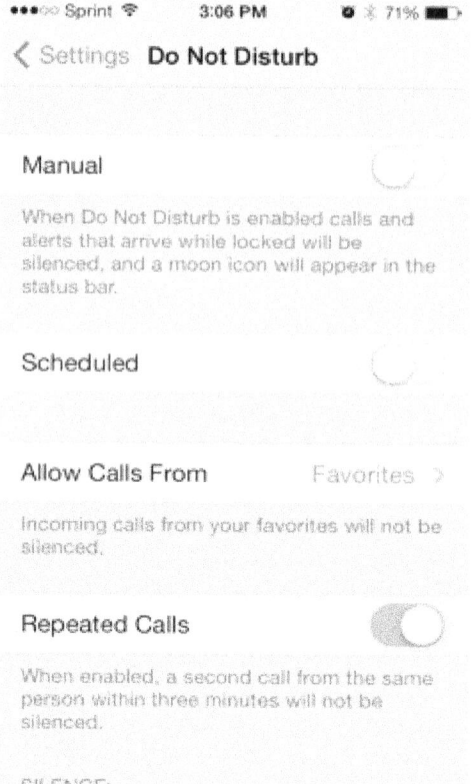

Por defecto, cuando No molestar está activado, cualquiera de tus favoritos puede llamar. Observe también el botón Llamadas repetidas que está activado por defecto. Esto significa que si la misma persona llama dos veces en tres minutos, la llamada será atendida.

Si desea configurarlo para que no pase ninguna llamada, pulse el botón "Permitir llamadas desde". Para volver al menú anterior, pulse el botón No molestar en la esquina superior izquierda. Cada vez que veas un botón como ese en la esquina superior izquierda, significa que te llevará a la pantalla anterior. La información se guarda en cuanto la pulsas, así que no te preocupes por el botón Guardar.

FACETIME

¿Cómo mantener unidas a las personas cuando están separadas? Esto es algo en lo que Apple ha pensado profundamente. FaceTime en el iPhone parece mejor que nunca. Más adelante, en otoño de 2021, podrás ver películas juntos, escuchar música juntos e incluso solucionar problemas del dispositivo compartiendo la pantalla de tu iPad. Se llama SharePlay. Lamentablemente, algunas de estas funciones llegarán más tarde, en otoño, por lo que esta guía de instrucciones no puede incluirlas en el momento de escribir este artículo.

Para empezar, abre la aplicación FaceTime; tienes dos opciones: Crear enlace o Nueva llamada FaceTime.

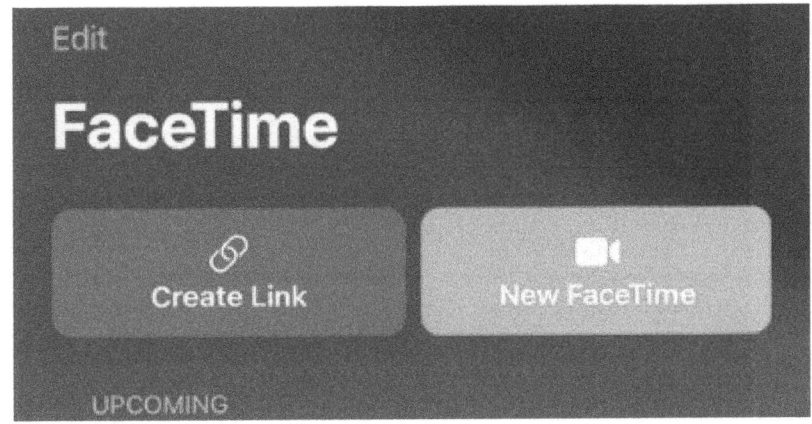

El botón Crear enlace te dará un enlace para compartir que puedes dar a la gente. Lo bueno de esto es que se puede compartir con personas que no tienen iPhones, por lo que pueden abrirlo dentro de Chrome en un ordenador Windows. Sólo tienes que pulsar el botón de copiar y pegarlo donde quieras que lo vean. También puedes tocar Añadir nombre para darle un nombre.

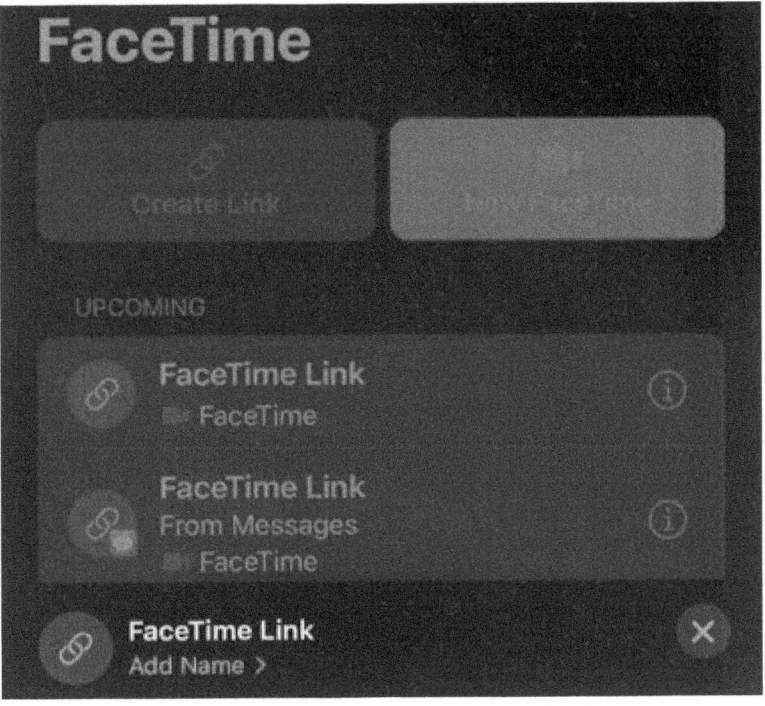

Si prefieres llamar a alguien directamente, toca el botón verde Nuevo FaceTime y escribe su nombre.

El cuadro de vista previa se encuentra en la esquina inferior, pero se puede mover a cualquier parte de la pantalla manteniendo pulsado y arrastrando.

Si amplías este cuadro de vista previa, tienes varias opciones. En la esquina superior izquierda, tienes un pequeño icono de imagen que hace que tu fondo se vea borroso o no. La esquina inferior derecha hará que tu cámara pase de estar de frente a estar de espaldas. En la esquina inferior izquierda aparecerán los efectos que puedes añadir.

Los efectos pueden desplazarse pulsando y manteniendo pulsado, o ampliarse pellizcando sobre ellos.

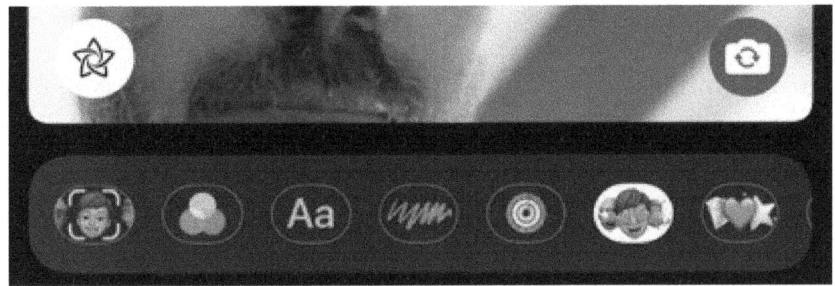

Cuando toques la pantalla, también tendrás un recuadro flotante con más controles. Si aún no has iniciado la llamada, por ejemplo, si alguien te llama por FaceTime, tienes que aceptarla y pulsar el botón Unirse; si ya estás en la llamada, este botón se convierte en un botón Abandonar: tócalo para colgar. De izquierda a derecha, los otros botones son Mensajes para enviar un mensaje a todos los que están en la llamada, Altavoz si quieres transferir el sonido a algo como un HomePod, Micrófono si quieres apagar tu micrófono para que no puedan oírte, y Cámara, que es donde vas para apagar tu vídeo: pueden oírte pero no verte.

LA MONALISA DE FACETIME?

¿Has visto alguna vez uno de esos cuadros en los que los ojos te siguen? Apple parece estar imitando esta técnica con un ajuste para FaceTime que intenta centrarse en tus ojos para ofrecer al espectador un contacto visual constante. Así, aunque estés mirando fijamente a la pantalla jugando a un juego, parecerá que estás mirando a la cámara.

Para activarlo, ve a la aplicación Ajustes y selecciona FaceTime. Asegúrate de que Contacto visual está activado.

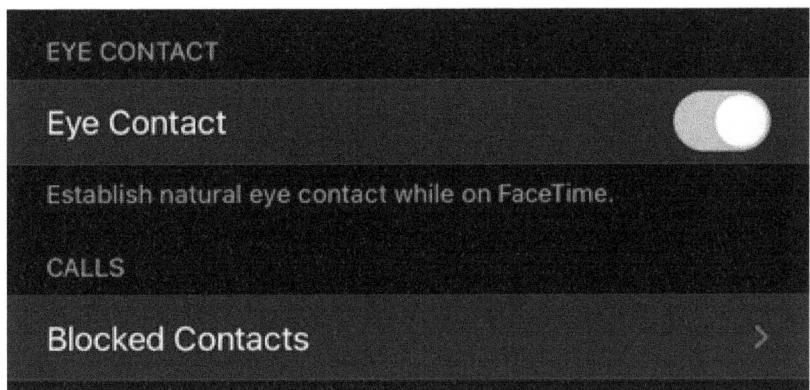

CORREO

El iPhone te permite añadir varias direcciones de correo electrónico de prácticamente cualquier cliente de correo electrónico que se te ocurra. Yahoo, Gmail, AOL, Exchange, Hotmail y muchos más pueden añadirse a tu teléfono para que puedas consultar tu correo electrónico estés donde estés. Para añadir una dirección de correo electrónico, pulsa el icono de la aplicación Ajustes y, a continuación, desplázate hasta la parte central, donde verás Correo, Contactos y Calendario. A continuación verás los logotipos de los principales proveedores de correo electrónico, pero si tienes otro tipo de correo sólo tienes que pulsar en "Otro" y continuar.

Si no conoces la configuración de tu correo electrónico, tendrás que visitar la página de búsqueda de configuración de correo en el sitio web de Apple. Allí puedes escribir tu dirección de correo electrónico completa, y el sitio web te mostrará qué información escribir y dónde para que tu cuenta de correo electrónico funcione en el teléfono. Los ajustes cambian con cada uno, así que lo que funciona para un proveedor puede no funcionar con otro. Una vez que hayas terminado de añadir todas las cuentas de correo electrónico que necesites, podrás hacer clic en el icono de la aplicación Correo en la pantalla de inicio del teléfono y ver cada bandeja de entrada por separado o todas a la vez.

Si utilizas la aplicación Mail de Apple, aquí tienes algunas funciones que te interesarán conocer.

DESENVIAR MENSAJE

Si has enviado un mensaje por error, puedes anular su envío... más o menos. La salvedad es que tienes que anular el envío en menos de diez segundos. Así que no se trata de deshacer ese horrible mensaje que enviaste a tu jefe la semana pasada y del que ahora te arrepientes. El objetivo es deshacer lo que enviaste por error, como si te hubieras olvidado de adjuntar algo.

Para utilizarla, toca el botón azul que aparece en la parte inferior de tu bandeja de entrada después de enviarla. ¿No lo ves? Desgraciadamente, eso significa que tu ventana ha pasado y es demasiado tarde. Si consigues hacerlo a tiempo, el correo electrónico volverá al estado de redacción.

CALENDARIO CORREO

Probablemente muchas veces quieras redactar un correo electrónico, pero no enviarlo inmediatamente. Cuando doy clases, por ejemplo, programo los correos electrónicos para que se envíen el día de la clase; así están listos y se activan automáticamente el día de la clase.

Para ello, redacta el mensaje de correo electrónico como lo harías normalmente, pero en lugar de pulsar la flecha azul para enviarlo, manténla pulsada (es decir, mantenla pulsada); aparecerá una opción que te preguntará cuándo quieres enviarlo. Elige una opción y toca Listo.

RECORDATORIO POR CORREO ELECTRÓNICO

Si desea que se le recuerde un correo electrónico en el transcurso de la semana, abra el correo y seleccione el botón Responder. Aparecerán varias opciones. Una de ellas es Recordármelo.

NAVEGAR POR INTERNET CON SAFARI

Si usas el iPhone, probablemente ya estés pagando un plan de datos, así que lo más probable es que quieras aprovechar Internet al máximo.

Es muy probable que utilices un operador que no ofrece navegación web ilimitada. Esto significa que si usas mucho Internet, tendrás que pagar un extra. Lo que yo recomiendo es usar Wi-Fi cuando lo tengas (como en casa). Antes de volver a Safariveamos rápidamente cómo activar el Wi-Fi.

En la pantalla de inicio, pulsa el icono Configuración.

La segunda opción del menú Ajustes es Wi-Fipulse una vez en cualquier lugar de esa línea.

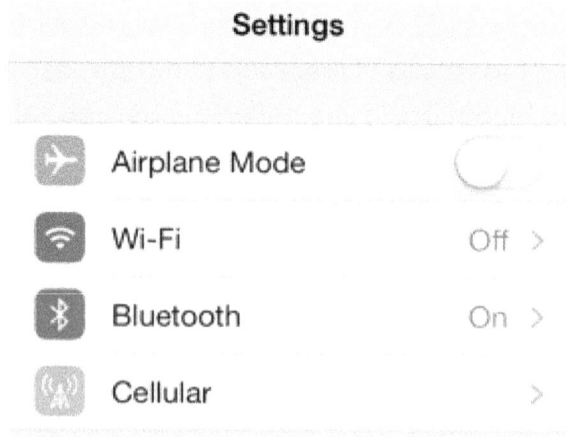

A continuación, cambie el Wi-Fi de desactivado a activado deslizando el dedo o tocando en "Desactivado".

Aparecerá su red (si la tiene). Púlsela una vez.

2WIRE103   🔒 📶 ⓘ

Si hay un candado junto al símbolo de la señal, significa que el acceso Wi-Fi está bloqueado y necesita una contraseña para utilizarlo. Cuando se te pida, escribe la contraseña y toca "Unirse".

Ahora se conectará a la red. Recuerda que muchos lugares, como Starbucks, McDonald's, Nordstrom, Lowe's, etc., ofrecen Wi-Fi gratis como una forma de atraerte a la tienda y hacer que te quedes. Aprovéchalo y guarda el uso de datos para cuando lo necesites.

Veamos cómo funciona Safari funciona.

INTERFAZ SAFARI

Durante años, la barra de herramientas de Safari estuvo en la parte superior. Es el lugar donde es más probable que la busques porque es donde está en todas partes: ordenadores de sobremesa, tabletas, etc. En iOS 15, la barra de herramientas se movió a la parte inferior. Molesto, ¿verdad? Al principio, sí. ¿Por qué estropear algo que funciona? Porque no funciona.

Piensa en cómo utilizas tu teléfono. Tus dedos están en la parte inferior del teléfono, no lo sujetas desde arriba. Así que, cuando escribes una dirección, ¿qué tienes que hacer? Mover la mano hacia arriba para tocar la barra de direcciones y luego volver a moverla hacia abajo, donde está el teclado. Son dos pasos. Esto acelera las cosas. No tienes que ajustar la mano.

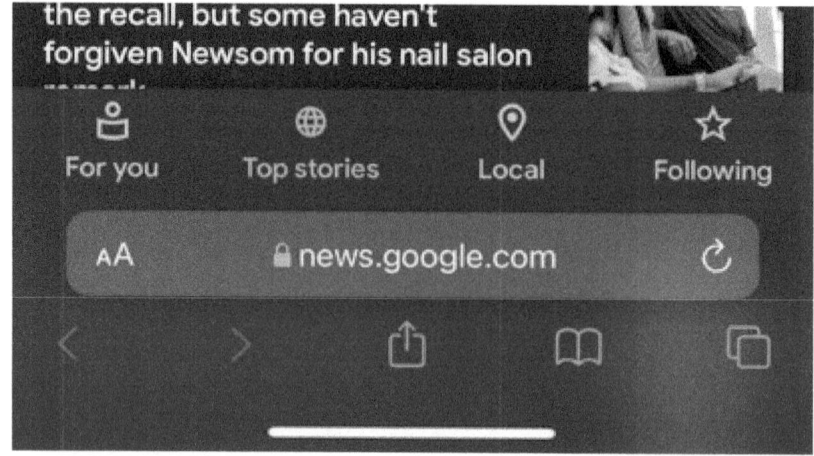

Si ya has usado Safari antes, esto te resultará extraño; pruébalo durante un día o dos. Si realmente no puedes soportarlo, hay una manera fácil de revertirlo. Toca el doble AA de la barra de direcciones.

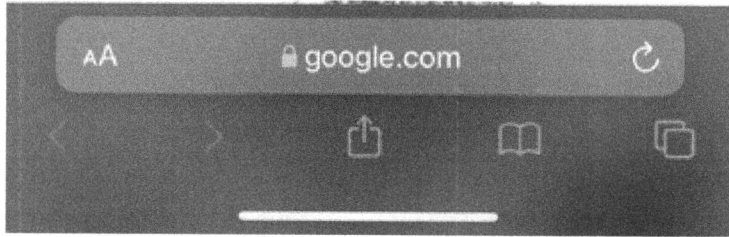

En la parte superior, hay una opción que dice "Mostrar barra de direcciones superior"; tócala y ya está.

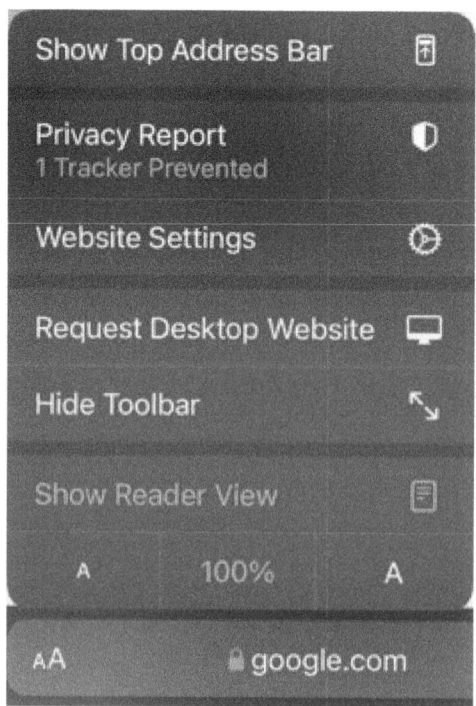

Para buscar algo, se utiliza exactamente la misma casilla. Así es como puedes buscar cualquier cosa en Internet. Piénsalo como un buscador de Google, Bing o Yahoo! en la esquina de tu pantalla. De hecho, eso es exactamente lo que es. Porque cuando busques, utilizará uno de esos motores de búsqueda para encontrar resultados.

En la parte inferior de la pantalla verás cinco botones; los dos primeros son Atrás y Adelante, que hacen que el navegador retroceda o avance hasta el sitio web en el que estabas antes.

Junto a la flecha de avance, justo en el centro, hay un botón que te permite compartir un sitio web, añadirlo a la pantalla de inicio, imprimirlo, marcarlo, copiarlo o añadirlo a tu lista de lectura.

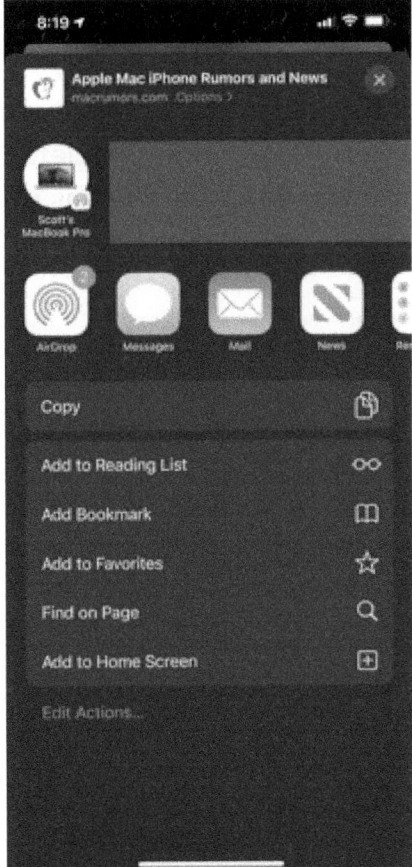

¡Qué bien! Pero, ¿qué significa todo esto? Veamos cada botón del menú:

La primera fila te permite enviar el enlace a tus dispositivos cercanos o enviarlo por SMS a las personas a las que sueles enviar mensajes.

Debajo están las aplicaciones que puedes abrir y a las que puedes enviar el enlace.

Por último, debajo de ellos hay diferentes acciones que puede realizar con el enlace:

Añadir a la pantalla de inicio: Si vas a una página web con frecuencia, esto puede ser muy conveniente. Lo que hace este botón es añadir un icono de esa página web a tu pantalla de inicio. De esta forma, siempre que quieras acceder a la página web, podrás hacerlo directamente desde la pantalla de inicio.

Copiar: Copia la dirección de la página web.

Añadir a favoritos: Si visitas una página web a menudo pero no quieres añadirla a tu pantalla de inicio, puedes marcarla como favorita. Te mostraré esto con más detalle en un momento.

Añadir a la lista de lectura: Si tienes un montón de noticias abiertas, puedes añadirlas a una lista de lectura para leerlas más tarde (aunque estés desconectado).

El siguiente botón desde el enlace de compartir cubierto arriba parece un libro. Es el botón Marcador marcador.

Cuando añadas un marcador (recuerda que lo haces desde el botón anterior, el de Compartir), te pedirá que le pongas un nombre. Por defecto lo pondrá en la pestaña general de marcadores, pero también puedes crear nuevas carpetas pulsando en "Marcadores".

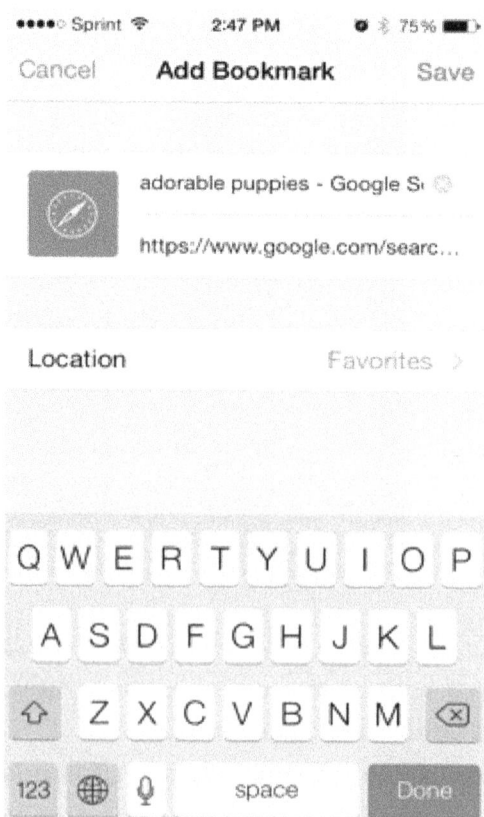

Ahora puedes acceder al sitio web cuando quieras sin tener que escribir la dirección pulsando el botón Marcadores.

Lista de lectura es el icono del medio que parece un par de gafas donde puedes ver todas las páginas web, entradas de blog o artículos que has guardado para leer sin conexión. Para guardar una obra de literatura de Internet en tu lista de lectura, toca el icono Compartir y luego pulsa "Añadir a la lista de lectura". Las páginas guardadas pueden eliminarse como un mensaje de texto deslizando el dedo de derecha a izquierda y pulsando el botón rojo Eliminar.

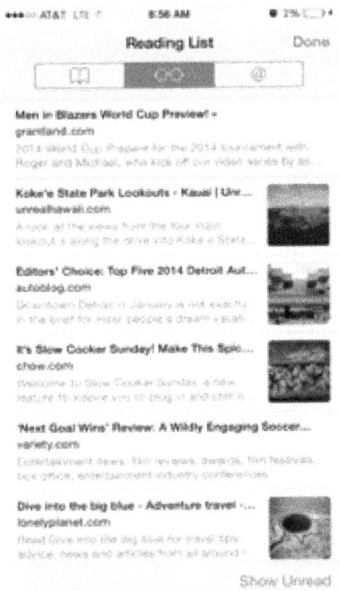

La tercera pestaña de la página Marcadores es donde puedes ver los enlaces compartidos y las suscripciones. Las suscripciones pueden crearse desde cualquier página web que ofrezca canales RSS, y tu teléfono descargará automáticamente los últimos artículos y publicaciones. Para suscribirte al RSS de un sitio, visita el sitio web, toca el icono Marcadores y selecciona "Añadir a enlaces compartidos".

El último botón parece una caja encima de una caja transparente.

Si utilizas un ordenador o un iPad, probablemente lo sepas todo sobre las pestañas. Apple decidió no utilizar pestañas en Safari. Las pestañas están ahí de otra manera, sin embargo, eso es lo que este botón es; que le permite tener varias ventanas abiertas al mismo tiempo. Al pulsarlo, aparece una nueva ventana. Hay una opción para abrir una página nueva. Además, puedes alternar entre las páginas que ya tienes abiertas. Si pulsas la "x" también cerrarás una página que tengas abierta. Pulsa Hecho para volver a la navegación normal.

La opción iCloud (la nube en la parte inferior) es algo a lo que querrás prestar atención si utilizas otro dispositivo Apple (como un iPad, un iPod Touch o un ordenador Mac). Tu navegación en Safari se sincroniza automáticamente; así, si estás navegando por una página en tu iPad, puedes continuar donde lo dejaste en tu iPhone.

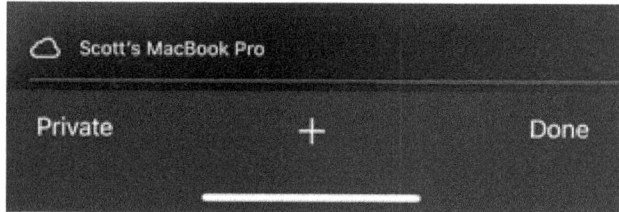

Cuando pones el teléfono en horizontal (es decir, lo giras hacia un lado), el navegador también gira, y ahora tendrás la opción de utilizar el modo de pantalla completa. El aspecto es similar, pero ahora hay un botón "+" que te permite abrir una nueva pestaña.

Puedes tener pestañas en ambos modos, pero en pantalla completa ves las pestañas en la parte superior.

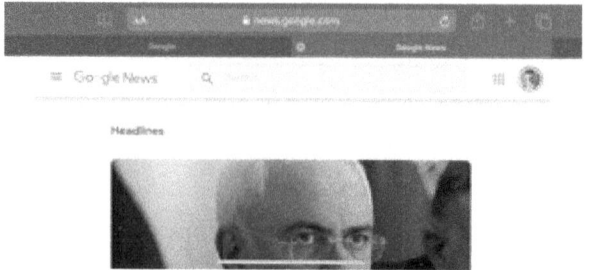

En modo vertical, las pestañas se ven tocando los dos recuadros transparentes de la esquina inferior derecha.

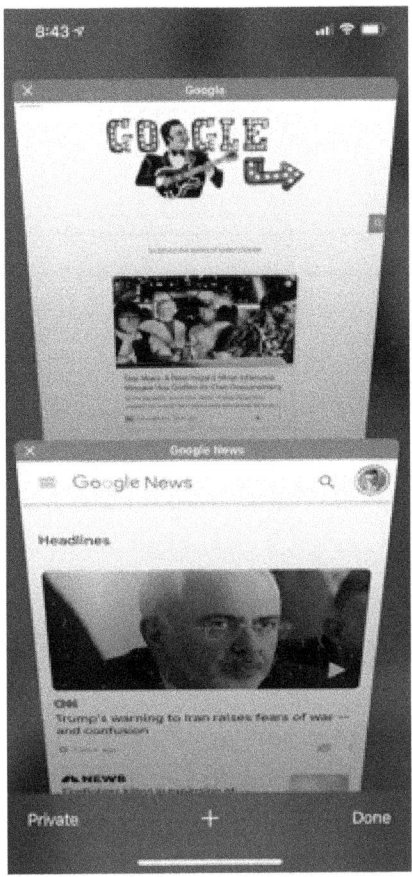

Si odias cerrar pestañas, tu vida es ahora más fácil en iOS. Puedes hacer que todas las pestañas se cierren automáticamente tras un periodo de tiempo determinado.

Vaya a Ajustes > Safari > Cerrar pestañas y selecciona si quieres hacerlo Manualmente, Después de un día, Después de una semana o Después de un mes.

GRUPO DE PESTAÑAS

Las pestañas pueden ser tu mejor amigo. Tab Group es la evolución de este amigo. Los grupos de pestañas son una especie de combinación de marcadores y pestañas. Básicamente, guardas todas tus pestañas en un grupo. Así, por ejemplo, puedes tener un grupo llamado "Compras" y cuando haces clic en él, como por arte de magia, todos tus sitios web favoritos de compras se abren en pestañas.

Para empezar, pulse el icono de la parte inferior derecha (las dos páginas apiladas) y, a continuación, pulse la flecha situada junto a la pestaña.

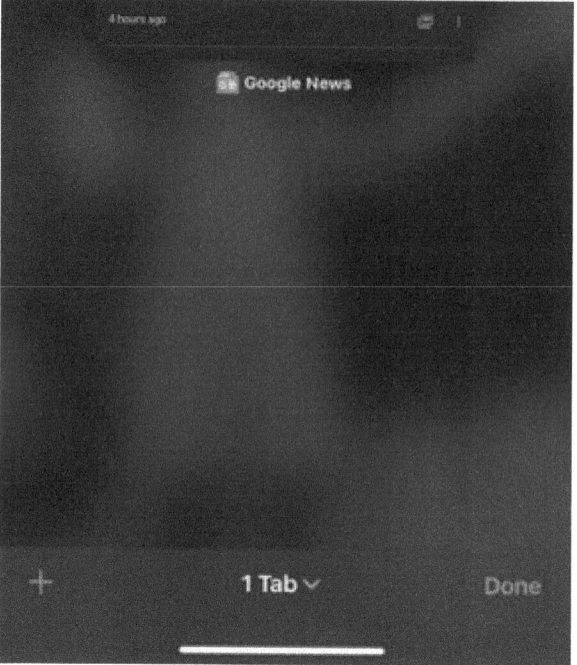

Esto te mostrará otras pestañas que tengas abiertas, así como cualquier grupo de pestañas que se pueda abrir. Verás que he creado un grupo de pestañas de compras y un grupo de pestañas de noticias. Para poner la página actual en un grupo, sólo tienes que tocar Nuevo grupo de pestañas desde 1 pestaña: ¿quieres varias páginas en ese grupo? Abre todas las páginas ahora y guárdalas como grupo.

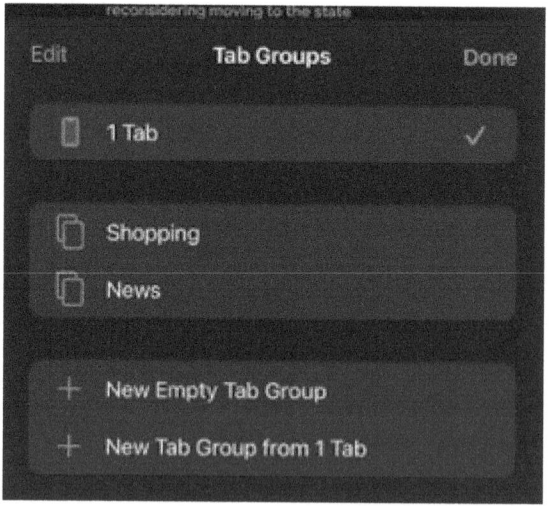

A continuación, da un nombre a tu grupo.

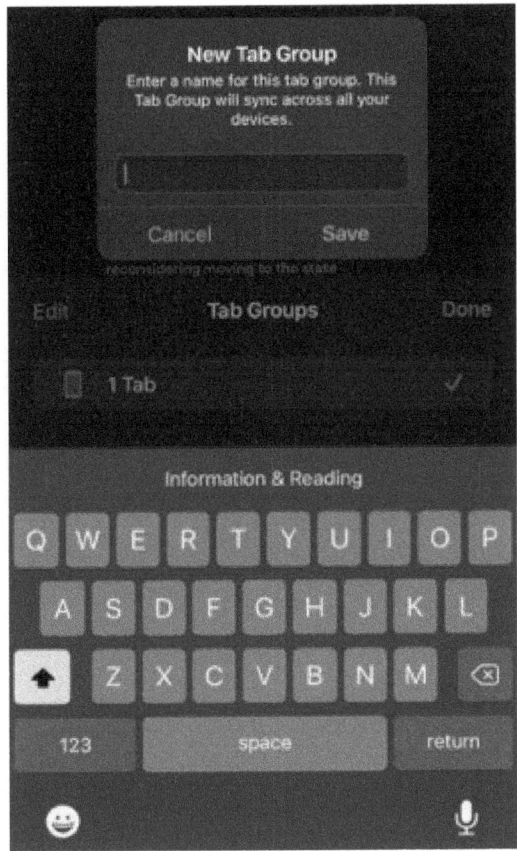

Cuando abres un grupo, puedes ver vistas previas de todas las pestañas de ese grupo; sólo tienes que tocar la página a la que quieres entrar.

ESTABLEZCA SU CORREO ELECTRÓNICO PREDETERMINADO / NAVEGADOR WEB

Durante varios años, podías usar otros navegadores de Correo y Web en iOS, pero no podías establecerlo como predeterminado. Esto cambió en iOS 15... más o menos. Ahora puedes tener navegadores y clientes de correo alternativos por defecto, pero hay que actualizar la app.

Es responsabilidad de los desarrolladores (no de Apple) actualizar la app para que aproveche esta función; así que cuando intentes cambiarla siguiendo los pasos que se indican a continuación y no veas tu app preferida, probablemente se deba a que o bien no han actualizado la app todavía o bien tú no has actualizado la app todavía (ve a la App Store y asegúrate de que no hay una actualización de la aplicación).

Para cambiar tu aplicación preferida, ve a la aplicación Configuración. A continuación, ve a la aplicación que quieras que sea la predeterminada (yo estoy usando el navegador Chrome en el ejemplo siguiente); a continuación, pulsa Navegador predeterminado.

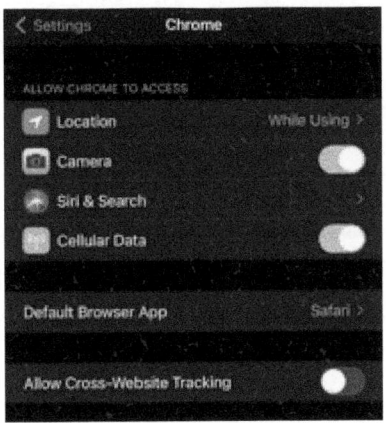

Por último, marca tu navegador preferido. Se guarda automáticamente.

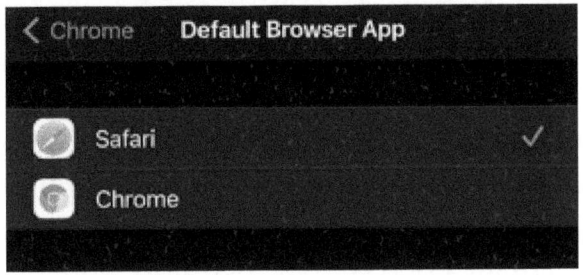

PRIVACIDAD

Apple siempre ha sido proactiva con la privacidad de los usuarios. Cuando utilices Safari te avisará si se ha producido una violación de datos en un sitio web y si deberías plantearte cambiar tu contraseña. También te dará la opción de ocultar tu correo electrónico cuando estés comprando a través de Safari. Cuando vea que alguien le pide un correo electrónico, le preguntará si quiere ocultar su correo; si dice que sí, generará una dirección de correo única y aleatoria; cualquier correo que reciba de la empresa a ese correo se le reenviará. Así recibirás correo de la empresa, pero no conocerán tu dirección real.

El apartado de Ajustes te permite saber qué hacen las aplicaciones con tus datos. Todas las aplicaciones a las que hayas permitido utilizar los Servicios de Localización aparecerán en Servicios de Localización (y aquí también puedes activar y desactivar los Servicios de Localización para aplicaciones concretas o para todo el dispositivo). También puedes revisar tus aplicaciones para comprobar qué información recibe y transmite cada una de ellas.

Cuando utilices cualquier aplicación que utilice la cámara o el micrófono, verás un indicador verde justo encima de la barra de señal del móvil.

Contraseña comprometida

Las filtraciones de datos son bastante comunes hoy en día; Apple está poniendo de su parte para ser transparente sobre cuándo ocurren y ayudarte a solucionarlo antes de que sea un problema.

Ve a la aplicación Ajustes y desplázate hasta llegar a Contraseñas.

Dentro de esta área (que está protegida por contraseña) puede ver todas sus contraseñas almacenadas, pero en Seguridad Recomendaciones, también puede ver si su contraseña "puede" haber sido comprometida. Digo "puede" porque esto no significa que haya sido pirateado. Sólo significa que se han sustraído algunos datos de una empresa, y tú podrías estar en esa lista porque has tenido una cuenta allí en el pasado.

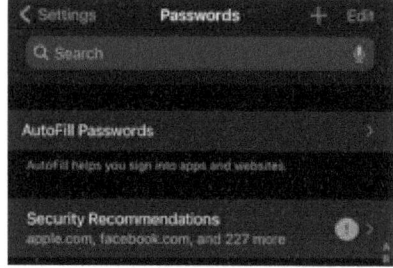

Cuando hagas clic en las recomendaciones, te llevará una a una a cada posible brecha y te mostrará por qué está haciendo la recomendación. En el siguiente ejemplo, dice que Apple ha sufrido una brecha y me sugieren que cambie mi contraseña.

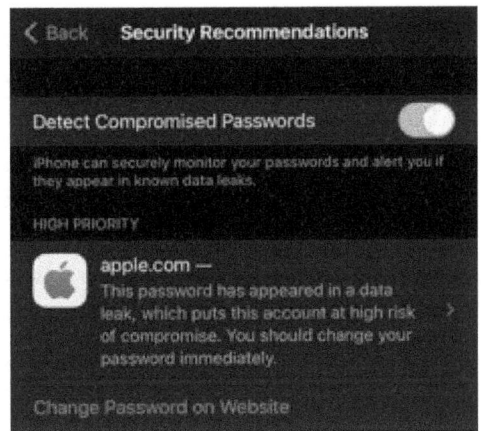

Puedo pulsar en Cambiar contraseña en sitio web para cambiar la contraseña, o puedo pulsar en el mensaje para leer un poco más sobre él. En el ejemplo siguiente, dice que se ha dado cuenta de que he utilizado la misma contraseña en otro sitio web, así que debería cambiarla también.

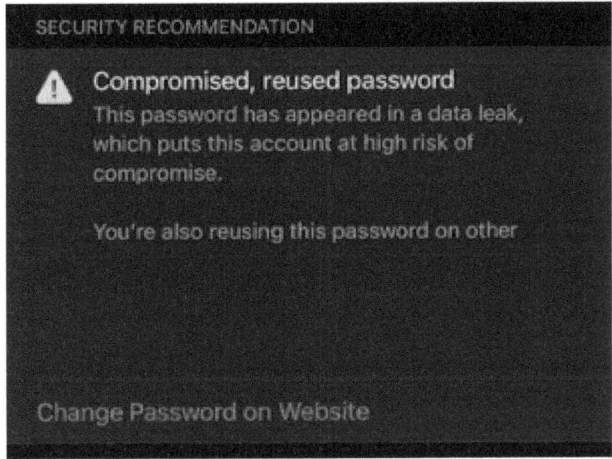

Privacidad Informe

En Safaripuede tocar el icono AA que aparece junto a la dirección web para ver un Privacidad.

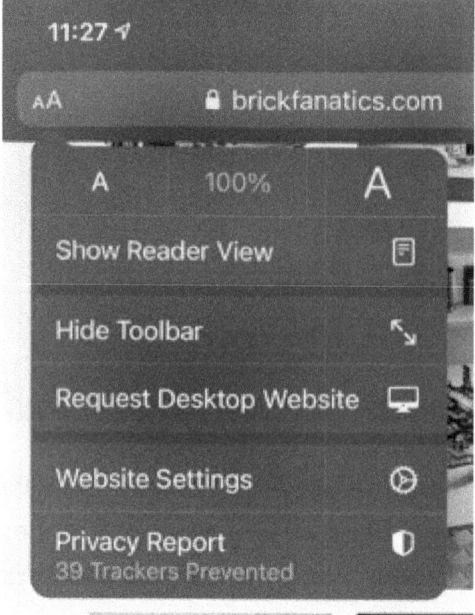

El Informe de privacidad me dirá más cosas sobre los rastreadores que han intentado seguirme. Un rastreador es básicamente un pequeño código incrustado en un sitio web para seguir lo que hago. Por ejemplo, le dice a Facebook que he visitado un sitio web sobre Legos, así que debería empezar a mostrarme anuncios de Legos. Escalofriante, ¿verdad?

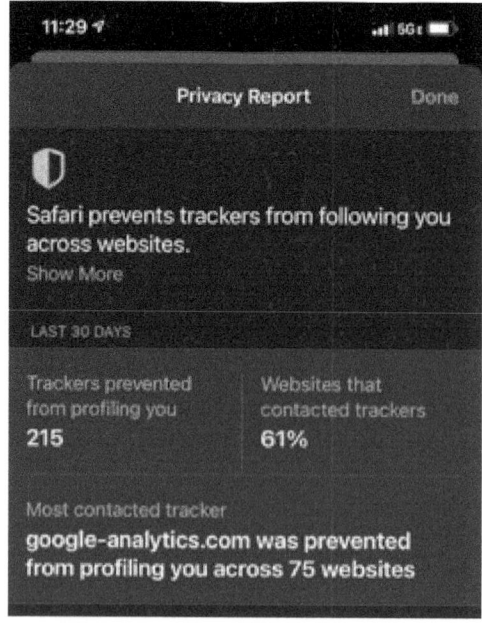

Ubicación compartida

Dentro de cada aplicación hay una serie de herramientas de privacidad sobre lo que pueden y no pueden ver. Una de las más comunes es tu ubicación. En el ejemplo de abajo, he ido a la app de Ajustes, luego he seleccionado Mapas. Desde aquí, pulso sobre Ubicación.

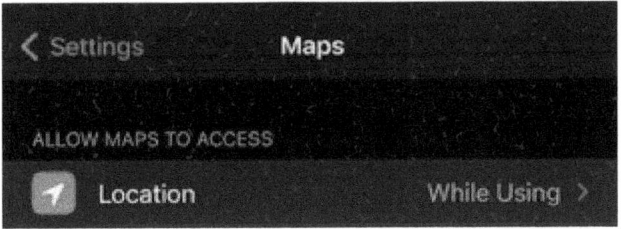

Como es un mapa, quiero que conozca mi ubicación, pero tengo la opción de seleccionar cuándo puede obtenerla. También hay una opción para que vea tu ubicación exacta. Si lo desactivas, la aplicación te mostrará tu ubicación aproximada.

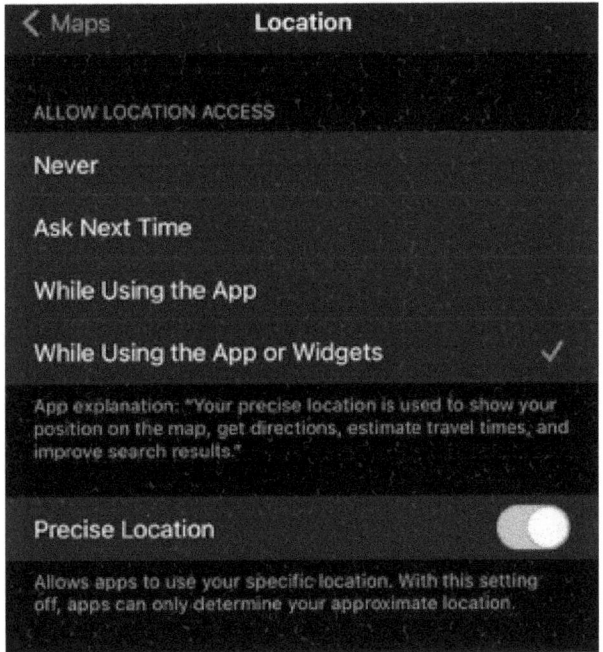

iTUNES

La aplicación iTunes que se encuentra en tu pantalla de inicio abre la mayor tienda de música digital del mundo. Podrás comprar y descargar no sólo música, sino también innumerables películas, programas de televisión, audiolibros y mucho más. TV, audiolibros y mucho más. En la página de inicio de iTunes también encontrarás una sección de novedades, colecciones de música y nuevos lanzamientos.

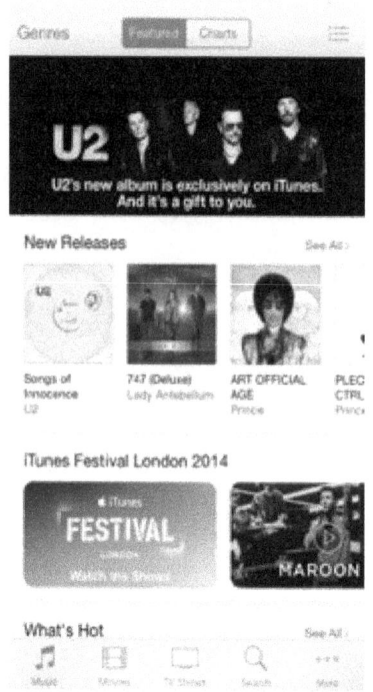

En la parte superior, verá la opción de ver los medios destacados o navegar por las listas principales. En la esquina superior izquierda está el botón Géneros. Al hacer clic en "Géneros" aparecerán muchos tipos diferentes de música que le ayudarán a afinar su búsqueda.

ISLA DINÁMICA

Si tienes el iPhone 14 Pro y superior o el iPhone 15 y superior, entonces la característica más notable es la isla dinámica. Por desgracia, los iPhones normales no tienen esta característica. Probablemente la hayas notado aunque no estés seguro de lo que hace.

La Isla Dinámica es una especie de barra de accesos directos. Te permite ver aplicaciones (como música y temporizadores) que pueden estar ejecutándose en segundo plano. En el ejemplo siguiente, se está reproduciendo una canción en mi teléfono, por lo que la barra muestra una carátula muy pequeña, así como un icono de reproducción de audio.

Si pulso la isla, se inicia la aplicación Música; si mantengo pulsada la isla, se muestra una vista previa de la música.

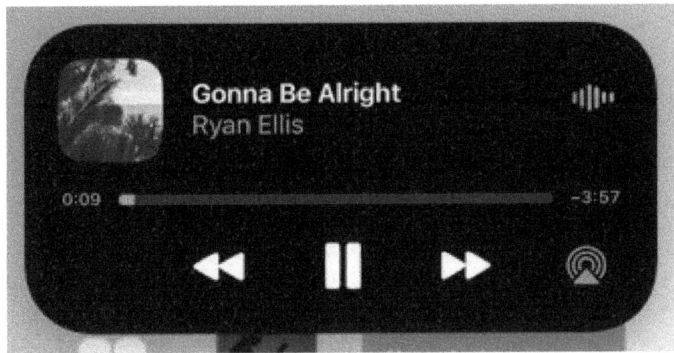

Pero, ¿y si tienes dos aplicaciones funcionando en segundo plano? ¿Un temporizador y música, por ejemplo? La isla no te dejará abandonado. Mostrará las dos aplicaciones, como se muestra en el ejemplo siguiente.

Si abriera la aplicación de música, esa aplicación saldría de la isla y sólo mostraría el temporizador.

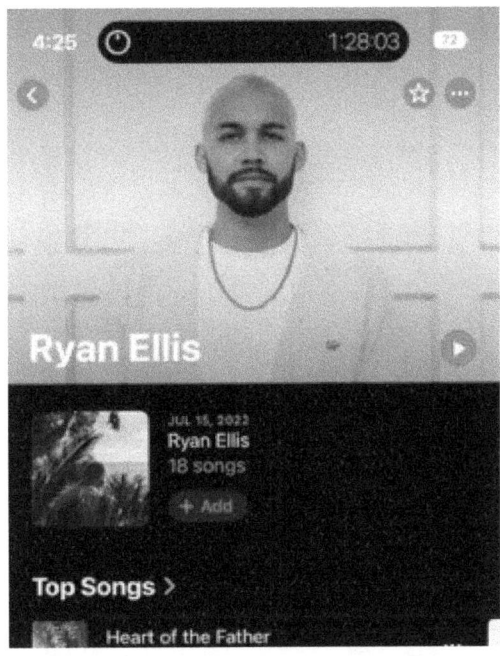

Si detengo la música, al cerrar la aplicación sólo se mostrará el temporizador.

DETECCIÓN DE COLISIONES

Si ocurre lo impensable y tienes un accidente de coche (uno grave, del tipo "he chocado contra un cubo de basura"), tu teléfono puede alertar a los primeros intervinientes para que te ayuden.

Funciona de la siguiente manera: en tu teléfono aparecerá una alerta diciendo que ha detectado un accidente de coche; si no respondes en 20 segundos y la cancelas, el iPhone llamará a los servicios de emergencia.

Por defecto, la Detección de colisión ya debería estar activada (siempre y cuando su teléfono lo soporte), pero puede volver a comprobarlo yendo a Ajustes > SOS de emergencia y, a continuación, activando / desactivando Llamar tras colisión grave.

COMPRAR APLICACIONES

¿Cómo se compran, descargan y eliminan las aplicaciones? Lo veremos en esta sección.

Para comprar aplicaciones (y en realidad no me refiero a pagar por ellas porque puedes adquirir una aplicación gratuita sin pagar por ella):

Lo primero que ves al abrir el App Store es la pantalla Hoy.

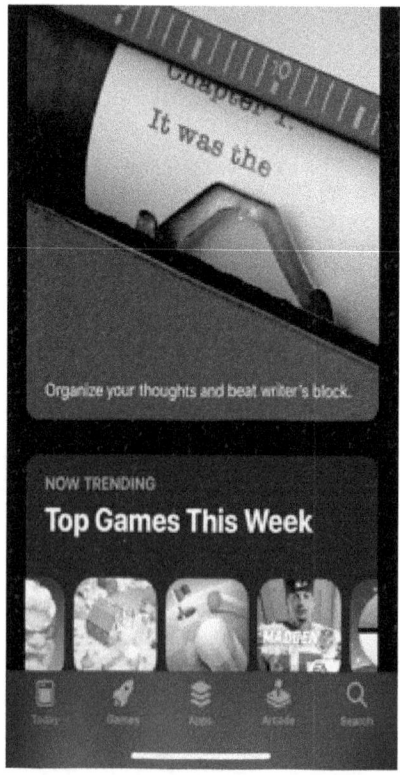

Esto es un poco diferente de la App Store que puedes conocer de sistemas operativos anteriores. Apple le ha dado un aspecto más de revista en el que descubres aplicaciones a partir de listas seleccionadas por los editores.

En la parte inferior hay pestañas para descubrir juegos, aplicaciones, arcade (un nuevo servicio de Apple) y buscar aplicaciones. Si quieres ver categorías de apps, ve a Apps y desplázate un poco. Ver todas te mostrará todas.

Para actualizar aplicaciones, solías tocar en la última pestaña, que decía actualizar. Esa opción ha desaparecido. La forma más sencilla de actualizar aplicaciones es activar la opción de actualización automática en la configuración. Para actualizar manualmente una aplicación, o ver si se ha actualizado recientemente, toca la foto de tu avatar en la esquina superior derecha. Aparecerá la información de tu cuenta y las actualizaciones disponibles (si dice "abierta" significa que se ha actualizado recientemente; si dice "actualizar" significa que hay una actualización disponible).

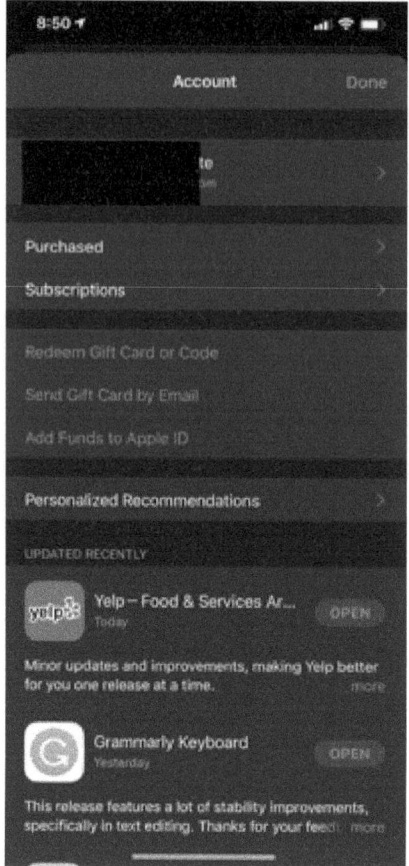

Si compraste una aplicación, pero la borraste accidentalmente o cambiaste de opinión sobre borrarla, ¡no te preocupes! Puedes volver a descargar la aplicación en el mismo lugar donde ves las actualizaciones. Sólo tienes que tocar en "Comprado".

Cuando pulses el botón Comprado, verás dos opciones: una para ver todas las aplicaciones que has comprado y otra para ver sólo las aplicaciones que has comprado pero que no están en tu teléfono. Toca la que dice "No en este iPhone" para volver a descargar cualquier cosa, sin coste alguno. Sólo tienes que pulsar el botón de la nube a la derecha de la pantalla. Incluso puedes volver a descargarla si la compraste en otro iPhone, siempre que esté en la misma cuenta.

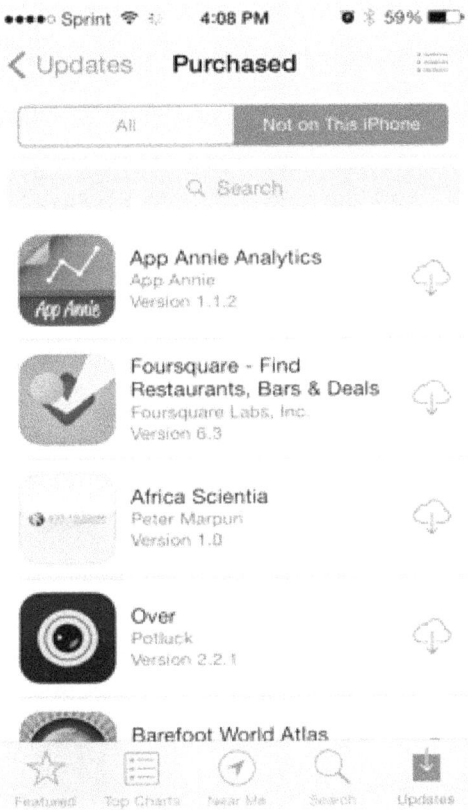

Eliminar aplicaciones es fácil: en la pantalla de inicio, mantén pulsado el icono de la aplicación que quieras eliminar y, a continuación, pulsa la "x" que aparece encima de la aplicación.

IMAGEN EN IMAGEN

Me entusiasmé cuando oí hablar de Picture-in-Picture en el iPhone; lleva un tiempo en el iPad y es una función estupenda. Por fin puedo ver películas mientras navego por Internet. Es como si Apple supiera que querría buscar a un actor en Wikipedia mientras veo la película, ¿verdad?

Para usarla, sólo tienes que tener el vídeo a pantalla completa y deslizar el dedo hacia arriba desde la parte inferior. Así saldrá. Esto también funciona cuando estás usando Facetime. Así que puedes buscar en Internet o jugar a un juego mientras estás usando FaceTime para hablar con alguien. Qué personal, ¿verdad?

El problema con Picture-in-Picture es que no es totalmente compatible. Cuando salió, por ejemplo, YouTube no era compatible. ¡YouTube! Así es como la mayoría de nosotros vemos vídeos hoy en día.

Sin embargo, hay una solución. Aunque no es compatible con algunos streamers de vídeo, sí lo es con Safari. ¿Ves el ejemplo de abajo? El vídeo se reproduce en Safari.

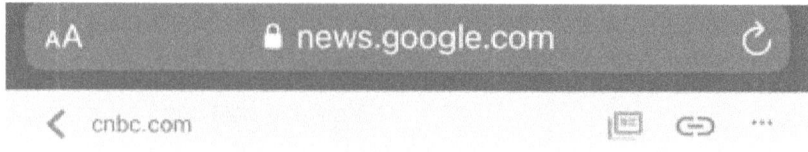

Si hago que ese vídeo se reproduzca a pantalla completa y luego deslizo el dedo hacia arriba desde la parte inferior, entonces se convierte en PiP. Si tuviera que ver ese vídeo en una aplicación nativa (como YouTube), puede que no fuera compatible. No es la solución perfecta, pero es una solución provisional hasta que más aplicaciones admitan este modo.

CALENDARIO

Entre las otras aplicaciones preinstaladas que vienen con tu nuevo iPhone, quizás una de las más utilizadas es el Calendario.. Puedes cambiar entre ver las citas, las tareas o todo en una vista de un día, una semana o un mes. Gira el teléfono de lado y verás cómo todo cambia al modo horizontal. Como primicia en el iPhone, muchas aplicaciones nuevas aprovechan ahora la resolución 1080p del iPhone de mayor tamaño para mostrar más información a la vez, de forma similar a la pantalla del iPad y el iPad mini. Combina tu calendario con cuentas de correo o iCloud para mantener tus citas y tareas sincronizadas en todos tus dispositivos, y no perderte ni una cita más.

Crear una cita

Para crear una cita, pulse el icono Calendario de la pantalla de inicio. Pulsa en el día para el que quieras fijar la cita y, a continuación, toca el botón "+" de la esquina. Aquí podrás nombrar y editar tu evento, así como conectarlo a una cuenta de correo electrónico o iCloud para permitir la sincronización.

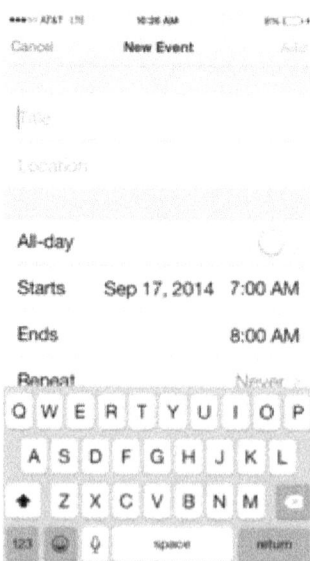

Cuando edites tu evento, presta especial atención a la duración del mismo. Selecciona las horas de inicio y fin, o elige "Todo el día" si se trata de un evento de todo el día. También tendrás la oportunidad de configurarlo como un evento recurrente haciendo clic en "Repetir" y seleccionando la frecuencia con la que quieres que se repita. En el caso del pago de una factura o del coche, por ejemplo, podrías seleccionar Mensualmente (en este día) o cada 30 días, que son dos cosas distintas. Después de seleccionar la repetición, también puedes elegir durante cuánto tiempo quieres que se repita ese evento: durante sólo un mes, un año, para siempre, y todo lo que haya entre medias.

Una reciente actualización de Calendario ahora te permite incluir archivos adjuntos a tus citas; puedes añadir un archivo adjunto seleccionando "Añadir archivo adjunto" en la parte inferior de la pantalla Nuevo evento.

Tiempo

Puedes utilizar los servicios de localización y el GPS de tu iPhone para navegar hasta tus destinos, pero otras apps también pueden utilizarlos para mostrar información localizada. La app Tiempo es un ejemplo de ello. Al abrirla, te mostrará inmediatamente información meteorológica básica basada en tu ubicación actual. Para obtener información más detallada, puedes deslizar el dedo a izquierda y derecha en la sección central para desplazarte por la previsión horaria, y deslizar el dedo arriba y abajo en la sección inferior para desplazarte por la previsión a 10 días.

Puedes añadir más ciudades pulsando el icono de la lista en la parte inferior derecha y buscando el nombre de la ciudad. Una vez que hayas añadido ciudades, puedes desplazarte entre ellas para ver la información meteorológica en tiempo real de cada ubicación deslizando el dedo hacia la izquierda o la derecha, y el número de ciudades que has añadido se muestra en la parte inferior en forma de pequeños puntos.

Aplicación meteorológica

La app del tiempo existe desde hace años, pero iOS 16 le ha dado algunas mejoras importantes. Ya no es solo una app para ver el tiempo. Es una app para obtener detalles precisos sobre el tiempo.

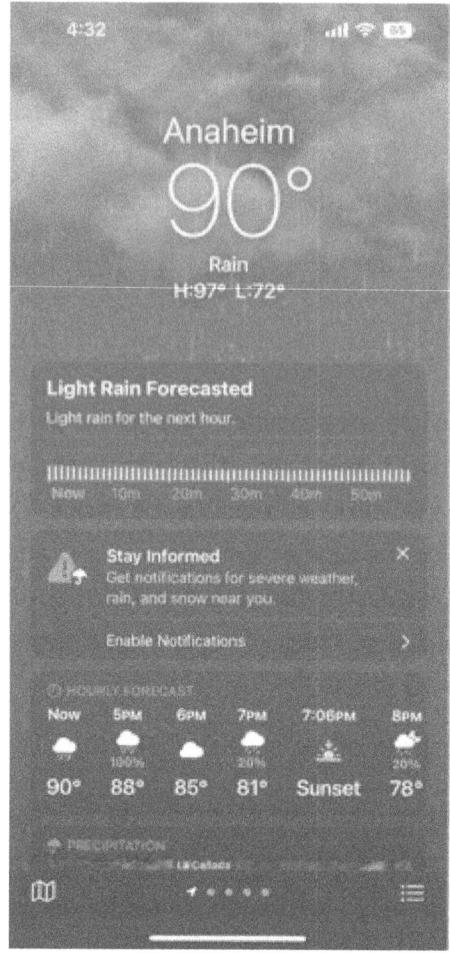

Al hacer clic en un día concreto, te dará una previsión horaria, para que puedas planificar tu día.

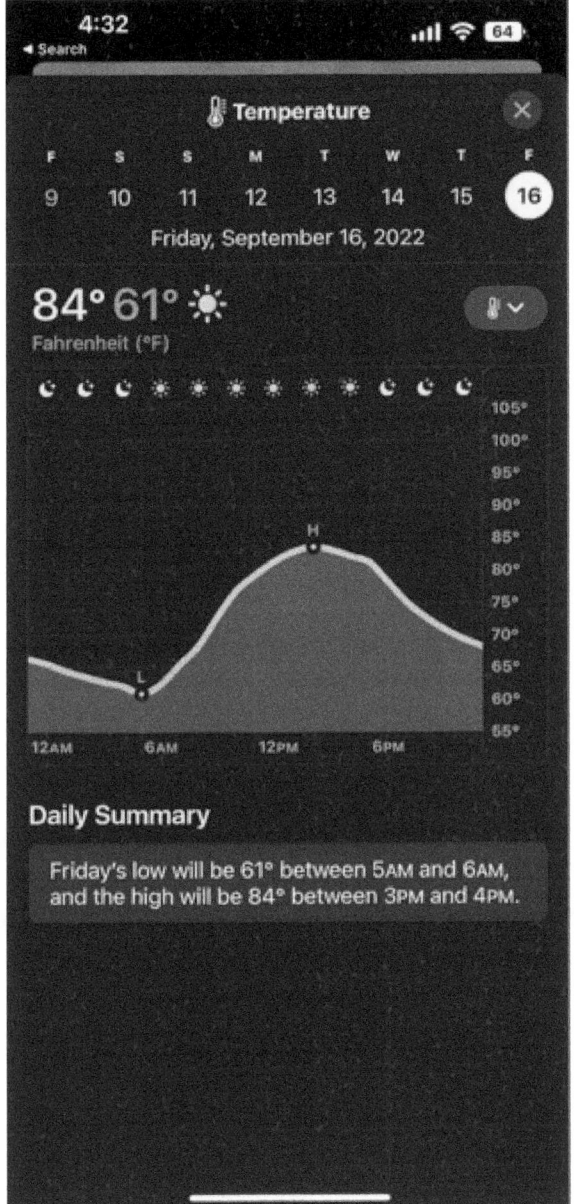

Si haces clic en el menú desplegable de la derecha, podrás ver no sólo la temperatura, sino también el índice UV, la humedad, la sensación meteorológica, etc.

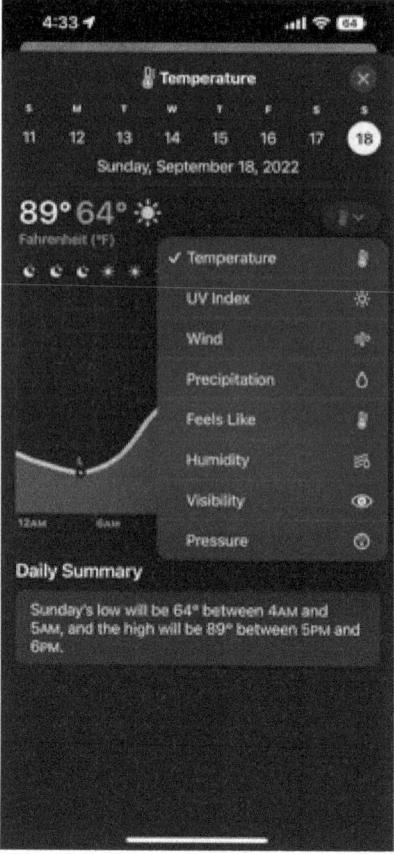

Cuando vuelvas a la pantalla principal del tiempo, también puedes hacer clic en el mapa para ver dónde se producen fenómenos como la lluvia.

BATERÍA

Si eres como mucha gente, ese pequeño indicador de batería en la esquina derecha es bonito, pero puede ser un poco impreciso. Por ejemplo, es difícil saber si la batería está al 10% o al 5%.

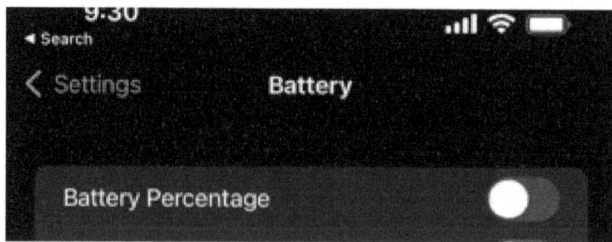

Si prefieres ver un número visual que te indique cuánta batería tienes, ve a Ajustes > Batería y activa la opción Porcentaje de batería.

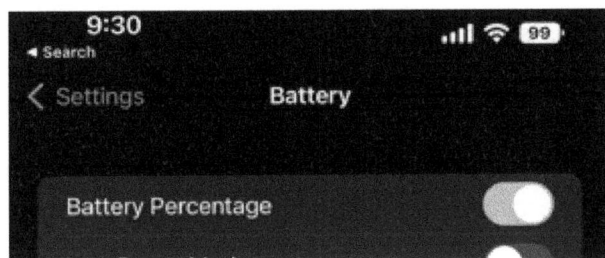

MAPAS

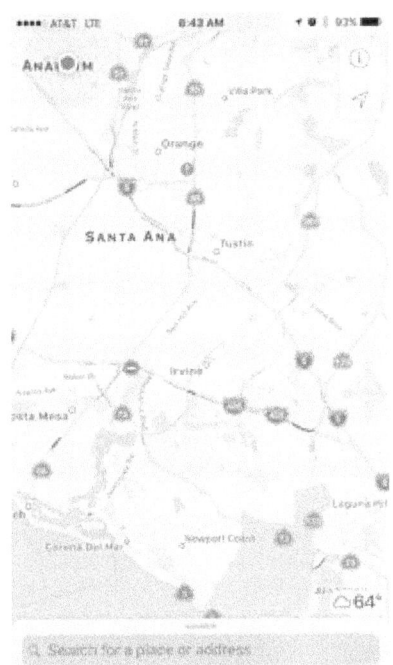

La aplicación ha vuelto y mejor que nunca. Después de que Apple se separara de Google Maps hace varios años, decidió desarrollar su propio sistema de mapas y navegación para iPhone. El resultado es una preciosa guía de viajes que aprovecha al máximo las nuevas resoluciones del iPhone. El modo de pantalla completa permite llenar todos los rincones del teléfono con la aplicación, y hay un modo nocturno automático. Podrás buscar lugares, restaurantes, gasolineras, salas de conciertos y otros sitios cerca de ti en cualquier momento, y la navegación giro a giro está disponible para caminar, ir en bici, conducir o desplazarte. El tráfico se actualiza en tiempo real, por lo que si se produce un accidente delante de ti o hay obras, Mapas te ofrecerá una alternativa más rápida y te avisará del posible atasco.

La navegación giro a giro es fácil de entender sin distraer, y la vista en 3D hace mucho más agradables los escenarios potencialmente difíciles (como las salidas de autopista que surgen abruptamente). Otra función muy práctica es la posibilidad de evitar autopistas y autovías de peaje.

Para configurar la navegación, pulse sobre el icono Mapas . En la parte inferior de la pantalla hay una búsqueda por lugar o dirección; para los hogares se necesita una dirección, pero las empresas sólo necesitan un nombre. Púlsalo e introduce tu destino cuando se te pida.

Cuando encuentres la dirección de tu destino, haz clic en "Ruta" y elige entre indicaciones a pie o en coche. En el caso de los comercios, también tienes la opción de leer opiniones y llamar directamente a la empresa.

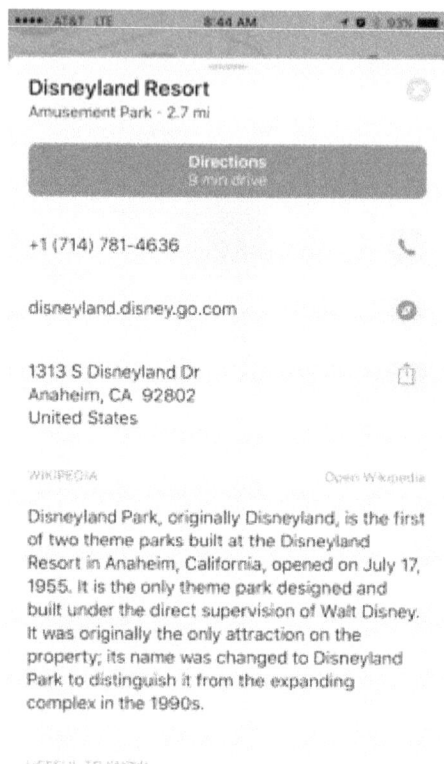

Para la navegación manos libres, mantenga pulsado el botón lateral para activar Siri (del que hablaremos en el siguiente apartado) y di "Navega hasta..." o "Llévame hasta..." seguido de la dirección o el nombre del lugar al que quieres ir.

Si desea evitar autopistas o peajes, sólo tiene que pulsar el botón Más opciones y seleccionar la opción que desee.

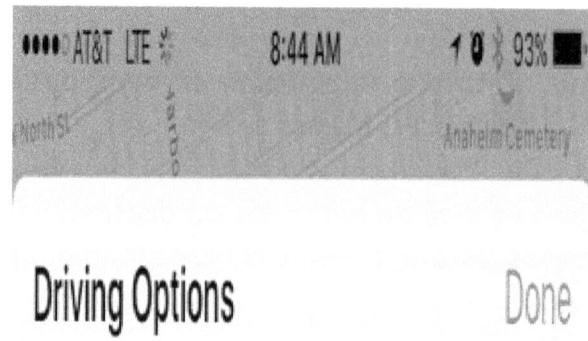

Mapas de Apple también te permite ver una vista en 3D de miles de lugares. Para activar esta opción, toca la "i" en la esquina superior derecha. Después, selecciona la vista por satélite.

Si la vista 3D está disponible, notarás el cambio inmediatamente. Puedes utilizar dos dedos para hacer tu mapa más o menos plano. También puedes seleccionar 2D para eliminar por completo las 3D.

Vuelve al mapa normal y verás una pequeña lupa en la esquina superior derecha.

Google tiene Street View, Apple Map tiene ahora un competidor llamado Look Around (pista, tienes que hacer un poco de zoom para verlo). Todavía no verás esta opción en todas las ciudades, pero probablemente lo harás pronto. Con Look Around activado, puedes arrastrar la lupa donde quieras para ver una vista del terreno.

Cuando pulse dentro de la barra de búsqueda, también observará dos áreas más nuevas:

- Favoritos: lugares a los que va con frecuencia.
- Colecciones: aquí puedes crear varias ubicaciones y agruparlas. Por ejemplo, si estás planeando un viaje a Europa, puedes crear una lista de todos los lugares que quieres ver en una colección y saltar a ellos cuando estés en la ciudad.

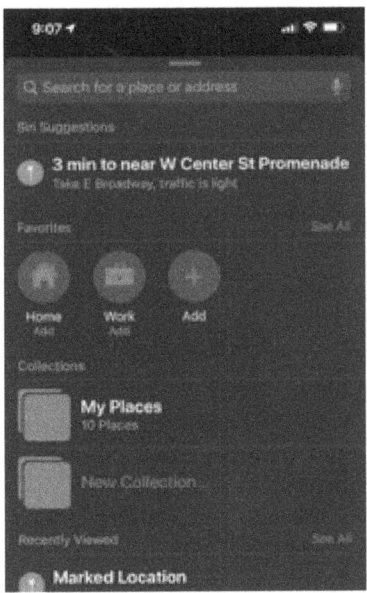

La interfaz de Mapas es bastante similar desde hace varios años, pero con frecuencia recibe pequeñas actualizaciones. Por ejemplo, al hacer zoom en las carreteras (y esto sólo en algunas zonas, sobre todo en las grandes ciudades metropolitanas), ahora aparecen los carriles. No parece gran cosa, pero si eres como muchos y conduces en lugares como Los Ángeles, las autopistas pueden ser muy complicadas: entrar y salir de una autopista a veces es por la izquierda y a veces por la derecha. El nivel de detalle puede ayudarte a estar mejor preparado. También te mostrará los carriles bici (cuando estén disponibles). Por último, las indicaciones para ir a pie disponen de un modo de orientación que te permite ver los puntos de referencia mientras caminas y saber si vas por el camino correcto, pero, de nuevo, el modo de orientación no está disponible en todas partes.

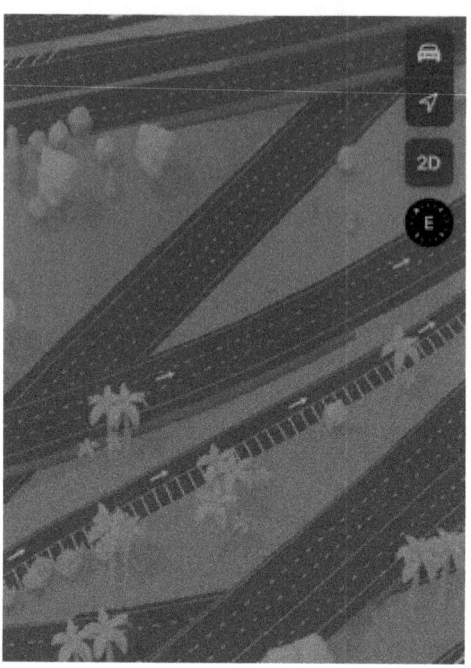

Cómo llegar

Mapas ofrece varias opciones para obtener direcciones: coche, a pie, transporte público, bicicleta o transporte compartido.

Las direcciones cambiarán en función de lo que elijas; si eliges ciclo, por ejemplo, la hora cambiará y también puede darte un camino por el que no pueda circular un coche.

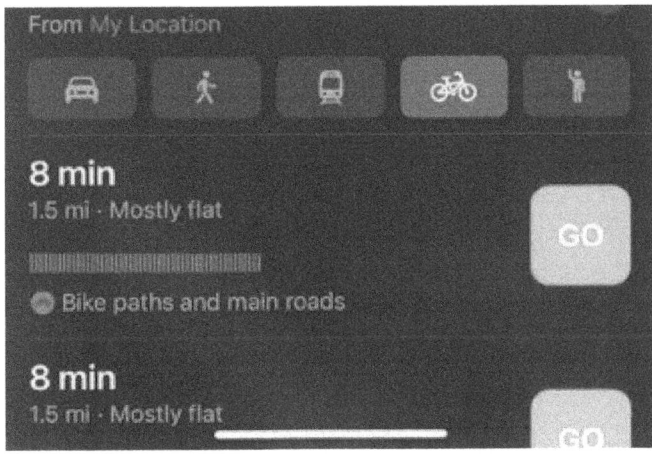

MAPAS (PARADAS MÚLTIPLES)

Obtener direcciones está bien, pero probablemente a menudo te gusta hacer algunas paradas por el camino. Si es así, puedes añadir varias paradas.

Digamos que quiero saber cómo llevar a mi hijo a un parque de atracciones desde el lugar donde me hospedo. Escribo el nombre del parque y, a continuación, pulso Indicaciones.

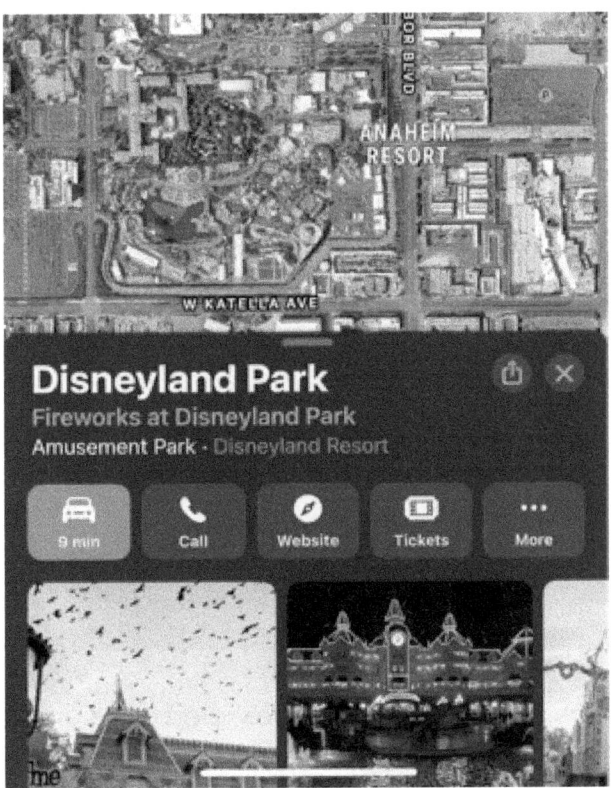

Fácil, fácil, ¡cierto! Pero, ¡oh, no! ¡Acabo de entrar en el coche y me he quedado sin gasolina! Eso no es problema con los mapas. Sólo tengo que pulsar el botón Añadir parada.

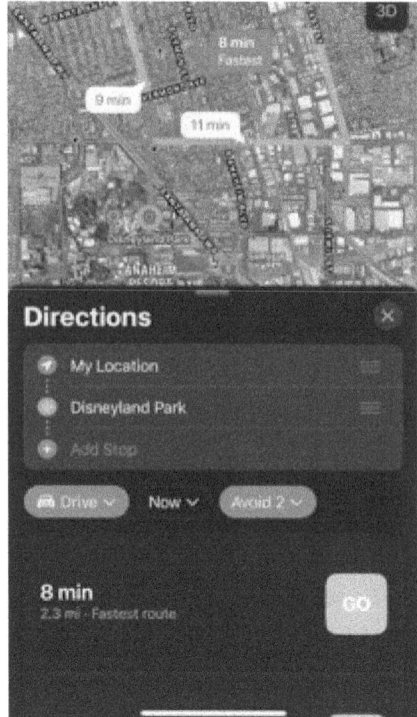

A continuación, escribo la dirección o, en este caso, sólo escribo "Gasolinera". Eso me dará todas las gasolineras cercanas. Cuando veo la que quiero, pulso Añadir.

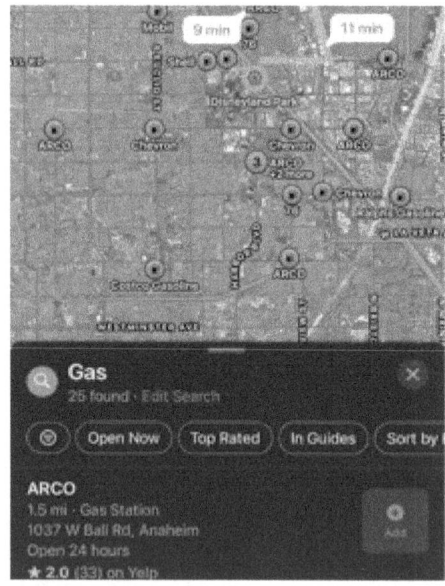

Ahora la parada se ha añadido a las direcciones, pero con una advertencia: se ha añadido al final. Sin embargo, puedes mover fácilmente el orden de las paradas manteniendo pulsadas las tres líneas a la derecha de la parada y arrastrándola hacia arriba o hacia abajo hasta el orden que desees.

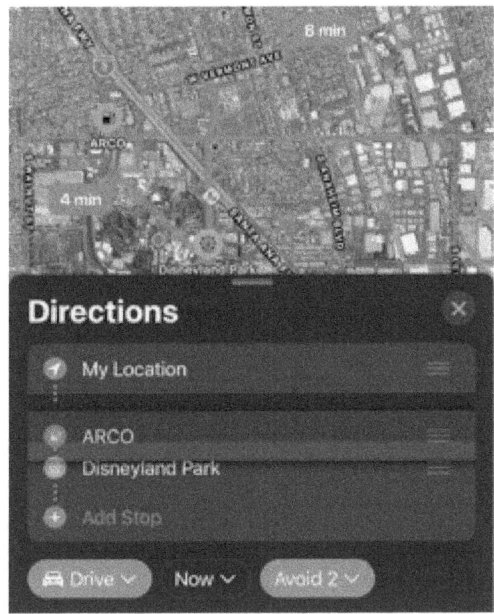

¿Y si los niños también dicen que tienen hambre? No querrás pagar el desayuno a precio de parque de atracciones, ¿verdad? Vuelve a pulsar Añadir parada. Ahora tengo un mapa para llegar a la tienda de donuts, a la gasolinera y, por último, al parque de atracciones.

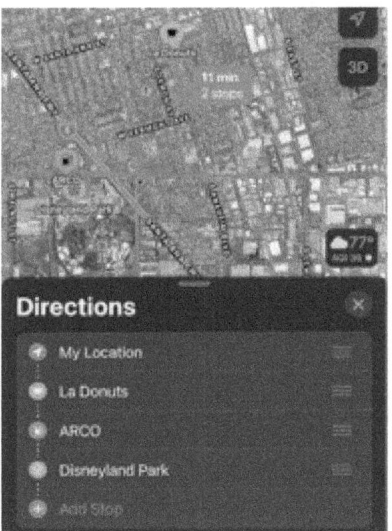

GUÍAS DE MAPAS

Las guías de mapas sólo están disponibles en las ciudades más grandes. Cuando busques una ciudad en la aplicación Mapa, verás las guías justo debajo del botón de direcciones. También puedes compartir la guía o guardarla.

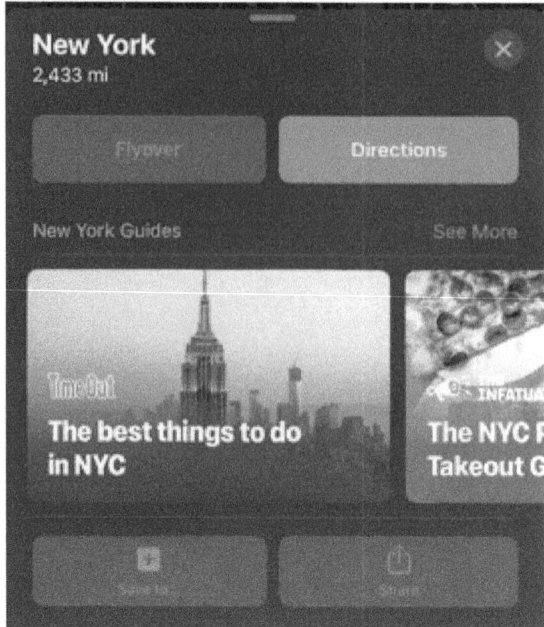

A medida que consultes las guías, te mostrará recomendaciones en el mapa y podrás guardarlas para más tarde.

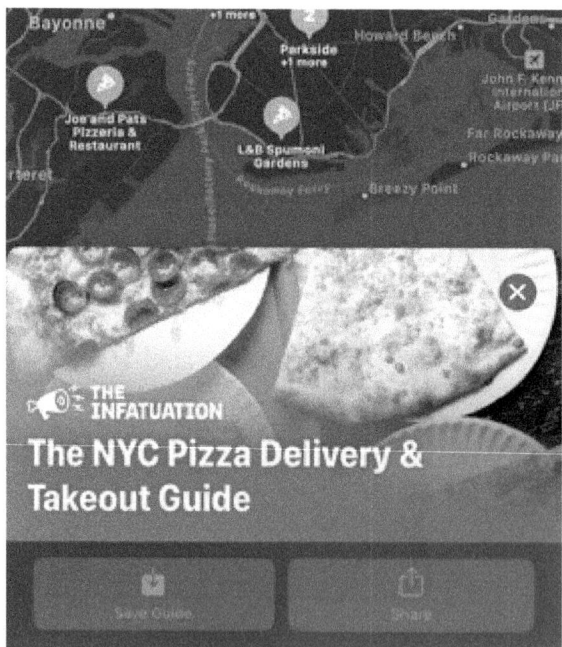

Mapas sin conexión en Apple Maps

A medida que Apple sigue perfeccionando y renovando su ecosistema con iOS 17, una de las ofertas más destacadas es la posibilidad de navegar por territorios inexplorados sin conexión móvil o Wi-Fi.

Esta función es ideal si sabes que vas a ir de excursión por una zona con poca cobertura.

Para utilizar esta función, mantenga pulsada una zona del mapa que desee descargar y, a continuación, seleccione la opción de descarga.

A continuación, arrastre sobre el área que desea descargar. ¿Te das cuenta de que, a medida que la haces más grande o más pequeña, ocupa más o menos espacio? Si estás en una zona muy poblada, con muchas calles, la imagen ocupará bastante, más de un gigabyte de almacenamiento en tu teléfono, así que ten en cuenta el espacio disponible cuando elijas descargarla.

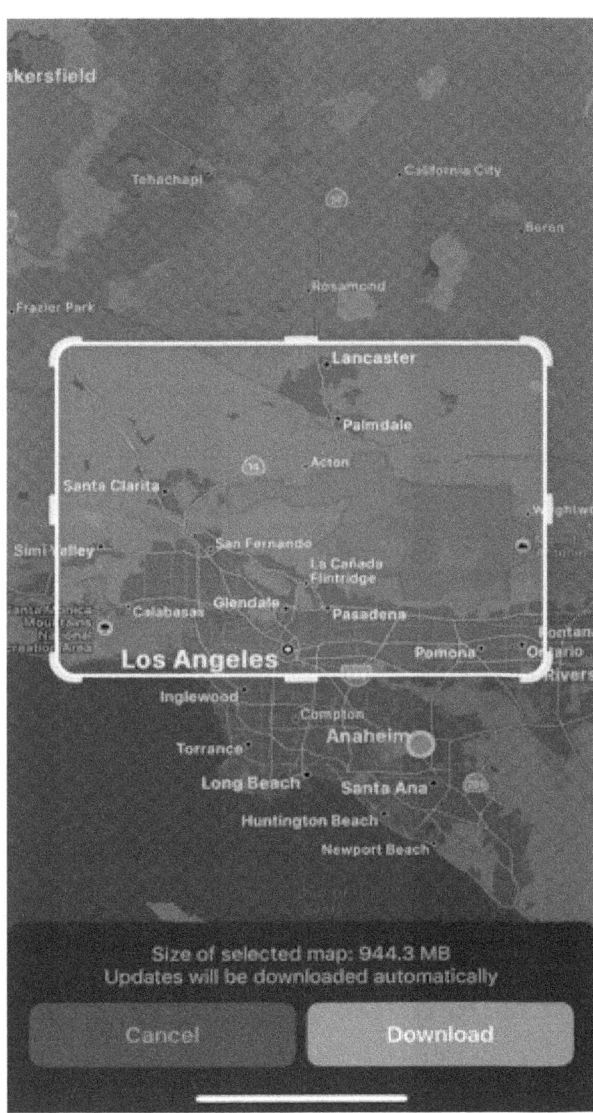

SALUD

El lanzamiento de los últimos modelos de iPhone trajo consigo una mayor atención a la salud, y como tal, los nuevos iPhones vienen con la aplicación Salud Salud. La app Salud hace un seguimiento de muchos aspectos relacionados con la salud, como las calorías quemadas, el peso, el ritmo cardíaco, las medidas corporales e incluso una tarjeta de emergencia que permite guardar información sanitaria importante, como el grupo sanguíneo y las alergias, en caso de emergencia. iOS 13 también ha añadido un rastreador de bicicletas.

La salud es algo que siempre ha sido importante para Apple; si tienes un Apple Watch, la app Salud funciona especialmente bien porque se sincronizan y hace un seguimiento de cosas como el ECG (dependiendo del reloj que tengas). También es un gran lugar al que acudir para recordarme lo mucho que necesito caminar más.

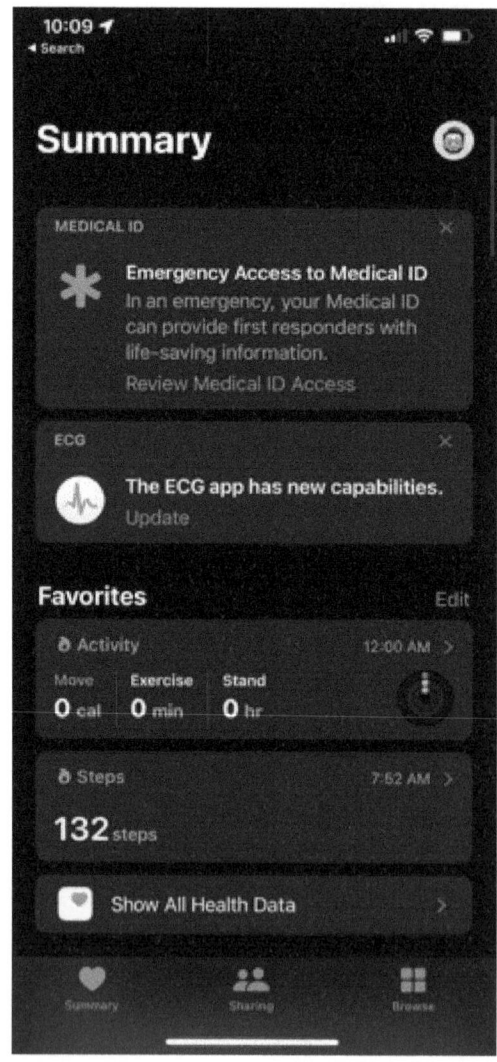

Ver tu estado de salud puede ser alentador, pero donde realmente es útil es cuando puedes compartirlo con tus seres queridos, e incluso con tu médico. Para ello, toca el icono de compartir en la parte inferior central de la aplicación. Si quieres compartirlo con tus seres queridos, toca "Compartir con alguien". Si quieres compartirlo con tu médico, toca

"Compartir con tu médico". No todos los médicos son compatibles con esta función; depende de ellos hacerlo; además, asegúrate de que la persona con la que lo compartes ha actualizado su teléfono a iOS 15 o superior.

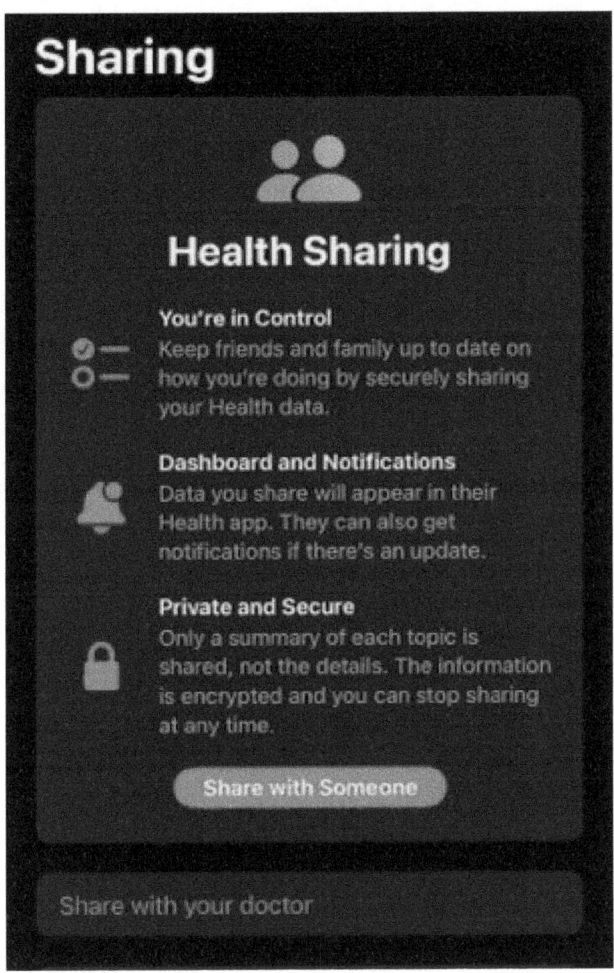

MEDICAMENTOS

Si estás tomando medicamentos, puedes usar tu teléfono para ayudarte a controlar (y recordarte) cuándo los tomas. Solo tienes que ir a la aplicación Salud, seleccionar "Examinar" y pulsar Medicamentos.

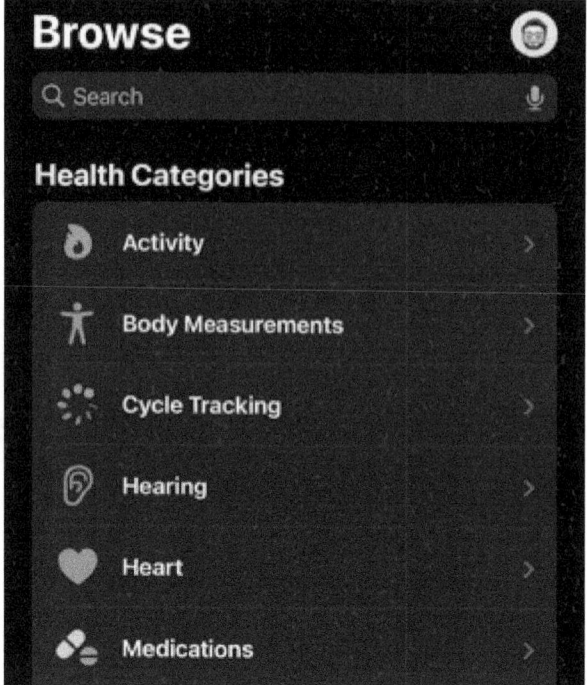

Desde aquí, sólo tiene que pulsar el botón azul Añadir un medicamento.

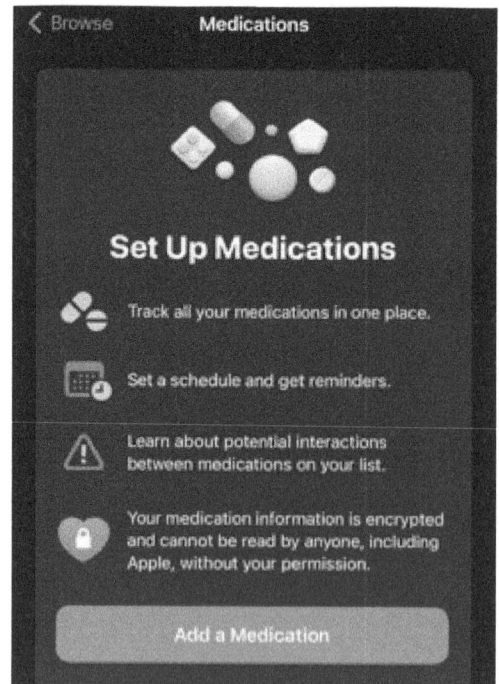

ENCUENTRE MI

Si ha utilizado Buscar mi Teléfono o Buscar a mi amigo en sistemas operativos anteriores, ¡sorpresa: han desaparecido! Estas dos potentes aplicaciones te permitían ver dónde estaban tus amigos en un mapa o dónde estaban tus dispositivos en un mapa.

En esencia, son la misma aplicación con un propósito diferente, por lo que en lugar de mantener ambos, Apple decidió eliminarlos y combinarlos en una aplicación llamada Find My..

La aplicación es bastante sencilla. Tres pestañas en la parte inferior. Una para encontrar a tus amigos (People), otra para encontrar tus dispositivos y otra para cambiar la configuración (Me).

Si quieres ver dónde se encuentra tu amigo, pídele que comparta contigo su ubicación en la sección Personas.

No es muy útil utilizar una aplicación para encontrar tu iPhone si no lo tienes. Si ese es el caso, también puedes utilizar el navegador de tu ordenador para verlo en iCloud.com.

RASTREO DE MANDOS SIRI PERDIDOS CON TVOS 17 E IOS 17

Si eres como yo y tienes un Apple TV, probablemente tengas sentimientos encontrados sobre el mando a distancia. Es elegante y bonito, hasta que ya no puedes mirarlo porque lo has perdido. Es muy fácil perderse, y Apple aparentemente siente tu dolor porque puedes rastrear la ubicación de tu control remoto en tu teléfono, y señalar exactamente dónde está.

Encontrarás tu mando en el mismo lugar donde ves otros objetos: la app Buscar mi. Asegúrate de tener la última versión de iOS y TVOS.

RECORDATORIOS

La aplicación Recordatorios lleva mucho tiempo en iOS, pero en iOS 13 se ha renovado. Ahora crear listas es más visual e intuitivo, y es más fácil compartir y colaborar.

Para empezar, pulse el icono Recordatorios recordatorios.

Crear una lista sigue siendo muy sencillo. Pulse Añadir lista en la esquina inferior derecha de la pantalla.

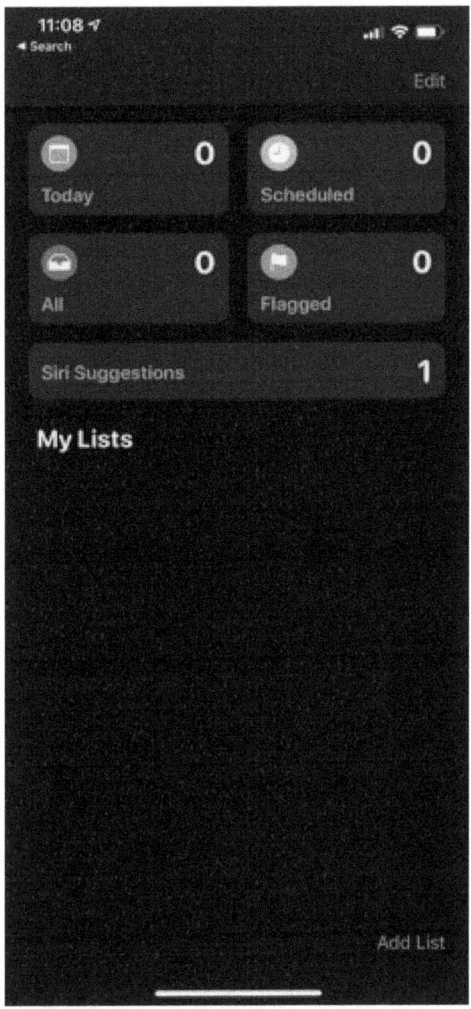

Una vez creada una lista, puede cambiar el color del icono que la representa y cambiarle el nombre; pulse Listo para guardarla.

Una vez que hayas creado tu primera lista, puedes empezar a añadirla pulsando Añadir recordatorios en la esquina inferior izquierda de la pantalla.

Pulse Volver en el teclado para añadir otro elemento, o Listo cuando haya añadido todo (puede añadir más posteriormente).

Si pulsas ⓘ en cualquier momento, podrás añadir más detalles (como una fecha de vencimiento o incluso el lugar en el que te lo recordará; por ejemplo, podrías hacer que te lo recordara cuando llegues al supermercado).

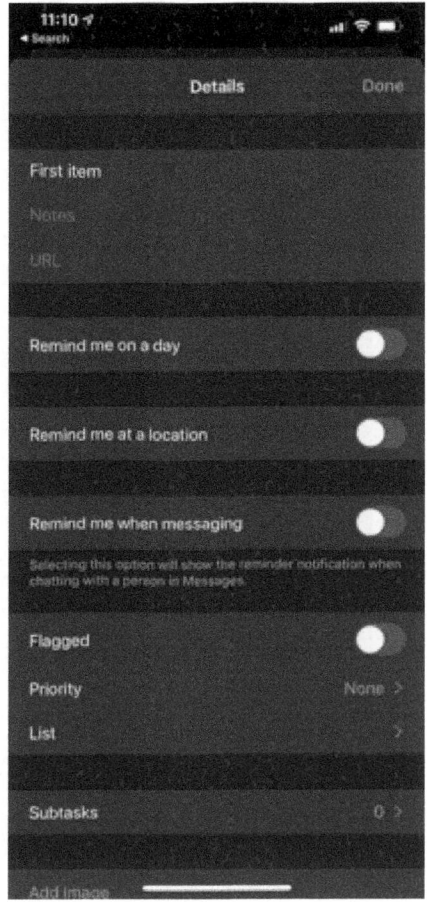

Si pulsas sobre los tres puntos de la esquina superior derecha, aparecerán otras opciones de la lista. Además de cambiar cosas como el nombre, puedes añadir personas a la lista para que colaboren y añadan cosas por su cuenta.

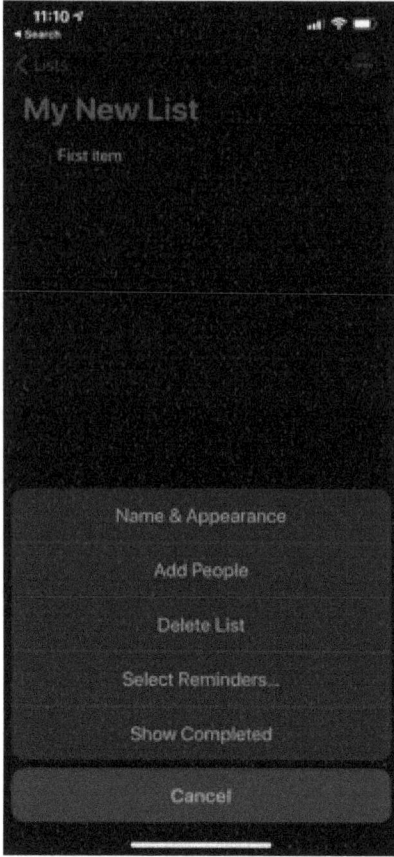

Para eliminar o marcar un elemento de la lista, basta con deslizar el dedo sobre él hacia la izquierda.

Si deslizas el dedo hasta la lista de la pantalla anterior, también podrás borrar una lista entera.

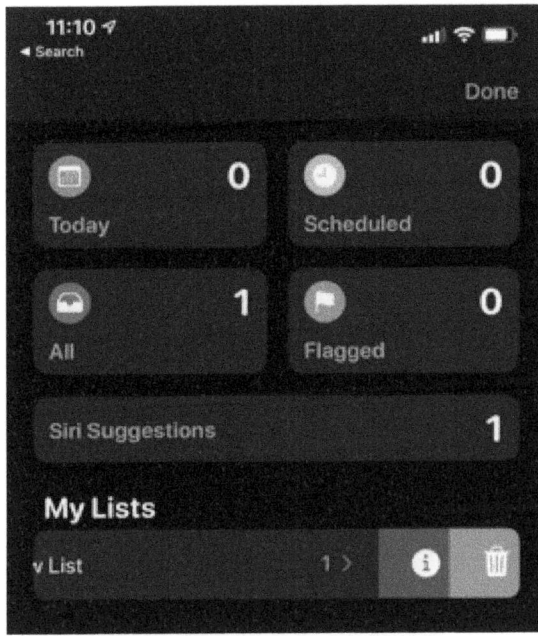

Desde el menú principal de listas, puede seleccionar Editar en la esquina superior derecha y organizar el orden de sus listas.

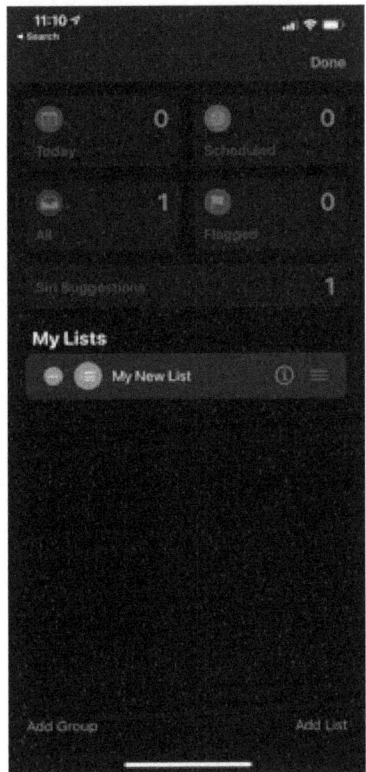

En este modo de edición, también puede seleccionar Añadir grupo y agrupar diferentes listas.

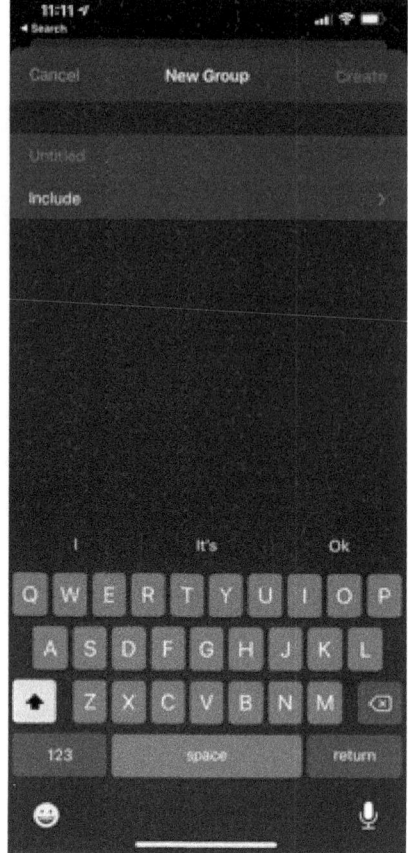

INICIO

La app Casa integra HomeKit con iOS para ayudarte a integrar mejor todos tus electrodomésticos y servicios públicos, como luces, termostatos, frigoríficos, etc. HomeKit utiliza Siri para controlar todos tus dispositivos domésticos inteligentes, lo cual es una herramienta bastante práctica, y la interfaz de Home permite una experiencia mucho más limpia y directa. Para añadir tu dispositivo doméstico inteligente a Home, solo tienes que situarte junto a él con la alimentación encendida y la app Home activada. También puedes utilizar tu Apple TV de cuarta generación para controlar los dispositivos domésticos inteligentes compatibles con HomeKit. HomePod es otra cosa que se aloja aquí.

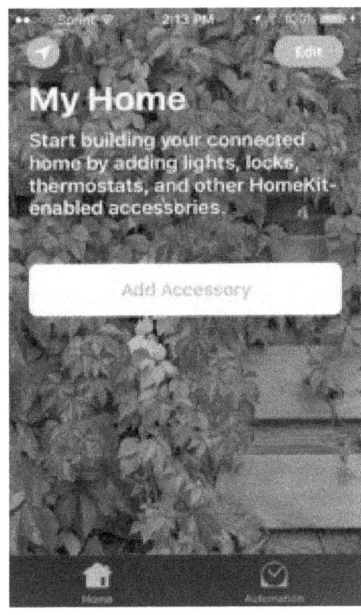

ARKIT

El iPhone es todo realidad aumentada; lo ven como el futuro. Muchas apps nuevas son compatibles con la realidad aumentada.

Alerta de nueva función: ARKit para iOS 12 introdujo una nueva herramienta de mediciones. Eso sigue ahí en iOS 16.

Para utilizar la nueva herramienta de mediciones, abre la app Medir. Apunta con la cámara a una opción rectangular y observa cómo se forma automáticamente un recuadro sobre ella.

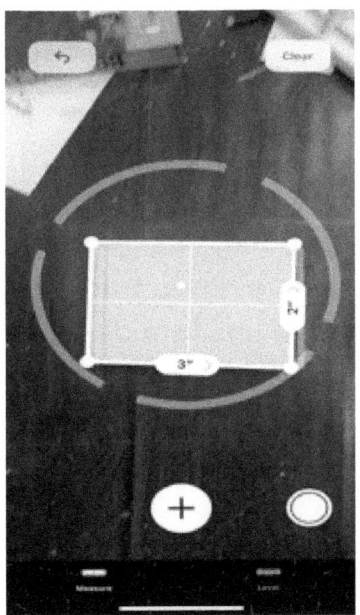

La aplicación te dirá cuánto mide algo, y también te permitirá añadir puntos, para que también puedas medirlo.

APPLE TRANSLATE

Google fue pionera en la idea de traducir lo que alguien dice en tiempo real, pero Apple intenta ahora mejorarlo.

En iOS 15 se ha añadido una aplicación de traducción creada por Apple. Hay más de una docena de idiomas y dialectos integrados. Incluso puedes descargar los diccionarios, para poder traducir sin Wi-Fi.

Si has utilizado Google Translate, la interfaz de usuario probablemente te parecerá similar. Toca el micrófono y empieza a hablar. Detecta automáticamente el idioma, así que si estás en una tienda y hablan otro idioma, acércalo y pulsa el micrófono. Y ya está.

Si desea seleccionar el idioma al que desea traducir o el idioma en el que se habla, sólo tiene que tocar ese idioma. Aparecerá una lista de idiomas disponibles. Toca el que quieras; también puedes tocar el icono con la flecha hacia abajo que está rodeado por un círculo para descargar el idioma. Si no está descargado, se traducirá mediante Wi-Fi o los datos. Es como Siri-lo envía a un ordenador en la nube que lo traduce y luego lo devuelve. Sólo tarda unos segundos.

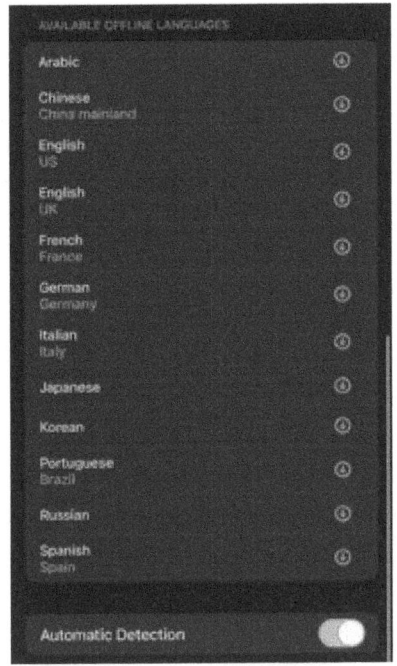

Clips de aplicaciones

Los App Clips son una especie de miniaplicaciones, o versiones lite de aplicaciones completas. La ventaja es que no tienes que descargar la aplicación para usarla. Piensa en esas veces que has estado en un restaurante o pagando el aparcamiento en un parquímetro y necesitas una aplicación para canjear algo; sabes que nunca volverás a usar la aplicación, pero aun así tienes que descargarla. Molesto, ¿verdad? Ahí es donde App Clip ayuda. Funciona de la siguiente manera: puedes escanear un código QR y, si es compatible, se iniciará un App Clip. El "si es compatible" debería estar en negrita aquí. Es una gran característica, pero no va a funcionar en todas partes donde veas un código QR.

Lupa

La aplicación Lupa puede activarse y desactivarse accediendo a la aplicación Ajustes y, a continuación, pulsando Accesibilidady Lupa.

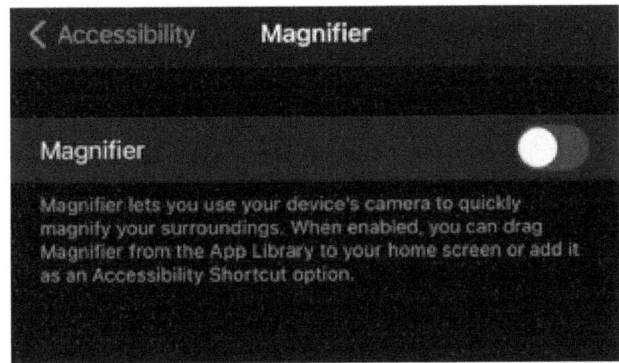

La aplicación va a tu biblioteca de aplicacionesdesde donde puedes arrastrarla y colocarla donde quieras en tu fondo de pantalla.

Cuando abres la aplicación, funciona un poco como una cámara (de hecho, puedes usar el botón del obturador para hacer una foto de lo que estás viendo); puedes ajustar el contraste, la exposición y más cosas para que sea más fácil de ver.

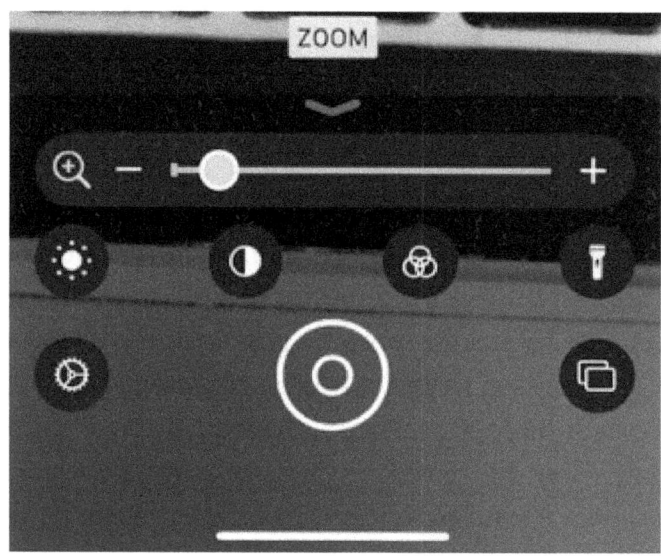

HAZLO TUYO

Este capítulo tratará:
- Tiempo de pantalla
- No molestar Modo
- Notificaciones y Widgets
- Ajustes generales
- Suena
- Personalización del brillo y el fondo de pantalla
- Añadir FacebookTwitter y Flickr
- Compartir en familia
- Continuidad y transferencia

Ahora que ya sabes cómo funciona, es hora de que entres en la configuración y personalices por completo este teléfono.

Durante la mayor parte de este capítulo, pasaré el rato en el área de Ajustes, así que si aún no estás allí, toca Ajustes desde la pantalla de inicio.

Para utilizar Screen Time, entra en Ajustes > Screen Time

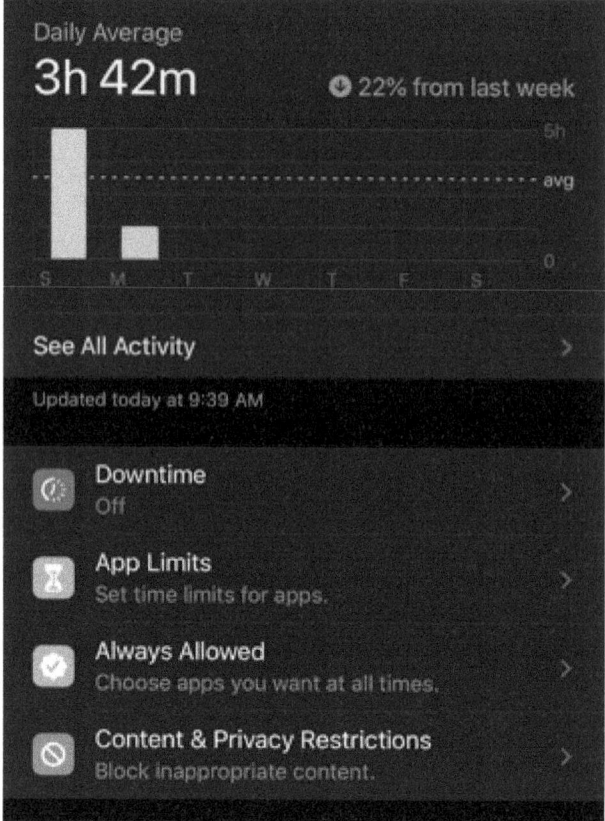

Puedes hacer clic en cualquier aplicación para ver cuánto tiempo has pasado en ella, e incluso cuál es tu media. Desde aquí también puedes añadir límites.

PANTALLA DE BLOQUEO

NO MOLESTAR MODO

El modo No molestar es una práctica función situada cerca de la parte superior de la aplicación Ajustes. Cuando este modo operativo está activado, no recibirás ninguna notificación y todas tus llamadas se silenciarán. Es un truco útil para esos momentos en los que no puedes permitirte distraerte (y seamos sinceros, tu iPhone es tan comunicativo como el que más, y a veces necesitarás un poco de paz y tranquilidad). Las alarmas del reloj seguirán sonando.

Para activar, programar y personalizar No molestarsólo tienes que pulsar "No molestar" en Ajustes. Puedes programar horas automáticas para activar esta función, como tus horas de trabajo, por ejemplo. También puedes especificar determinadas personas a las que se debe permitir llamar cuando el teléfono está en No molestar. De este modo, tu madre podrá seguir llamándote, pero tú no tendrás que escuchar todos los correos entrantes. Para ello, utiliza el comando Permitir llamada de en los ajustes de No molestar.

No molestar también es accesible a través del Centro de control (desliza el dedo hacia abajo desde la esquina superior derecha de la pantalla para acceder a él en cualquier momento).

Notificaciones y Widgets

Las notificaciones son una de las funciones más útiles del iPhone, pero lo más probable es que no necesites estar informado de todos y cada uno de los eventos que están configurados por defecto en tu Centro de Notificaciones. Para ajustar las preferencias de Notificaciones, ve a Ajustes > Notificaciones.

Tocando la aplicación, puedes activar o desactivar las notificaciones y ajustar el tipo de notificación de cada aplicación. Es una buena idea reducir esta lista a las aplicaciones de las que realmente quieres recibir notificaciones; por ejemplo, si no eres inversor, desactiva Stocks¡! Reducir el número de sonidos que emite tu iPhone también puede reducir el cansancio relacionado con el teléfono. Por ejemplo, en Mail, puede que quieras que tu teléfono emita un sonido cuando recibas un correo de alguien de tu lista VIP, pero que sólo muestre insignias para otros correos menos importantes.

Notificaciones apiladas

Las notificaciones solían llegar a tu pantalla bloqueada de una forma. Ahora ya no es así. Si vas a Ajustes > Notificaciones, puedes cambiar entre Contar (donde las notificaciones están ocultas y solo se muestra un número que representa cuántas notificaciones tienes), Apilar (que apila todas las notificaciones para que solo se muestre la primera, pero puedes tocarla para revelar las demás) o Lista (que es la apariencia tradicional de las notificaciones).

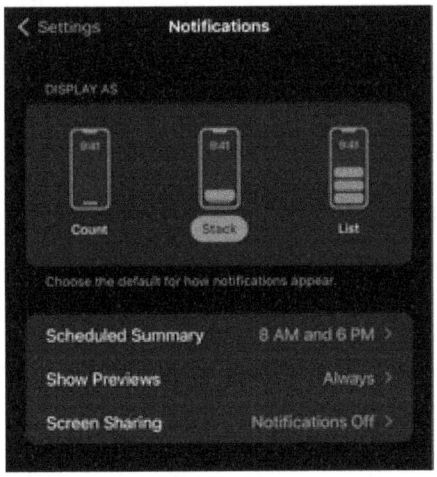

Ajustes generales

El menú General es un pequeño cajón de sastre. Aquí encontrarás información sobre tu iPhone, como la versión actual de iOS y las actualizaciones de software disponibles. Afortunadamente, iOS inaugura una era de actualizaciones más pequeñas y eficientes, así que no te verás obligado a borrar aplicaciones para hacer sitio a las últimas mejoras.

Las opciones de Accesibilidad también se encuentran aquí. Puedes configurar tu iPhone según tus necesidades con Zoom, VoiceOvertexto grande, ajuste de color y mucho más. Hay bastantes opciones de Accesibilidad que pueden hacer que iOS sea fácil de usar para todo el mundo, incluyendo la Vista en Escala de Grises y opciones de Zoom mejoradas.

Una opción de Accesibilidad un poco disimulada es la configuración de Assistive Touch. Te ofrece un menú que te ayuda a acceder a las funciones del dispositivo. Al activarlo, aparece un menú flotante diseñado para ayudar a los usuarios que tienen dificultades con gestos en pantalla como deslizar el dedo, o con la manipulación de los botones físicos del iPhone. Otra función para los que tienen necesidades visuales es la Lupa. Al activarla, la cámara puede ampliar las cosas.

Te recomiendo que te tomes tu tiempo y recorras la zona general para saber dónde está cada cosa.

MÓVIL

Si te preocupan los límites de datos, puedes cambiar la configuración de datos para reducir los datos utilizados. Ve a Ajustes > Móvil > Opciones de datos móviles y activa el Modo de datos bajos.

SUENA

¿Odias la vibración cuando suena tu teléfono? ¿Quieres cambiar tu tono de llamada? Ve al menú Sonidos Ajustes. Aquí puedes activar o desactivar la vibración y asignar tonos de llamada a varias funciones del iPhone. Te aconsejo que busques un lugar aislado antes de empezar a probar los distintos ajustes de sonido: es divertido, pero puede molestar mucho a quienes no tengan la suerte de estar jugando con su nuevo iPhone.

Consejo: Puedes aplicar tonos de llamada y alertas de mensajes individuales a tus contactos. Sólo tienes que ir a la pantalla de contacto de la persona en Contactos, pulsa "Editar" y "Asignar tono de llamada".

Teclado Swipe

El teclado Swipe en iOS 13. ¿En qué consiste? En lugar de levantar el dedo mientras pulsas, deslizas el dedo por el teclado. Algunas personas lo prefieren y sienten que pueden escribir más rápido usándolo. Otros no lo soportan. Si quieres probarlo, ve a Ajustes > General > Teclado.

Personalización del brillo y el fondo de pantalla

En el iPhone, el papel tapiz se refiere a la imagen de fondo de la pantalla de inicio y a la imagen que aparece cuando el iPhone está bloqueado (pantalla de bloqueo). Puede cambiar cualquiera de las dos imágenes mediante dos métodos.

Para el primer método, visita Ajustes > Fondos de pantalla. Verás una vista previa de tu fondo de pantalla actual y de la pantalla de bloqueo. Pulsa "Elegir un nuevo fondo de pantalla." Desde ahí, puedes elegir una imagen dinámica (en movimiento) o fija precargada, o elegir una de tus propias fotos. Una vez elegida la imagen, verás una vista previa de la misma como pantalla de bloqueo. Si lo deseas, puedes desactivar el Zoom Perspectivo (que hace que la imagen parezca desplazarse al inclinar el teléfono). Pulsa "Establecer" para continuar. A continuación, elige si quieres establecer la imagen como pantalla de bloqueo, pantalla de inicio o ambas.

La otra forma de realizar el cambio es a través de la aplicación Fotos. Busca la foto que quieras establecer como fondo de pantalla y pulsa el botón Compartir. Podrás elegir entre establecer una imagen como fondo, como pantalla de bloqueo o como ambas cosas.

Si quieres utilizar imágenes de la web, es bastante fácil. Sólo tienes que mantener pulsada la imagen hasta que aparezca el mensaje Guardar imagen / Copiar / Cancelar. Al guardar la imagen, se guardará en las fotos añadidas recientemente en la aplicación Fotos.

CORREO, CONTACTOSCALENDARIOS

Si necesita añadir cuentas adicionales de correo, contactos o calendario, pulse Configuración > Correo, Contactos y Calendarios. Es más o menos el mismo proceso que añadir una nueva cuenta en la aplicación. Aquí también puedes ajustar otras opciones, como la firma de correo electrónico de cada cuenta vinculada. Este es también un buen lugar para comprobar qué aspectos de cada cuenta están vinculados; por ejemplo, es posible que desees vincular tus Tareas, Calendarios y Correo de Exchange, pero no tus Contactos. Puedes gestionar todo esto aquí.

Hay una serie de ajustes útiles aquí, incluyendo la frecuencia con la que quieres que tus cuentas comprueben el correo (Push, por defecto, es el más duro para la vida de tu batería). También puedes activar funciones como Preguntar antes de borrar y ajustar el día de la semana en el que quieres que empiece tu calendario.

CREACIÓN DE RETRATOS EN CARTELES DE CONTACTO

Los amores de iPhone hacen que tu experiencia sea divertida y personal. Contact Posters te permite crear avatares de las personas de tus contactos.

Para empezar, abre la aplicación Teléfono y ve a Contactos. Desde aquí, busca tu contacto. En este ejemplo, veremos a mi hermano. Sé lo que estás pensando: definitivamente necesita ser un avatar, porque no soporto mirarlo. No podría estar más de acuerdo.

Para solucionarlo, pulsa en Cartel de contacto. Siguiente toque, personalizar.

A continuación, le preguntará qué desea personalizar. En este ejemplo quieres Poster.

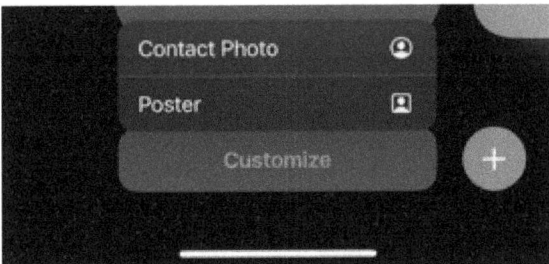

Podrías elegir una foto o incluso usar tu cámara para hacer una foto, pero ya hemos determinado que no nos gusta su aspecto, así que vamos a usar Memoji en este ejemplo.

A continuación, puedes elegir entre los preconstruidos o utilizar el + para construir el tuyo propio. Eso es lo que voy a elegir.

Cuando termines de divertirte, te pedirá que confirmes tu elección y que configures tu avatar para el póster.

AÑADIR FACEBOOK Y TWITTER

Si utiliza TwitterFacebook o Flickr, probablemente querrás integrarlos con tu iPhone. Es muy fácil. Sólo tienes que pulsar en Ajustes y buscar Twitter, Facebook y Flickr en el menú principal (también puedes integrar cuentas de Vimeo y Weibo si las tienes). Pulsa sobre la plataforma que quieras integrar. A partir de ahí, introduce tu nombre de usuario y contraseña. Así podrás compartir páginas web, fotos, notas, páginas del App Store música y mucho más, directamente desde las aplicaciones nativas de tu iPhone.

El iPhone le preguntará si desea descargar la aplicación gratuita de FacebookTwitter y Flickr cuando configures tus cuentas, si aún no lo has hecho. Te recomiendo que lo hagas: las aplicaciones son fáciles de usar, gratuitas y muy atractivas.

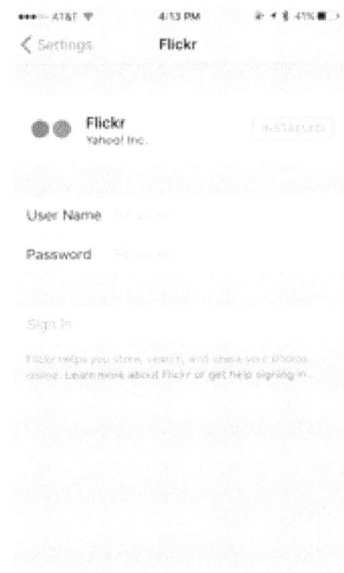

Descubrí que cuando asociaba mi cuenta de Facebook mi lista de contactos se llenaba muchísimo. Si no quieres incluir a tus amigos de Facebook en tu lista de contactos, ajusta la lista de aplicaciones que pueden acceder a tus contactos en Configuración > Facebook.

COMPARTIR EN FAMILIA

Compartir en familia es una de mis funciones favoritas de iOS. En Familia te permite compartir App Store e iTunes con los miembros de la familia (antes, esto requería un complicado y no del todo conforme baile con los términos de servicio). Activar Compartir en familia también crea un calendario familiar, un álbum de fotos y una lista de recordatorios compartidos. Los miembros de la familia también pueden ver la ubicación de los demás en la aplicación gratuita Find My ap. En general, Compartir en familia es una forma estupenda de mantener a todos entretenidos y sincronizados. Puedes incluir hasta seis personas en Compartir en familia.

Para activar Compartir en familiave a Ajustes > iCloud. Aquí, toca "Configurar En Familia" para empezar. La persona que inicia Compartir en familia para una familia se conoce como organizador familiar. Se trata de una función importante, ya que todas las compras que realicen los miembros de la familia se harán con la tarjeta de crédito del organizador familiar. Una vez que hayas configurado a tu familia, también podrán descargar tus compras anteriores, incluyendo música, películas, libros y aplicaciones.

Invita a los miembros de tu familia a unirse a Compartir en familia introduciendo sus ID de Apple. Como padre, puede crear ID de Apple para sus hijos con el consentimiento paterno. Cuando cree un nuevo ID de Apple para un niño, se añadirá automáticamente a Compartir en familia.

Hay dos tipos de cuentas en Compartir en familia-adultos y niños. Como era de esperar, las cuentas infantiles tienen más restricciones que las de adultos. De especial interés es la opción Pedir para comprar. Esto evita que los miembros más jóvenes de la familia aumenten la factura de la tarjeta de crédito del organizador familiar al requerir la autorización de los padres para las compras. El organizador familiar también puede designar a otros adultos de la familia con capacidad para autorizar compras en los dispositivos de los niños.

CONTINUIDAD Y TRANSFERENCIA

iOS incluye algunas funciones increíbles para los que trabajamos con varios dispositivos iOS y OSX. Ahora, cuando tu ordenador ejecuta Yosemite o superior, o tu iPad está conectado a la misma red Wi-Fi que tu iPhone, puedes responder llamadas o enviar mensajes de texto (tanto iMessages como SMS normales) desde tu iPad u ordenador. que tu iPhone, puedes responder llamadas o enviar mensajes de texto (tanto iMessages como SMS normales) desde tu iPad u ordenador.

La función Handoff está presente en aplicaciones como Numbers, SafariMail y muchas más. Handoff te permite dejar una aplicación en un dispositivo a mitad de la acción y retomarla justo donde la dejaste en un dispositivo diferente. Hace la vida mucho más fácil a los que llevamos un estilo de vida multidispositivo.

CÁMARA DE CONTINUIDAD

Una de las cosas que más me gustan del ecosistema de Apple es lo bien que funcionan los dispositivos entre sí; eso es cada vez más cierto con cada actualización del sistema operativo. Con macOS Ventura, puedes usar tu iPhone como cámara web.

El MacBook tiene una webcam bastante decente. ¿Pero sabes qué tiene una webcam aún mejor? Tu iPhone. Piensa en ese impresionante objetivo de la parte trasera de tu cámara que es capaz de capturarte. De repente, ¡tus conferencias pasaron de HD a 4K! Lo que es aún mejor es que ahora Center Stage está en el iPhone, lo que significa que la cámara permanece enfocada en ti mientras te mueves.

Una función tan genial probablemente requiera una gran cantidad de configuración, ¿verdad? Pues no. ¿Has oído alguna vez la frase de Apple "Simplemente funciona"? Pues bien, esta función... ¡simplemente funciona! (Todo lo que tienes que hacer es asegurarte de que tu ordenador y tu iPhone están en la misma red inalámbrica.

Déjame mostrarte cómo funciona en Zoom. Así es como me veo en mi MacBook sin mi iPhone:

No está mal. Pero ahora voy a la pestaña de vídeo en Zoom y selecciono mi iPhone como cámara. Deberías ver cualquier webcam disponible en la lista. Una será el nombre de tu iPhone seguido de "Cámara"; esa es la que quieres.

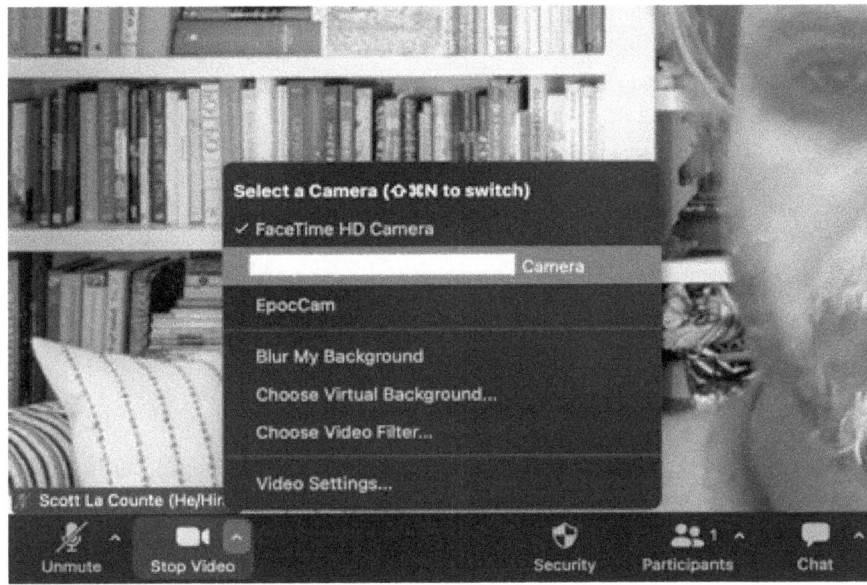

Oirás un pequeño ruido de campana y, al cabo de uno o dos segundos, aparecerá la cámara de tu iPhone.

La diferencia es una locura; mi oficina no tiene una gran iluminación, pero cuando cambio a mi iPhone para las reuniones, la imagen no sólo se ve más nítida, sino que la iluminación parece impecable.

El ejemplo anterior es Zoom, pero la función funciona en la mayoría de las aplicaciones de videoconferencia (FaceTime, Microsoft Teams, etc.).

Copiar y eliminar capturas de pantalla

Las capturas de pantalla no son nada nuevo en el iPhone (mantén pulsado el botón lateral y sube el volumen), pero ahora cuando pulsas Hecho, te da una nueva opción para Copiarlo y Borrarlo. Eso significa que la captura de pantalla se borra, pero todavía se puede ir a otra aplicación y pegarla.

CREACIÓN DE ICONOS PERSONALIZADOS

Si quieres darle tu propio toque a cualquier icono, es "técnicamente" posible, pero hay limitaciones. Por ejemplo, puedes cambiar el icono de iMessage por la foto de tu boda. ¿Cuáles son las limitaciones? No tendrás indicadores de notificación en él. Así que tu icono no se iluminará con un indicador de mensaje nuevo, por ejemplo. También se inicia a través de la aplicación Atajos, lo que crea un retraso en la rapidez con la que se abre.

Para ello, debes crear un acceso directo para la aplicación. Si no ves la aplicación Shortcuts, es posible que la hayas eliminado y tengas que instalarla de nuevo.

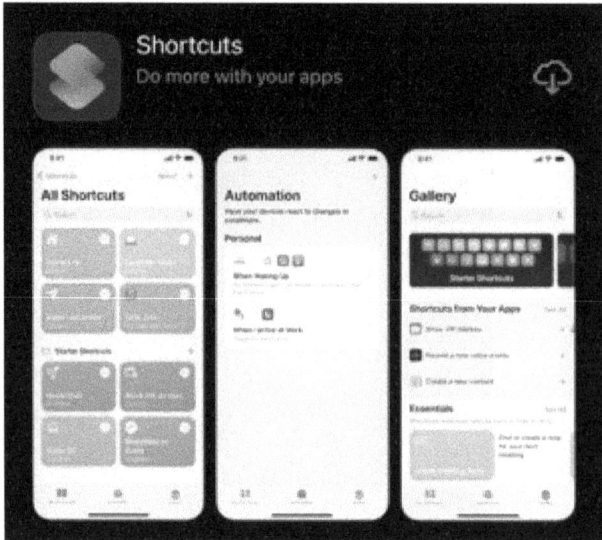

Cuando se inicie la aplicación, pulse el icono + en la esquina superior derecha.

A continuación, seleccione Añadir acción.

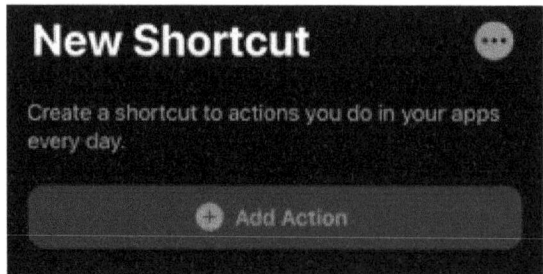

Puede buscar todas las acciones posibles, pero es más rápido buscar sólo las acciones que desea realizar. En este caso: Abrir aplicación.

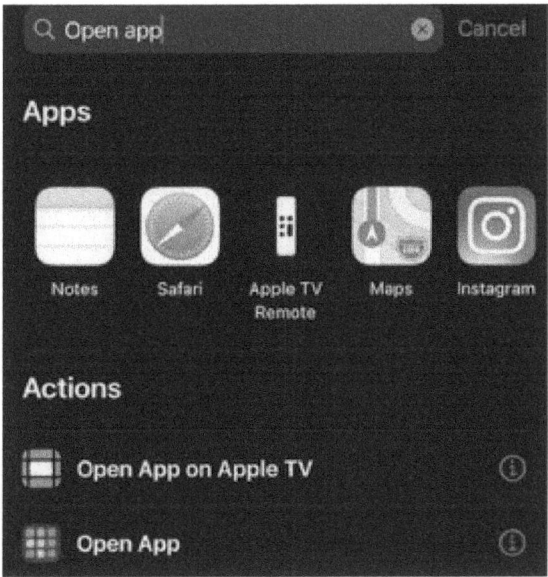

Pulse Elegir para seleccionar la aplicación que desea abrir.

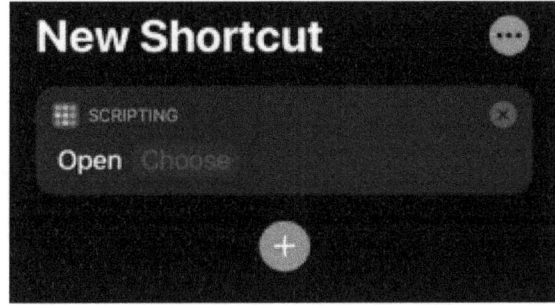

Escribe el nombre de la aplicación que quieres abrir. Estoy eligiendo la aplicación mensajes.

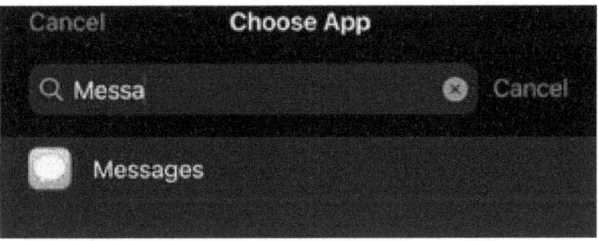

A continuación, pulse el icono de la esquina superior derecha con los tres puntos y el círculo azul.

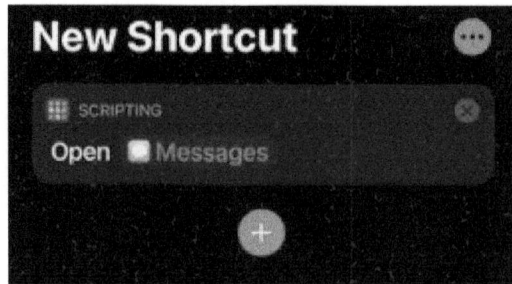

Quieres crear un icono para él en tu pantalla de inicio, así que pulsa Añadir a pantalla de inicio.

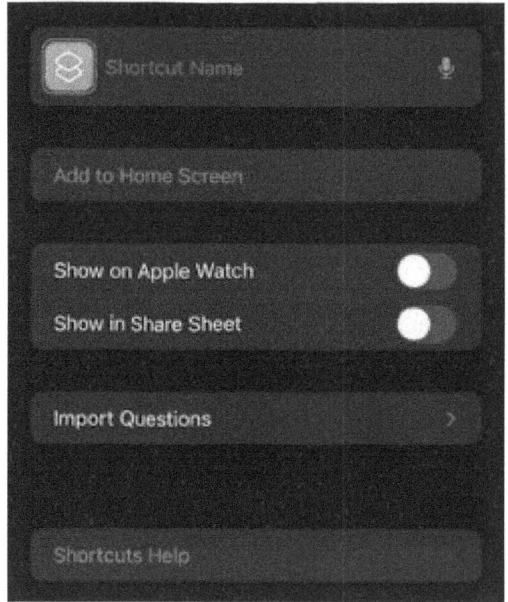

Pulse la imagen del icono y seleccione dónde está la imagen que desea utilizar.

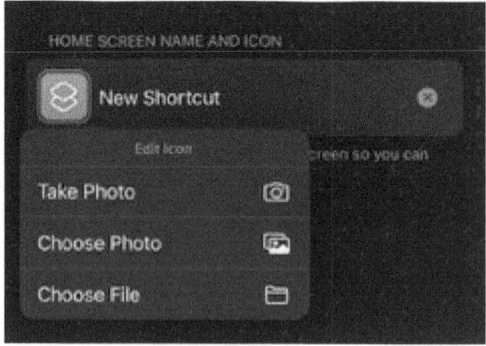

Te dará una vista previa del icono. Antes de pulsar Hecho, asegúrese de cambiar el nombre de Nuevo acceso directo por el que desee.

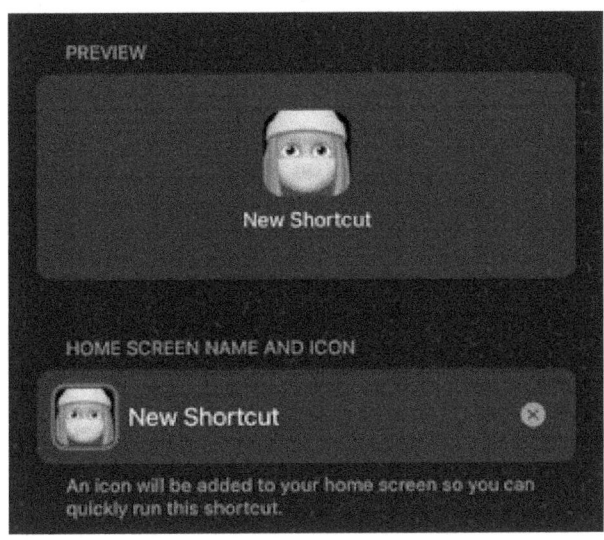

Una vez que termines, aparecerá en tu pantalla de inicio como cualquier otra aplicación.

Bienvenido a Note Taking 2.0

Esta sección tratará:
- ¿Por qué utilizar Notes?
- Cómo utilizar Notas
- Uso de Notas para iPhone

¿Por qué notas?

Si eres nuevo en Apple, la pregunta obvia que se te puede pasar por la cabeza es: ¿por qué Notes? ¿Para qué sirve y cuándo hay que utilizarlo?

Probablemente, Notes *no* es lo que quieres utilizar para escribir el boletín navideño de este año o crear un folleto para tu perrito perdido; Notes destaca realmente cuando quieres crear una lista compartida, apuntar notas del colegio o hacer algo que no necesite mucho formato.

Notas brilla realmente cuando lo sincronizas con tu iPhone; con tu iPhone sincronizado, puedes escribir tus notas y luego usar tu teléfono para insertar un boceto o una imagen.

Una vez que hayas creado tu nota, puedes añadirla a una carpeta y todo se puede buscar, lo que lo convierte en una forma muy organizada de hacer un seguimiento de las cosas.

Curso acelerado de Notes

Para abrirlo, ve al icono Launchpad del Dock y haz clic en el icono Notas.

Notas, como la mayoría de las aplicaciones de Catalina, se sincroniza con tu iPhone y tu iPad siempre que estés conectado a la misma cuenta de iCloud.

A diferencia de los editores de tratamiento de textos que puede estar

NOTAS DEL IPHONE

Ahora que ya sabes cómo funciona Notas, veamos cómo funciona en el iPad (que es casi idéntico a cómo se ve en el iPhone).

En términos de funcionalidad, todo es casi exactamente igual. La diferencia estriba en la ubicación de las cosas.

A primera vista, Notes tiene básicamente el mismo aspecto de siempre. ¿Has visto el signo más encima del teclado? Eso es lo que es diferente.

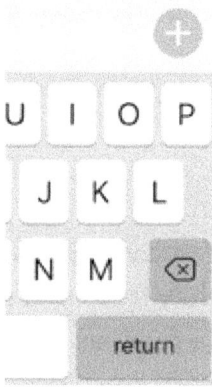

Pulsa el botón "+" una vez y verás las opciones que se han añadido.

Empezando por la izquierda hay una marca de verificación, que es lo que pulsas si quieres hacer una lista de verificación en lugar de una nota. Para cada nueva marca de verificación, basta con pulsar el botón de retorno del teclado.

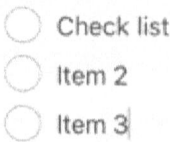

El botón "Aa" es el que pulsarías si quisieras dar un poco de formato a la nota (fuentes más grandes, negrita, texto con viñetas, etc.).

El pequeño botón de la cámara te permitirá añadir una foto que hayas tomado o tomar una foto desde la aplicación e insertarla.

Y, por último, la línea garabateada te permite dibujar en la app Notas; cuando la pulses, verás tres pinceles diferentes (bolígrafo, rotulador y lápiz) que funcionan cada uno de forma un poco distinta, así como una regla y una goma de borrar. Esta es realmente la mayor diferencia de Notas en iOS; a diferencia del Mac, Notas en iOS te permite dibujar en tu pantalla, algo que solo puedes hacer en tu Mac sincronizándolo con tu iPhone o iPad.

También hay un círculo negro redondo que te permite cambiar el color del pincel.

Sólo tienes que pulsar el botón Hecho en la esquina superior derecha una vez que hayas elegido tu color y éste se cambiará.

Cuando pulses el botón Listo después de haber terminado de dibujar, volverás a la nota. Sin embargo, si tocas el dibujo, se activará de nuevo y podrás hacer cambios o añadir cosas a tu dibujo.

Obviamente, no es la aplicación de dibujo más avanzada, pero esa es la cuestión: no se supone que lo sea. Como el nombre de la aplicación dice, esta aplicación es sólo para anotar o dibujar notas rápidas.

En el menú Ajustes se ha añadido una opción de Búsqueda en la parte superior. Hay muchos Ajustes en iOS, y cada vez más con cada actualización. Los Ajustes de búsqueda te permiten acceder rápidamente al ajuste que deseas. Así, por ejemplo, si quieres dejar de recibir notificaciones de una determinada aplicación, ya no tienes que pasar por un sinfín de aplicaciones, ahora sólo tienes que buscarla.

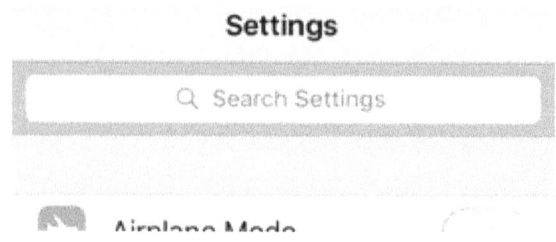

También se ha añadido Notas a Safari, así que si quieres añadir un sitio web a una nota, ahora es posible.

Siempre que veas la opción de utilizar Markup estarás utilizando la interfaz de Notes.

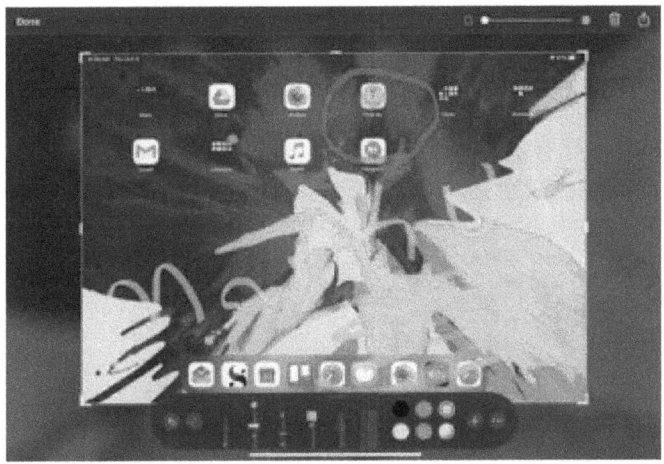

PROTEGER CON CONTRASEÑA

Notes ha evolucionado mucho desde que se introdujo por primera vez. Ya no es sólo un lugar donde apuntar cosas rápidamente. Es un lugar para colaborar, escribir a mano y tomar notas realmente complejas. Es comprensible que algunas personas quieran proteger con contraseña las notas que toman.

Si quieres asegurarte de que nadie accede a tus notas, ve a Ajustes > Notas > Contraseña.

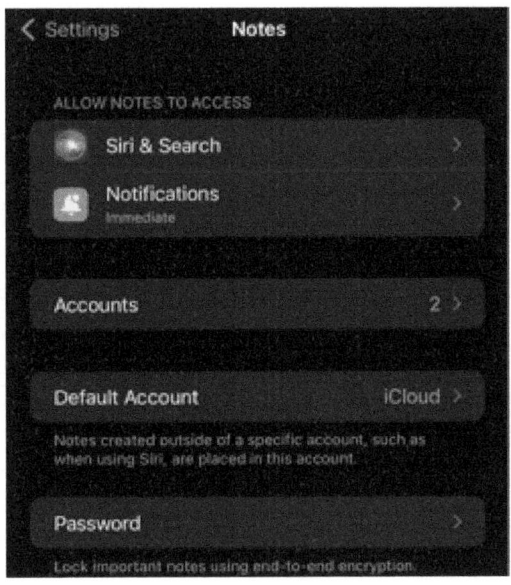

Desde aquí seleccione la opción de contraseña que desee.

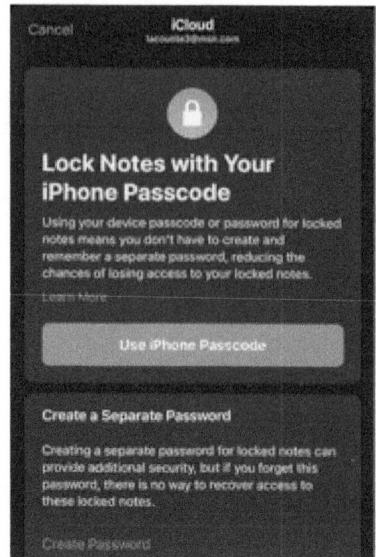

Compartir contraseñas

Las contraseñas son geniales, pero pueden llegar a ser bastante molestas cuando las compartes con tu familia. ¿Te ha pasado alguna vez? "Oye, cariño, ¿cuál es tu contraseña para Internet?". A lo que respondes: "Oh, es 1%jj7$$-ret_00@"; quieres tener una contraseña segura, pero cuando sabes que tienes que compartirla, es tentador poner 1234. Apple te permite compartir estas complicadas contraseñas fácilmente con personas de confianza.

Para compartir tus contraseñas, ve a Configuración > Contraseñas; desde aquí, selecciona la opción de compartir contraseñas y sigue las instrucciones para crear un grupo.

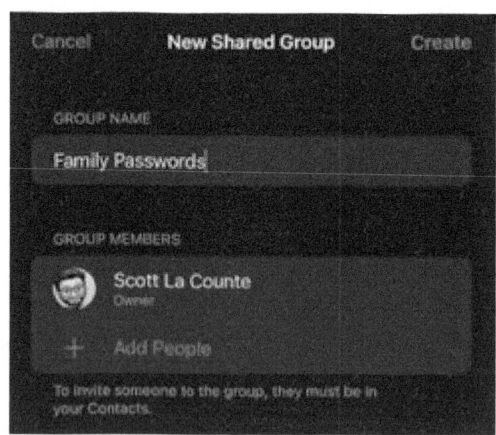

Traducir

Notas también te permite traducir palabras, frases y oraciones a distintos idiomas. Sólo tienes que escribir la frase, resaltarla y seleccionar la opción de traducción.

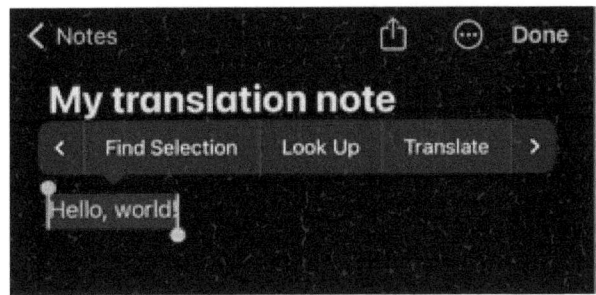

Desde aquí te mostrará cómo se ve traducido y también te permitirá reproducir cómo suena. Pulsa en Reemplazar con traducción y lo sustituirá.

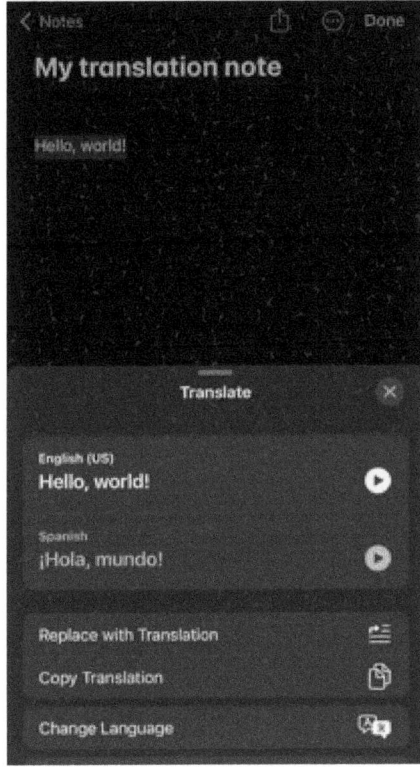

¿Desea otro idioma? Solo tienes que pulsar el botón Cambiar idioma y seleccionar el idioma que desees.

Luces, CámaraAcción

Este capítulo tratará:
- Hacer fotos y vídeos
- Edición de fotos
- Compartir y organizar fotos y vídeos

Hacer fotos

Ahora que ya conoces algunos de los ajustes, ¡vamos a lo divertido! Voy a ver el uso de la cámara a continuación.

La aplicación Cámara se encuentra en la pantalla de inicio, pero también puedes acceder a ella desde la pantalla de bloqueo.

La aplicación Cámara es muy fácil de usar. En primer lugar, debes saber que la aplicación Cámara tiene dos cámaras: una frontal y otra trasera.

La cámara frontal ha tenido normalmente una resolución más baja y se utilizaba sobre todo para autorretratos; con el iPhone 11 y el iPhone Pro, la cámara frontal se actualizó a 12 MP y toma las mismas fotos profesionales que la parte posterior. Todas las funciones tratadas en esta sección están tanto en la cámara frontal como en la trasera, con la excepción de Time-Lapse y Pano y Pano.

Hay seis modos en la cámara. Cuando inicies la aplicación, verás los distintos modos en la parte inferior, justo encima del obturador. Usa el dedo para deslizarte hasta el modo que quieras; el modo en amarillo es el que está activo.

Los seis modos son los siguientes:
- Lapso de tiempo - Vídeos time-lapsed
- Slow-Mo - Cámara lentavídeos en cámara lenta
- Vídeo
- Foto (el modo por defecto)
- Retrato - Para fotos de estudio con efecto de fondo difuminado
- Pano - Para fotos panorámicas

Uso de las lenes

El iPhone Pro viene con tres lentes:
- Ultra ancho
- Ancho
- Teleobjetivo

Cuando hagas una foto o un vídeo normal (no un retrato ni un vídeo a cámara lenta), verás tres números: .5, 1x y 2. Estos números representan la lente. Representan la lente. Si los tocas, la vista previa se ampliará o reducirá.

Si mantienes pulsado uno de los números, obtendrás cifras más precisas, de modo que si no quieres acercar o alejar la imagen, no tienes por qué hacerlo. También puedes pellizcar la pantalla para acercar o alejar la imagen.

¿Qué significa todo esto en la práctica? Para ponerte un ejemplo, a continuación tienes tres fotos tomadas en el mismo punto con cada objetivo.

Ultra ancho (0,5)

Ancho (1x)

Teleobjetivo (2)

El iPhone 14 Pro también tiene un Zoom óptico adicional entre el 1 y el 3.

DIFERENTES MODOS DE CÁMARA

En la parte superior de la aplicación hay tres botones: flash, modo nocturno y modo en directo. El modo nocturno se activa automáticamente cuando hay poca luz.

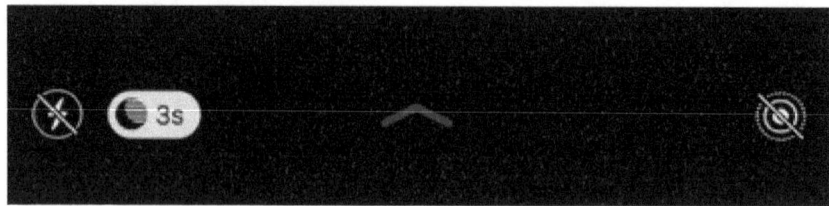

Si pulsa sobre la flecha que aparece en el centro, aparecerá una lista ampliada de opciones.

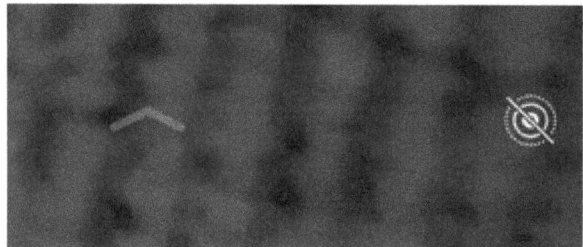

Las opciones aparecen en la parte inferior después de expandirla. Las opciones son las siguientes: flash, modo noche, modo directo, fotograma, temporizador y color.

Si pulsa sobre cualquiera de estas opciones, obtendrá más opciones para activarlas y desactivarlas o, en su caso, realizar ajustes en ellas.

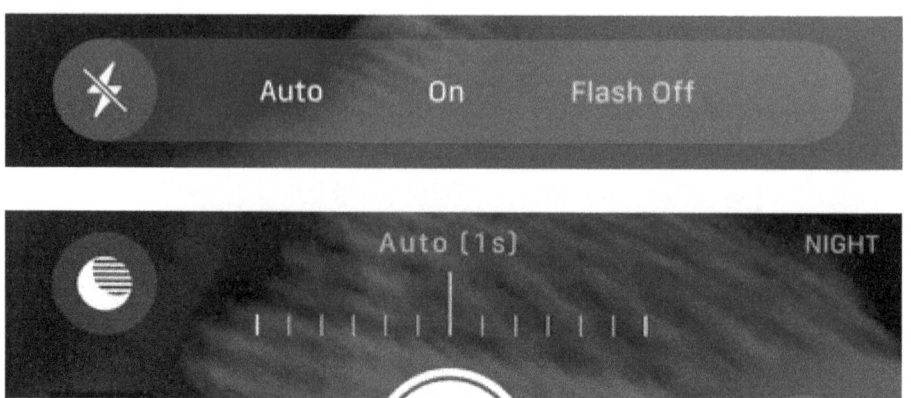

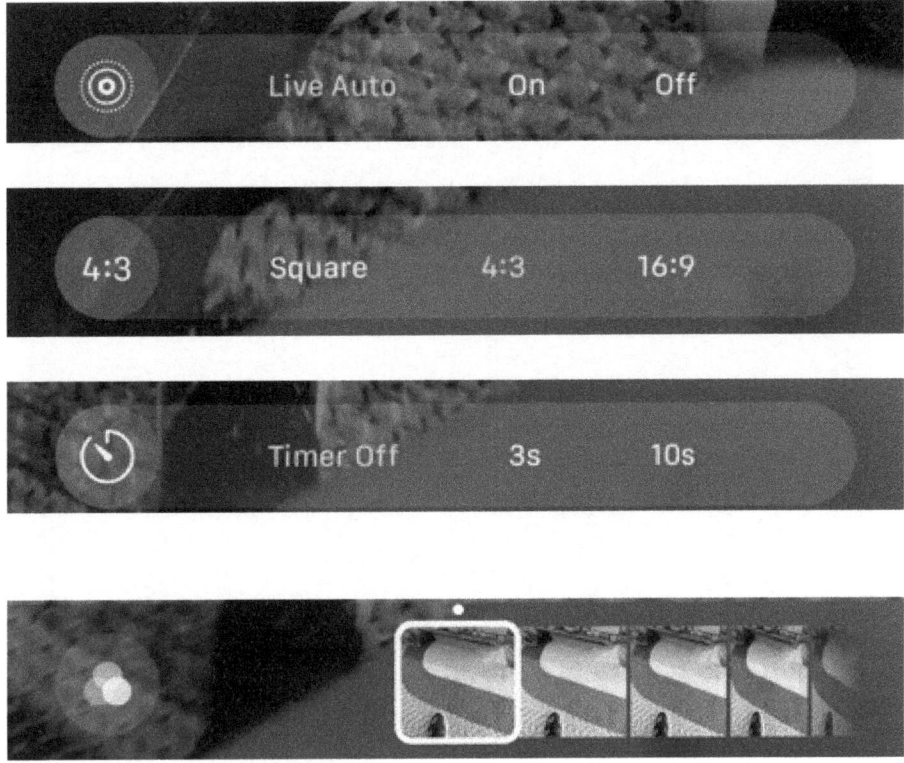

El Modo Noche es una característica nueva en el iPhone 11 y Pro, y los controles manuales aquí pueden parecer un poco desconocidos; el Modo Nocturno se activará automáticamente (si está activado, el icono será amarillo e indicará el número de segundos durante los que disparará), pero cuando pulses el icono de Modo Nocturno, podrás ajustar manualmente la configuración que capturaría automáticamente.

Lo que el Modo Noche está haciendo automáticamente entre bastidores es simular una exposición más larga. Eso significa básicamente que se tarda más en capturar la imagen. El control deslizante del Modo Noche ajusta el número de segundos de exposición: cuanto más tiempo, más luz entra.

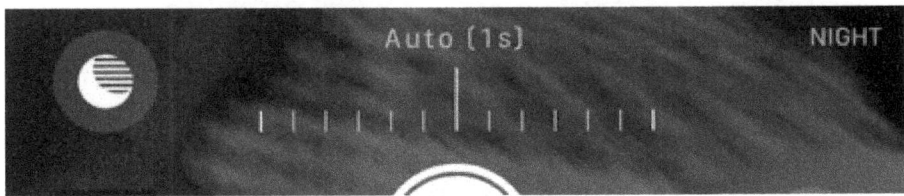

El giroscopio del interior del iPhone es lo suficientemente inteligente como para detectar si el iPhone está apoyado sobre un trípode. Si lo está, permitirá exposiciones aún más largas.

Mientras haces una foto, puedes tocar a una persona u objeto para enfocarlo. Al hacerlo, verás un recuadro amarillo. Si mueves el dedo hacia arriba o hacia abajo, se ajustará el brillo de la foto.

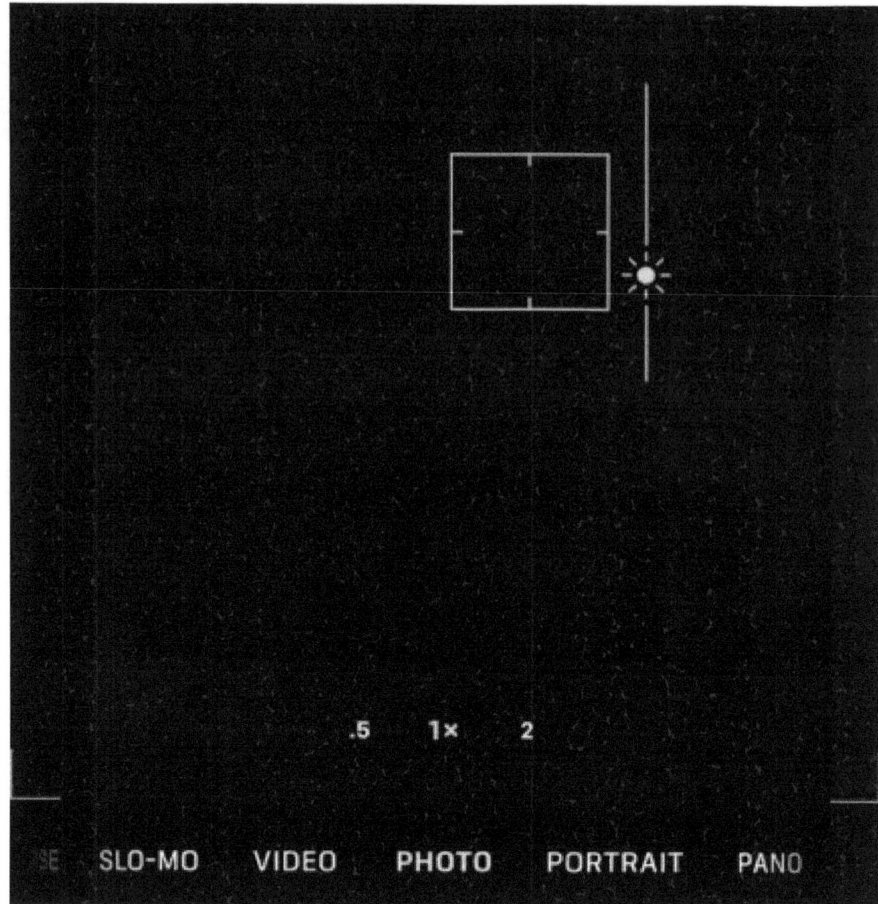

Mientras haces fotos, puedes capturar vídeos rápidos sin salir de la foto. Mantenga pulsado el obturador y arrástrelo hacia la derecha, luego suéltelo cuando haya terminado de grabar el vídeo rápido. Este efecto también se puede realizar cuando estás grabando un vídeo y quieres hacer una foto rápida.

Modo Ráfaga

Los iPhones anteriores te permitían hacer una "ráfaga" de fotos manteniendo pulsado el obturador; esto era ideal para cosas como fotos de acción: podías hacer docenas de fotos en segundos y luego elegir la que más te gustara.

Mantener pulsado el obturador no permite deslizar para grabar un vídeo rápido. Ráfaga, sin embargo, todavía se puede lograr. El nuevo método consiste en pulsar el disparador y deslizar el dedo hacia la izquierda.

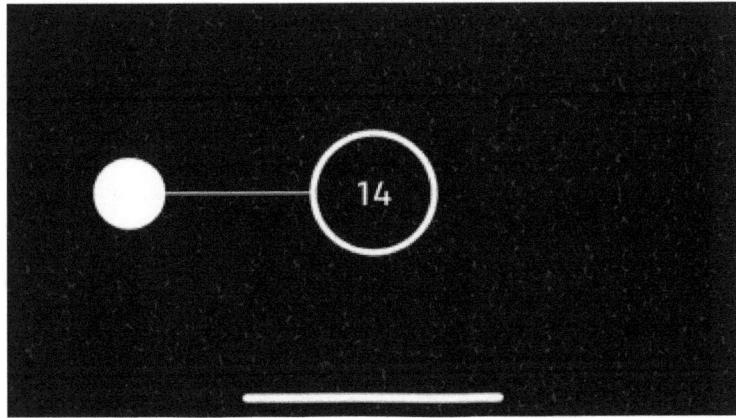

RETRATO MODO

Uno de los modos de cámara más populares es el modo retrato. El modo Retrato captura imágenes realmente atractivas difuminando todo menos el sujeto.

Al arrastrar el dedo sobre las casillas situadas justo encima de Retratopuedes ver los diferentes modos dentro del modo Retrato. Estos son: Luz Natural, Luz de Estudio, Luz de Contorno, Luz de Escenario, Luz de Escenario Mono y Luz de Clave Alta Mono.

Cuando tome una foto en modo Retrato puedes cambiar el modo cuando edites la foto. Así, por ejemplo, si la tomas con Luz de Estudio, pero más tarde decides que quieres Luz Natural, no será demasiado tarde para cambiarlo. Hablaré de esto en la siguiente sección.

Pano Modo

Pano te permite unir varias fotos para crear un paisaje gigante. Puedes cambiar de objetivo antes de hacer la foto.

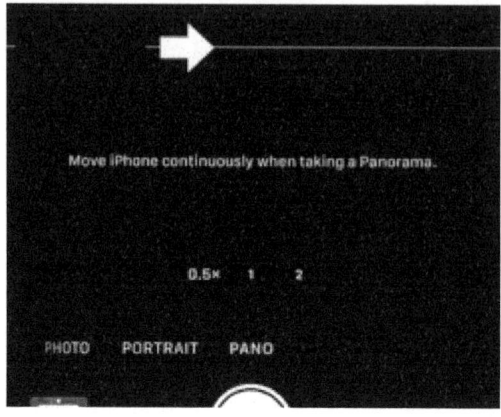

Ajuste de la exposición En la cámara

Además de todos los demás controles de la app Cámara iOS 15 ha añadido un icono de exposición.

Al tocar este icono, aparece un control deslizante que le permite cambiar manualmente la exposición de la fotografía que está tomando.

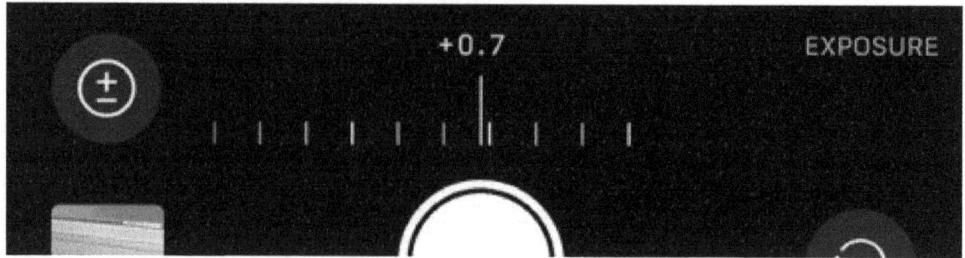

Vídeo de toma rápida

La toma rápida de vídeo se ha añadido a todos los dispositivos, no solo al iPhone 11 y posteriores.

MODO CINEMATOGRÁFICO

Cinematic es un nuevo modo muy promocionado en el iPhone; es compatible con todos los iPhone 14 (estándar y pro). ¿En qué consiste? Es como el modo Retrato, pero con vídeo. Lo que hace es enfocar a una persona en la toma y poner en azul todo lo demás, y cuando otra persona habla, cambiar el enfoque para centrar la atención en ella. Las transiciones son bastante fluidas y es divertido jugar con ellas.

Para empezar, abre la aplicación de la cámara, selecciona el modo Cinematográfico y toca Grabar.

Mientras graba, el marco amarillo indicará la persona actual de foco que ha detectado; el marco gris indica que ve a otra persona, pero no es el foco.

Toca el recuadro gris para enfocarlo. Si no ve a la persona, simplemente tóquela. También puedes mantener pulsada la pantalla para bloquear el enfoque.

Cuando hayas terminado, pulsa de nuevo el botón de grabación.

EDICIÓN DE VÍDEOS CINEMATOGRÁFICOS

Donde las cosas se ponen aún más divertidas con el modo Cinemático es en la edición. Puedes hacerlo incluso en un teléfono antiguo (iPhone X o superior, siempre que tenga iOS 15 o superior).

Para empezar, abre la aplicación Fotos y busca el vídeo. A continuación, pulsa en Editar y, después, en Cinemático en la parte superior de la pantalla para activar o desactivar el efecto.

Para cambiar el enfoque en un vídeo, siga los pasos anteriores. A medida que avanzas por el vídeo, toca el sujeto al que quieras cambiar el enfoque o toca dos veces para enfocar automáticamente un sujeto.

Debajo de la barra de tiempo de vídeo verás puntos blancos y amarillos: los puntos blancos son cambios automáticos; los amarillos indican cambios manuales.

Puedes activar y desactivar el seguimiento manual tocando el cuadrado con el punto en el centro en la esquina superior izquierda.

Cámara Ajustes

Puedes acceder a los ajustes de la cámara accediendo a la app Ajustes y Cámara.

Cámara frontal de espejo es útil si te haces muchos selfies; invierte la imagen para que si tu camiseta tiene texto, por ejemplo, no aparezca al revés.

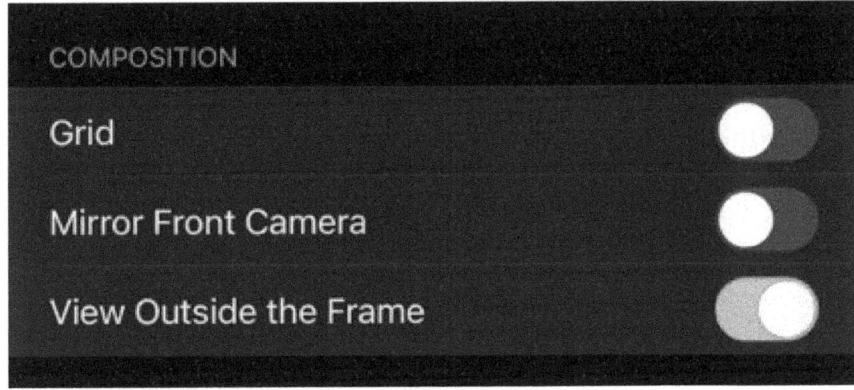

Smart HDR utilizará el cerebro del teléfono para mezclar las fotos y crear una sola imagen con la mejor exposición.

CÓDIGOS QR

¿Has visto alguna vez uno de esos recuadros en un negocio que te dicen que lo escanees para obtener más información? Eso es un código QR.

Antes necesitabas una aplicación para abrirlo, pero ahora la cámara nativa del iPhone tiene esa función incorporada. Acerca el teléfono a un código QR y haz como si fueras a hacer una foto. En cuanto lo enfoque, aparecerá una notificación desplegable preguntándote si quieres abrir el enlace Safari.

Fotografía macro

La gama profesional de iPhone (empezando por el iPhone 14 Pro) admite macrofotografía (y vídeo). En el momento de escribir estas líneas, no hay ningún botón para activarla. Para hacer una foto macro, basta con acercar el teléfono al objeto y el teléfono lo enfocará automáticamente y reconocerá el tipo de fotografía que estás haciendo.

ESTILOS FOTOGRÁFICOS

Estilos fotográficos es una nueva función añadida a todos los modelos de iPhone 14 (estándar y Pro); es una forma rápida de añadir un estilo preestablecido a una foto: contraste intenso, vibrante, cálido o frío. Así, si te gustan las fotos muy luminosas, puedes tener ese estilo preestablecido y aplicarlo rápidamente a las nuevas fotos cada vez que las hagas.

ELIGE UN ESTILO

Para empezar con los estilos, abre la aplicación de la cámara y toca la flecha hacia arriba.

Aparecerá una fila de opciones justo encima del obturador.

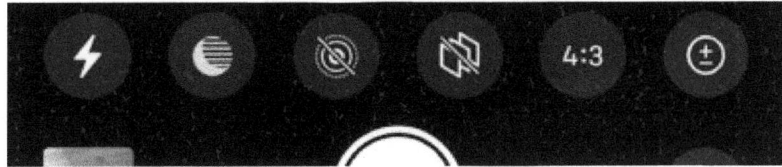

Pulse el icono de cascada.

A continuación, desliza el dedo por todos los estilos disponibles: contraste intenso, vibrante, cálido y frío.

Debajo de cada estilo hay Tono y Calidez; puedes tocar cualquiera de ellos para realizar más ajustes en el estilo.

Cuando haya terminado, vuelva a tocar el icono de cascada. Para desactivarlo, sigue los mismos pasos, pero cuando elijas el estilo, selecciona estándar. Verás una línea que atraviesa el icono indicando que está desactivado.

También puedes elegir tus estilos en la aplicación Ajustes. Está en Cámara > Estilos fotográficos.

FOTOGRAFÍA EN BRUTO

Si usted es un fotógrafo aficionado o profesional, entonces usted probablemente sabe todo sobre el formato de archivo Raw. Si usted tiene un iPhone 14 Pro, entonces usted tiene la opción de disparar fotos en formato Raw. Raw mantiene más capacidades para la edición en el software profesional, pero en el teléfono que ocupa mucho espacio - alrededor de 25MB ro 75MB por foto que tome. No parece mucho. Pero supongamos que es Navidad y has hecho 100 fotos a lo largo del día. Son 25 GB de almacenamiento para un solo día.

Por defecto, el modo Raw está desactivado. Puede activar y desactivar la fotografía Raw en los ajustes. Ve a Ajustes > Cámara > Formatos.

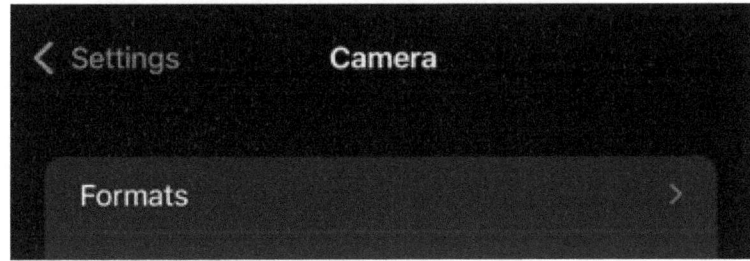

Por último, activa Apple ProRAW.

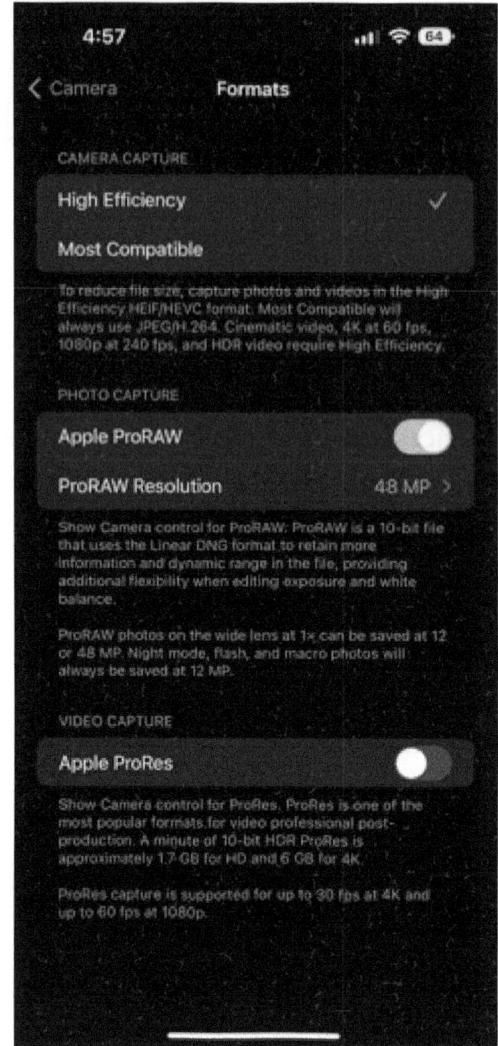

Para cambiar de 12 MP a 48 MP en la cámara ProRAW, vaya a Configuración > Cámara > Formatos.

Si tienes ProRes desactivado la aplicación de la cámara se parece a la imagen de abajo.

Cuando lo tengas activado, verás que aparece un icono de Raw.

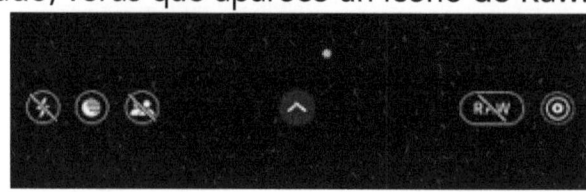

Esto facilita la activación y desactivación de la fotografía Raw, para que no estés haciendo fotos masivas con cada disparo.

ProRes

Una de las características más destacadas de los teléfonos del modo Pro de 2021 es algo llamado "ProRes"; suena elegante, ¿verdad? En teoría, sí. No se trata tanto de grabar en una resolución muy alta -aunque lo hace- como de grabar en un estándar que se puede editar en software de vídeo de gama alta, como el propio FinalCut de Apple.

Para la mayoría de los usuarios, ProRes probablemente no sea para ellos por una razón bastante importante: el almacenamiento. Cuando usas ProRes, un solo minuto puede significar varios gigabytes de almacenamiento. Grabar los 30 minutos de la actuación de tu hijo en el colegio podría consumir todo el espacio de almacenamiento de tu teléfono.

¿Cuánto almacenamiento? ¿Y cómo se utiliza exactamente? En el momento de escribir estas líneas, es difícil saberlo porque ProRes no ha salido al mercado en el momento de la publicación de este libro. Aunque se anunció con los anuncios de teléfonos, no llegará hasta finales de año.

Edición de fotos

Ahora que has capturado tu obra maestra, querrás editarla para hacerla brillar de verdad. Hay miles de aplicaciones de edición de fotos en el App Store.. Algunas, como Adobe Lightroom, te permitirán hacer cambios profesionales en las fotos, mientras que otras son sólo para divertirte.

En este capítulo, me limitaré a realizar ediciones básicas con el editor integrado de Apple. Esto no quiere decir que las ediciones no sean profesionales, o incluso divertidas; hay muchas cosas que puedes hacer con el editor.

Fotos normales y en directo

Las opciones del editor cambian en función del tipo de foto que hayas hecho. Si tomó una foto en vivo, entonces habrá algunas ediciones adicionales que puede hacer; lo mismo ocurre si capturó en modo Retrato Retrato. Esta primera sección va a cubrir las fotos más comunes: normales (no Live) y Live.

¿Cómo sabes qué tipo de foto es? Cuando entres en la aplicación Fotos y veas la foto, te lo dirá justo debajo de la flecha de atrás, en la esquina superior izquierda. El ejemplo de abajo es una Live photo.

En la parte inferior de la foto aparece una lista con todas las opciones disponibles para editarla. La primera es el botón Exportar exportar. Esta opción te permite modificar la foto fuera de la aplicación de fotos. ¿Qué significa esto? Para empezar, puedes compartirla por SMS, correo electrónico, AirDropo subirla a otra aplicación, pero hay mucho más que puedes hacer aquí: imprimir, añadir a Fondo de pantallaañadir a un álbum, asignar a un contacto, etc. La siguiente opción es el botón de favoritos (hablaré de dónde van estas fotos en la siguiente sección); las últimas opciones son Editar y Eliminar la foto.

Cuando seleccione Editar, verá varias opciones nuevas en la parte inferior del editor de fotos Ahora abierto. La primera opción es el botón Live (si se trata de una foto Live). Cuando hagas una Live photo, tendrás varias fotos dentro de esa foto; tocando en el botón Live, puedes seleccionar la foto que quieres usar. El teléfono elige automáticamente la que cree que es la mejor foto, pero no siempre es así.

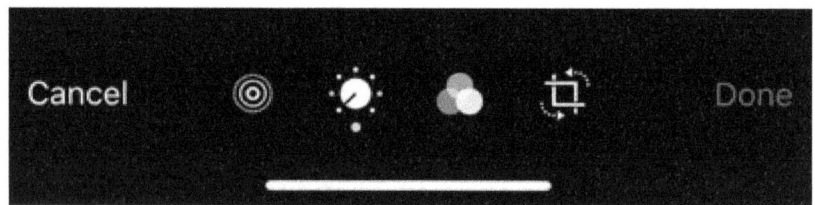

Junto al botón Live está la opción de hacer correcciones al aspecto general de la foto. La primera opción es Autocorrección (esto ajusta la iluminación y los niveles de color a lo que el teléfono cree que es mejor). Al lado están todas las correcciones manuales: Exposición, Brillo, Luces, Sombras, Contraste, LuminosidadPunto negro, Saturación, Vibración, Calidez, Tinte, Nitidez, Definición, Reducción de ruido y Viñeta. y Viñeta.

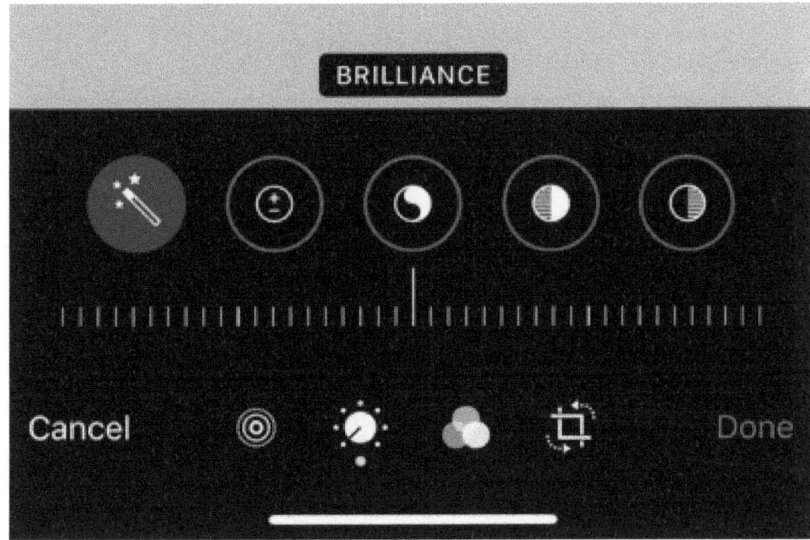

Al deslizar el dedo hacia la corrección que quieras realizar, verás que debajo hay una barra deslizante; con el dedo, muévela a izquierda y derecha para definir la intensidad de la corrección.

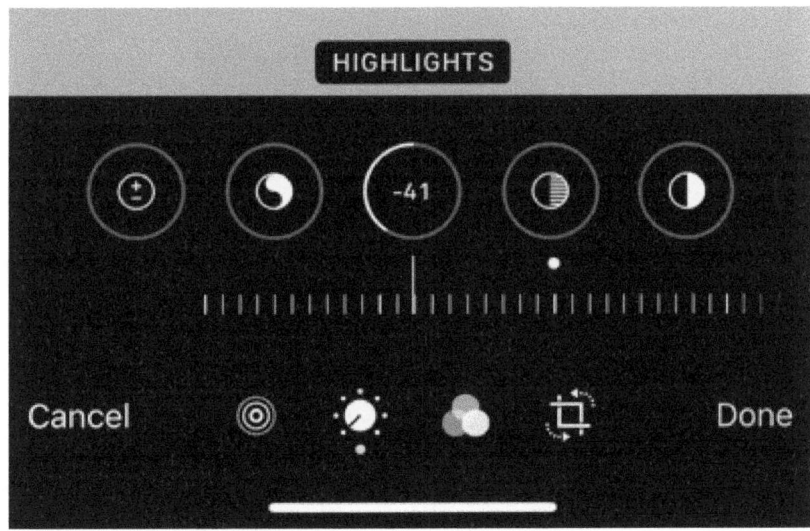

A continuación está la opción de aplicar filtros a las fotos. Esto funciona de manera similar: seleccione el filtro que desea aplicar y, a continuación, utilice el control deslizante situado debajo para aumentar o disminuir la intensidad del filtro. Los filtros disponibles son Vívido, Vívido cálido, Vívido frío, Dramático, Dramático cálido, Dramático frío, Mono, Tono plateado y Negro.

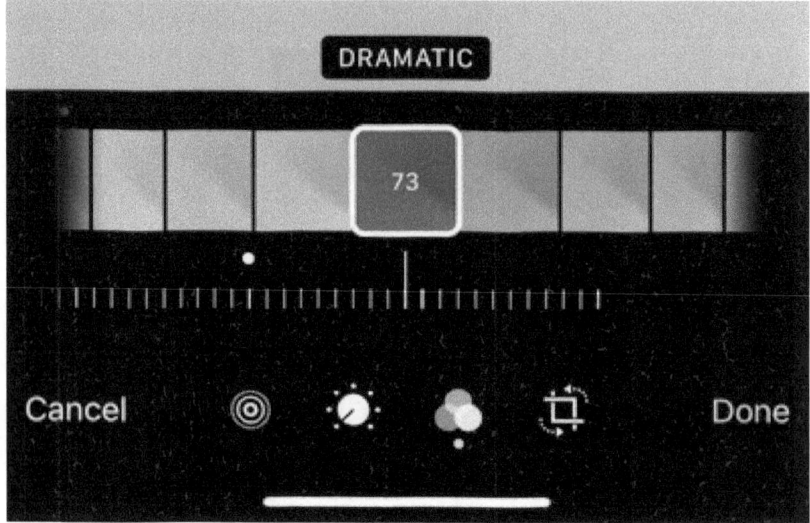

La última opción es Recortar. Cuando seleccionas esta opción, aparecen unas pequeñas líneas blancas alrededor de la foto. Puede utilizarlas para arrastrar a las zonas que desee recortar: hacia dentro y hacia fuera, hacia arriba y hacia abajo, o hacia la izquierda y la derecha.

En la parte inferior del área recortada hay opciones para enderezar la foto.

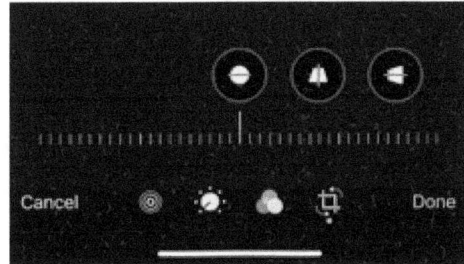

En la esquina superior izquierda hay opciones para girar o voltear la foto.

La parte superior derecha tiene opciones para recortar a un tamaño predefinido.

Cuando seleccione el botón de tamaño predefinido, verá varias opciones nuevas; son útiles si está creando para algo en particular, como un marco.

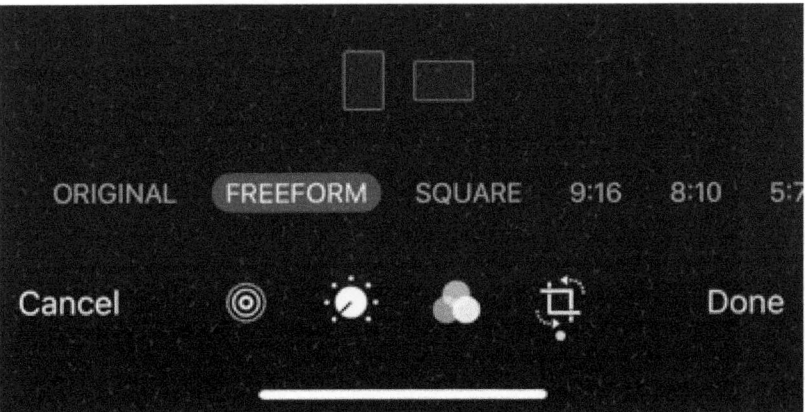

Cuando termines todas las ediciones, toca el botón Hecho; además, puedes deshacer todo y conservar la foto original seleccionando Cancelar.

También puedes tocar en cualquier momento los tres puntos de la esquina superior derecha de la pantalla. Aparecerá el menú de opciones.

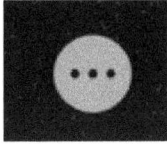

Si tienes otras aplicaciones de fotos, puede que las veas aquí; sin embargo, la opción que probablemente utilizará la mayoría de la gente es la de Marcar.

La función de marcado te permite dibujar y añadir formas a la foto: es como tomar notas sobre una foto.

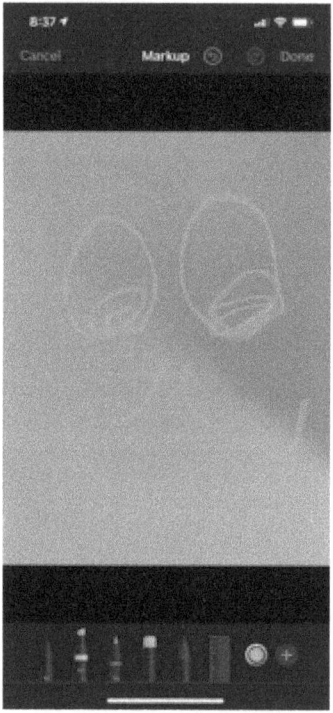

En la parte inferior puedes elegir el color y el instrumento de escritura. También puedes utilizar la regla para trazar una línea recta con cualquiera de estas opciones.

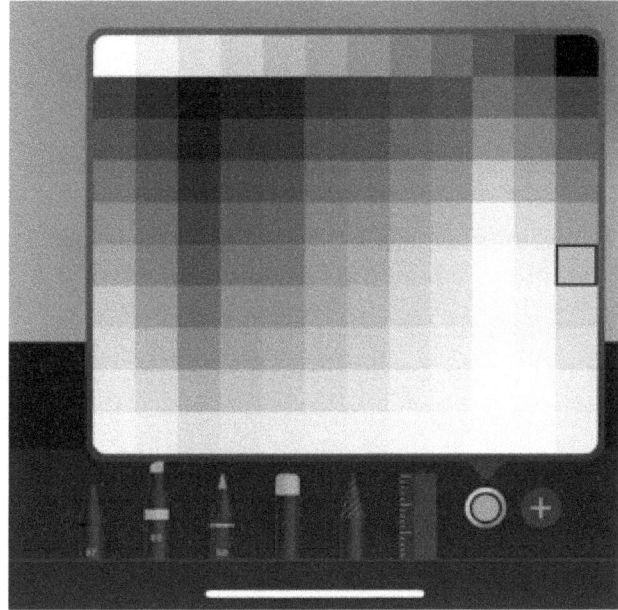

Además, puedes pulsar el botón más para añadir formas, texto, una firma y mucho más.

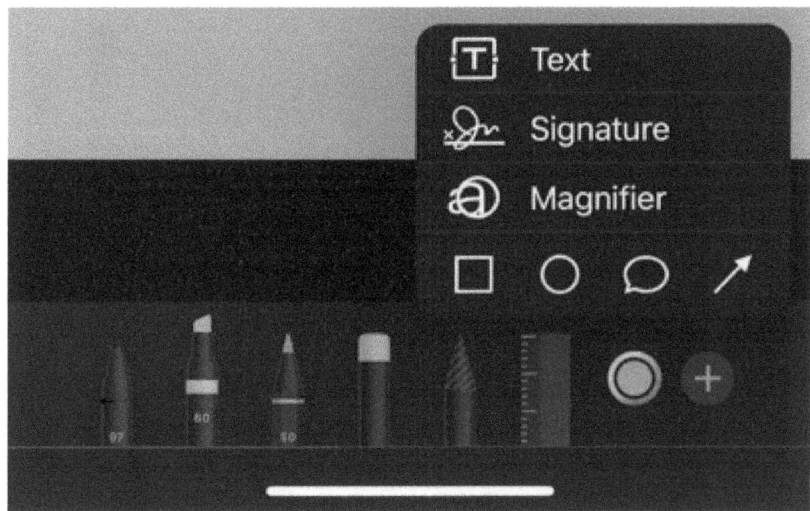

Una vez que haya terminado con las marcas, pulse Hecho para guardar su creación o Cancelar para borrarlo todo.

RETRATO FOTOS

La edición de una foto de retrato es exactamente igual, con algunas excepciones que se tratan en esta sección.

Sabrás que es una foto por la indicación que aparece en la parte superior de la foto.

Una vez que haya pulsado que desea editar la foto, seleccione el primer botón, que le mostrará los Retratos disponibles. Usa el dedo para deslizarte hasta la edición de Retrato que quieras hacer en la foto. Los filtros disponibles son Luz Natural, Luz de Estudio, Luz de Contorno, Luz de Escenario, Luz de Escenario Mono y Luz de Clave Alta Mono. Una vez que selecciones el filtro, aparecerá un control deslizante debajo del mismo para ajustar su intensidad.

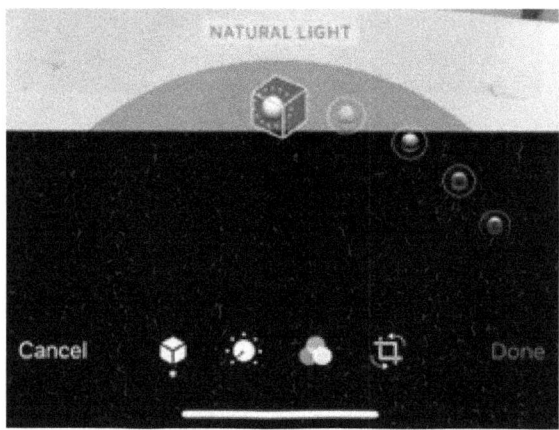

En la esquina superior izquierda de la pantalla, verás un botón que pone f 4,5; esta opción ajusta la profundidad de la foto (o el desenfoque del fondo).

Cuando toques esta opción, verás que aparece un control deslizante en la parte inferior de la pantalla en el que puedes ajustar la profundidad de la foto.

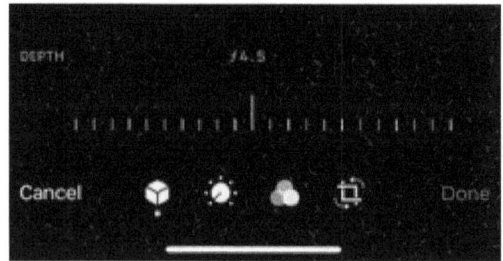

CÁMARA AJUSTES QUE DEBES CONOCER

Si entras en Ajustes y luego en Cámarahay varios ajustes que deberías conocer (aunque decidas no utilizarlos ahora mismo).

El ajuste que considero más útil es Composición. Si activas Capturar fotos fuera del encuadre, cuando hagas una foto podrás capturar más de lo que ves al pasar el dedo por todas tus fotos.

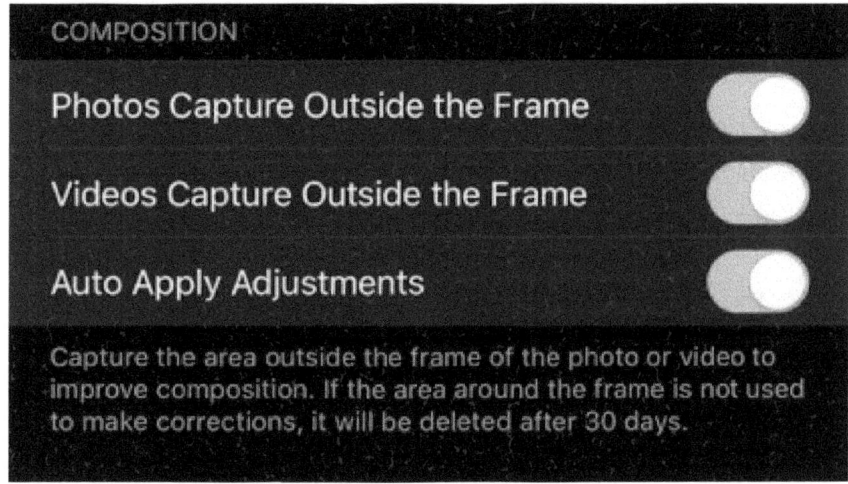

¿Qué significa esto? Mira la imagen de abajo. La imagen del centro es la que veo en mi biblioteca, pero cuando voy a Editar y Recortar¿te das cuenta de que el área es más grande? Puedo arrastrarla para mostrar aún más parte de la foto.

Si no te gusta que la cámara vuelva a los ajustes predeterminados cada vez que la abres, puedes activar la opción Conservar ajustes.

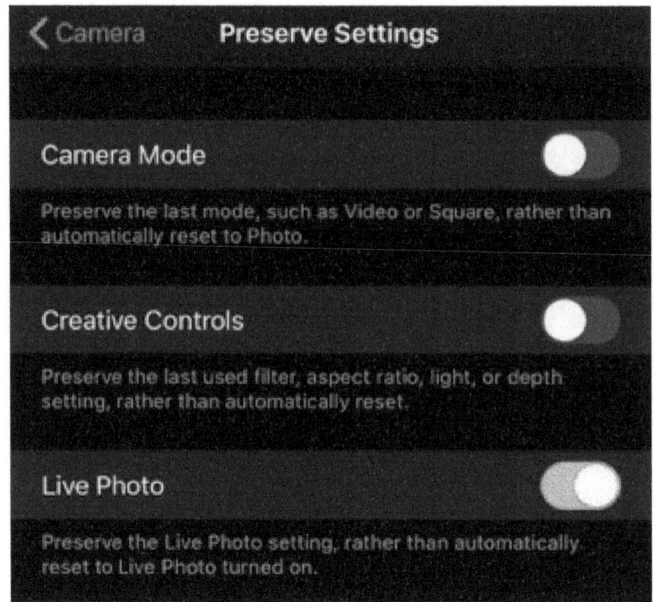

Cuando grabas un vídeo, puedes hacerlo en 4K. Sin embargo, al hacerlo se crean vídeos muy grandes. Puede grabar en una configuración inferior. Pulse en Grabar vídeo para actualizar sus preferencias.

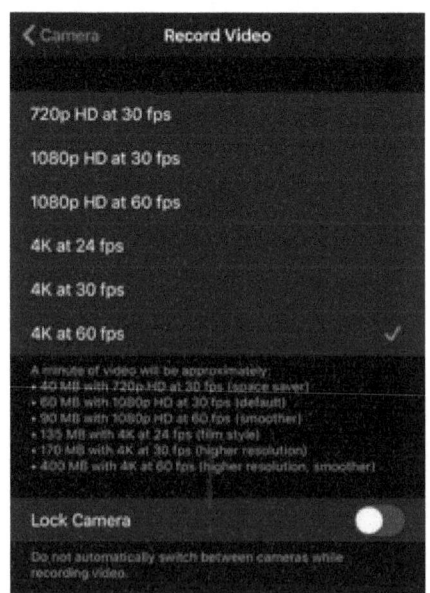

También puede cambiar los ajustes de la cámara de la cámara.

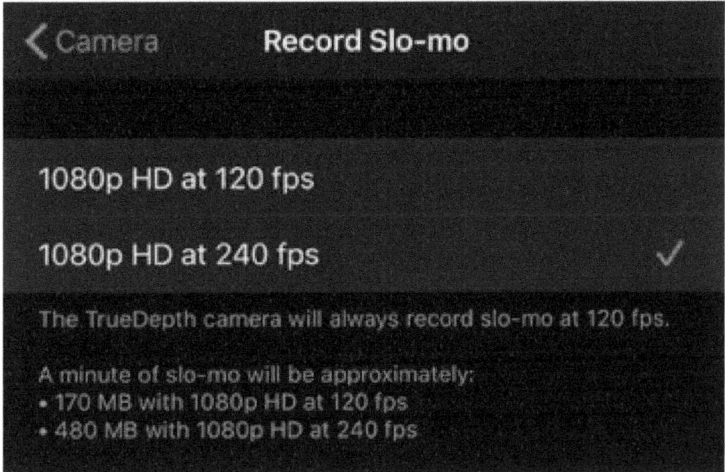

Por último, si activas Cuadrícula, aparecerá una cuadrícula sobre la aplicación de fotos para ayudarte a hacer fotos y vídeos rectos.

SACAR LA FOTO DEL FONDO

Las imágenes en textos y documentos son divertidas. ¿Sabes qué es mejor? Quitar el fondo para que la imagen destaque de verdad.

Abre una foto y toca la parte que quieras separar del fondo. A continuación, selecciona Copiar.

A continuación, ve a la aplicación en la que quieras pegarlo. Yo estoy usando la aplicación Notas, pero puedes usar un mensaje de texto, un correo electrónico o muchas otras aplicaciones. Desde aquí, mantén pulsado y selecciona pegar.

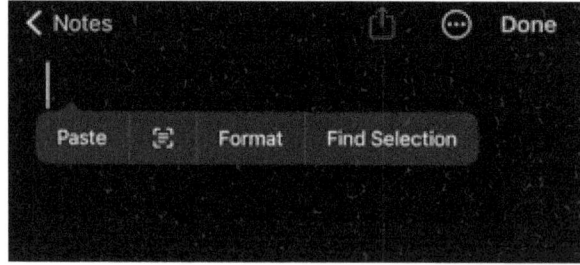

Fíjate. ¡Una foto pegada con el fondo eliminado!

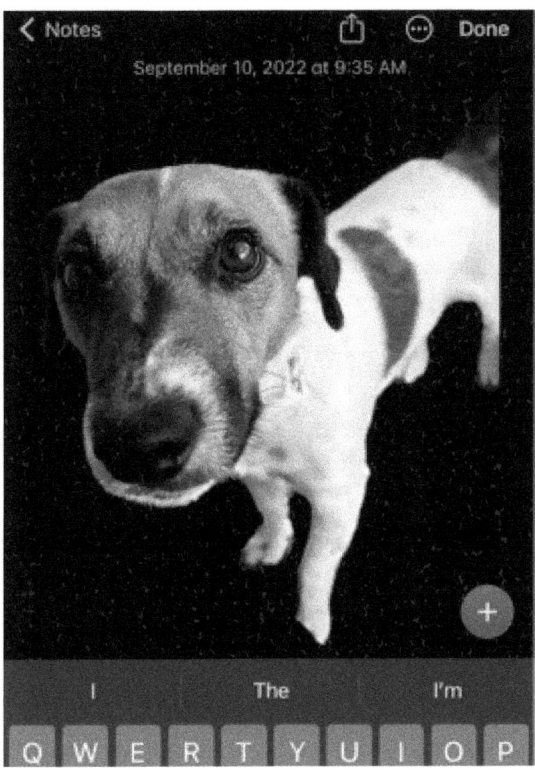

VER, ORGANIZAR, BUSCAR Y COMPARTIR FOTOS

¿Recuerdas los viejos tiempos, cuando recibías un rollo de película con sólo una o dos docenas de fotos? Tenías cuidado con las fotos que hacías porque estabas limitado en el número de momentos que podías capturar. Los teléfonos inteligentes han cambiado eso. Hoy puedes hacer docenas de fotos en segundos. Eso significa que la mayoría de la gente tiene miles de fotos en su teléfono. Apple no tardó en darse cuenta de que la gente tendría problemas para organizar y encontrar todas esas fotos.

Ahora que has realizado cambios en tus fotos, ¿cómo puedes encontrarlas y organizar-las? En esta sección te lo explicamos.

Cuando abres la aplicación Fotos, hay cuatro pestañas disponibles: Fotos (donde ves todas las fotos), Para ti (colecciones de fotos seleccionadas, como los recuerdos de Hoy), Álbumes (donde están los álbumes privados compartidos), Buscar (donde puedes buscar tus fotos).

Ver fotos

Cuando selecciones la primera pestaña (Fotos) verás que aparece una nueva opción en la parte inferior: Años, Meses, Días, Todas las fotos. Si eres como la mayoría de la gente, probablemente tengas miles y miles de fotos en tu teléfono. Así te resultará más fácil encontrar lo que buscas.

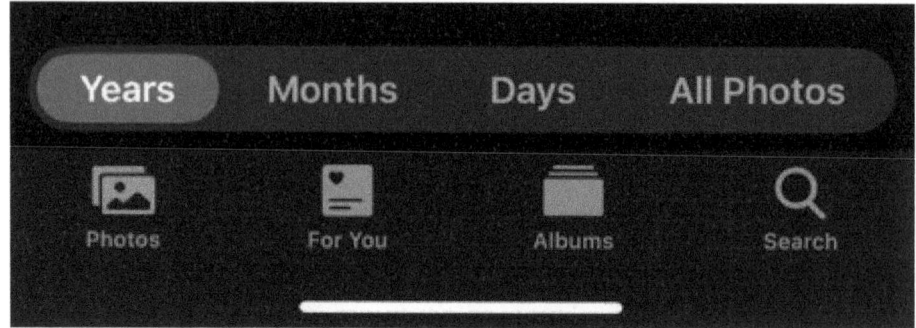

También facilita compartir recuerdos. Por ejemplo, si quiero compartir con mi mujer todas las fotos que hice el día de Año Nuevo. Sólo tengo que ir a Años, ir al año que quiero, deslizarme a Meses y buscar Enero. Deslízate de nuevo a Días y busca Primero de enero y, por último, en la esquina superior derecha, toca los puntos del árbol para que aparezcan las opciones de las fotos. Esto reúne todas las fotos y me da algunas opciones: Compartirlas, ponerlas en una película o mostrarlas en un mapa.

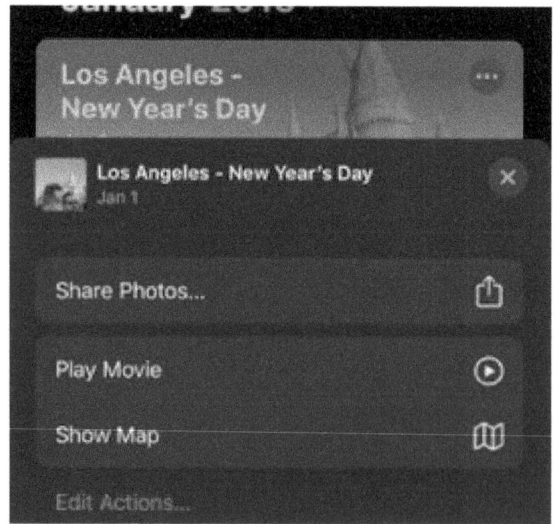

Cuando selecciono compartir, me pregunta cómo quiero compartirlas, y yo elijo Mensajes para enviar las fotos a mi mujer.

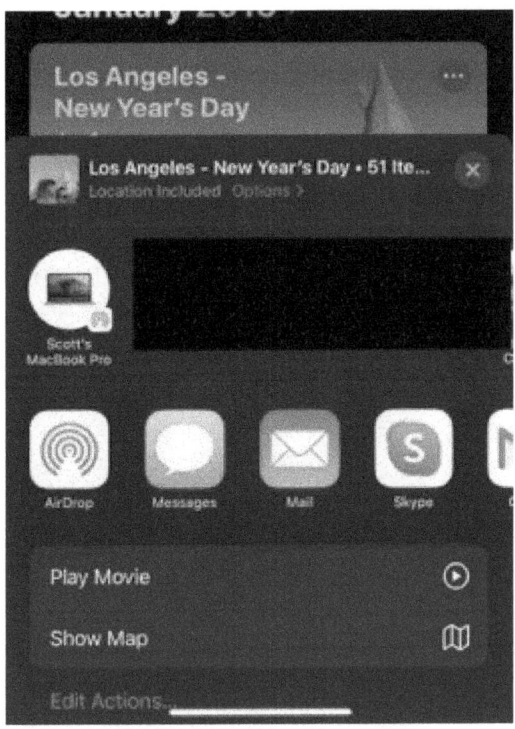

A partir de aquí, se les asigna un enlace de iCloud y ese enlace se inserta en un mensaje de texto. Cuando mi mujer lo reciba, no verá aparecer cincuenta y una fotos; verá una foto con un enlace a la ubicación de todas. Así puede verlas, descargarlas o seleccionar solo algunas fotos para descargarlas.

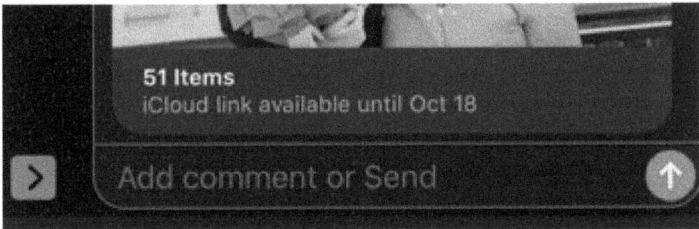

Para ti

Probablemente ya te habrás dado cuenta de que tu teléfono es bastante inteligente. Tiene todo tipo de cosas funcionando en segundo plano para averiguar quién eres y qué te gusta; Para ti es un área que lo demuestra. Reconoce cuando haces muchas fotos en una zona concreta y las marca como recuerdos, y luego empieza a asignarlas a esta sección. Puedes hacer todo lo que hacías en Fotos, como compartirlas y convertirlas en películas.

No todos los recuerdos son felices; al abrir los recuerdos, puedes tocar las opciones de la esquina superior derecha para bloquearlos o eliminarlos.

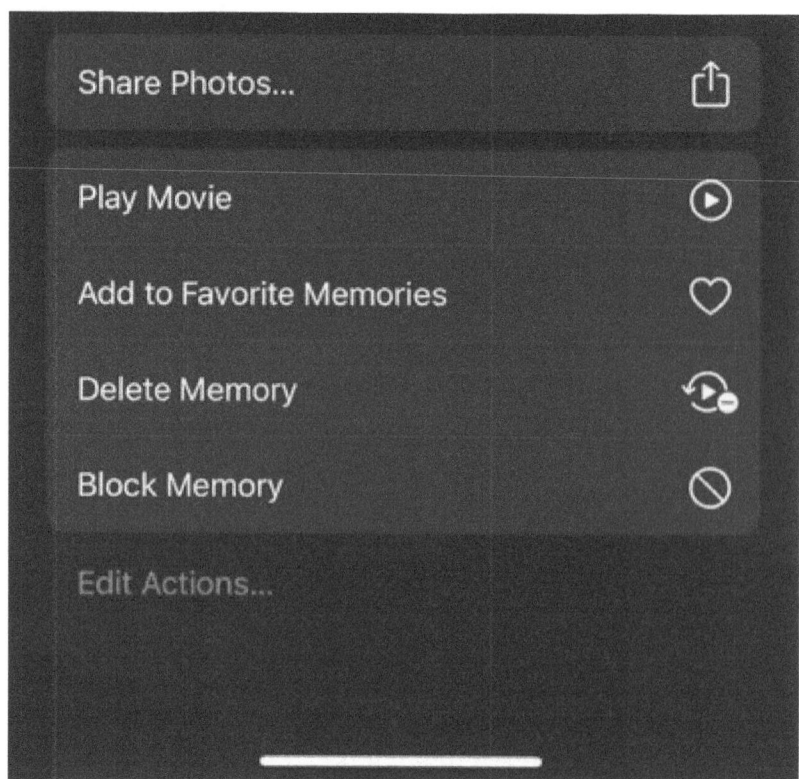

Si decides reproducir una película con la memoria (y esto también se aplica a cualquier álbum que conviertas en película), puedes editar cómo se mostrará -un clip corto o mediano- y qué tipo de efectos (como la música) tiene.

Álbumes

Álbumes es donde realmente puedes empezar a organizar las cosas. Recuerda cuando dije arriba que cuando pulsas el botón "Me gusta" en una foto, ésta va a la carpeta Favoritos. Aquí es donde encontrarás esa carpeta. Para añadir un álbum, pulsa el botón **+**.

Esto le preguntará si desea crear un Nuevo Álbum o Nuevo Álbum Compartido; la primera opción es algo que ves y la segunda es algo que pones a disposición de los demás.

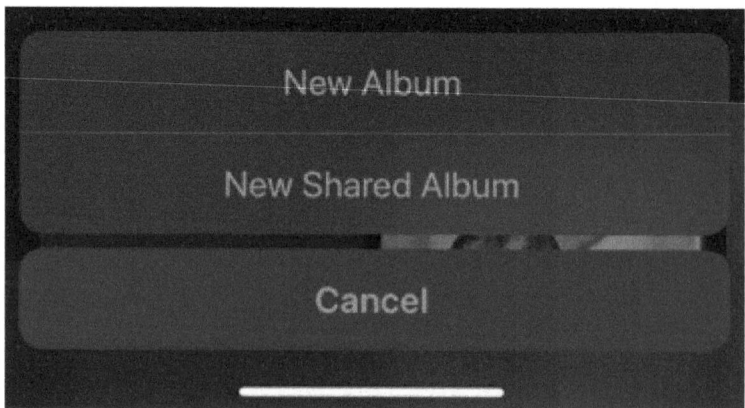

Al crear un Álbum Compartidoprimero te pedirá que le des un nombre.

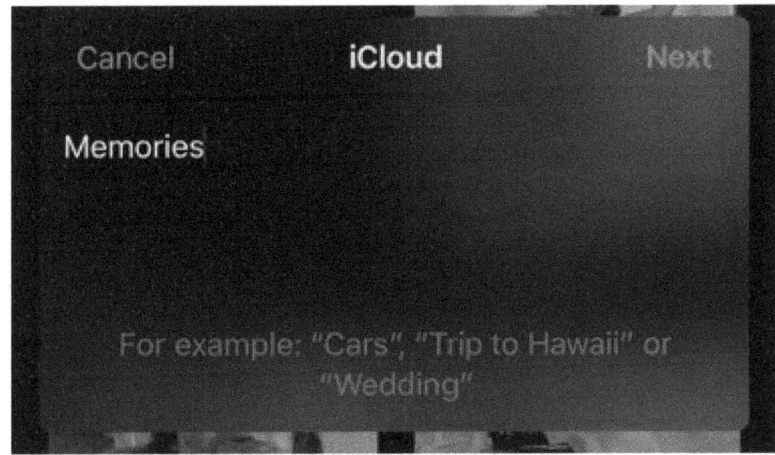

A continuación, selecciona con quién quieres compartirlo (también puedes dejarlo en blanco por ahora).

Después verás un álbum compartido en blanco.

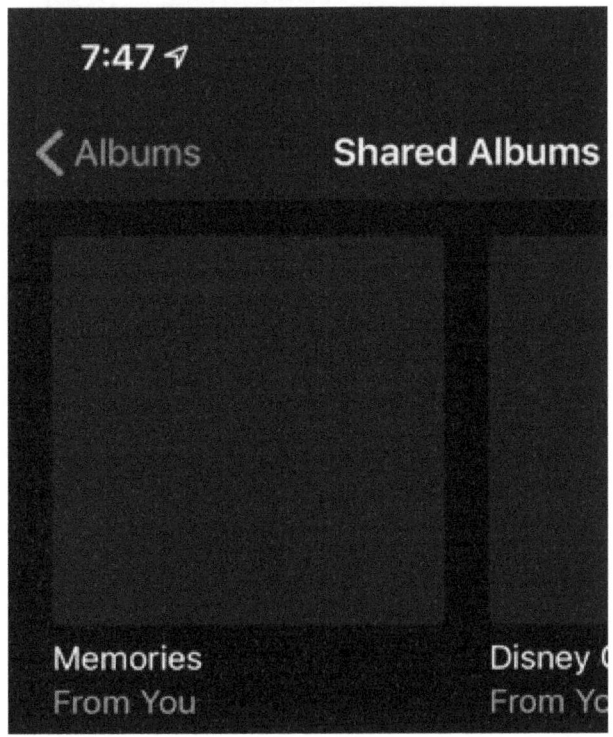

Una vez que pulses sobre el álbum, podrás empezar a añadir tus fotos.

Si seleccionas "Personas" en la parte inferior, podrás invitar a otras personas a verlo. En Personas, también verás opciones para que los demás compartan fotos en el álbum. Por ejemplo, si acabas de celebrar una boda, puedes compartir un álbum con todos los que estuvieron allí y pedirles que añadan todas las fotos que hicieron. También puedes ir a "Personas" para eliminar un álbum.

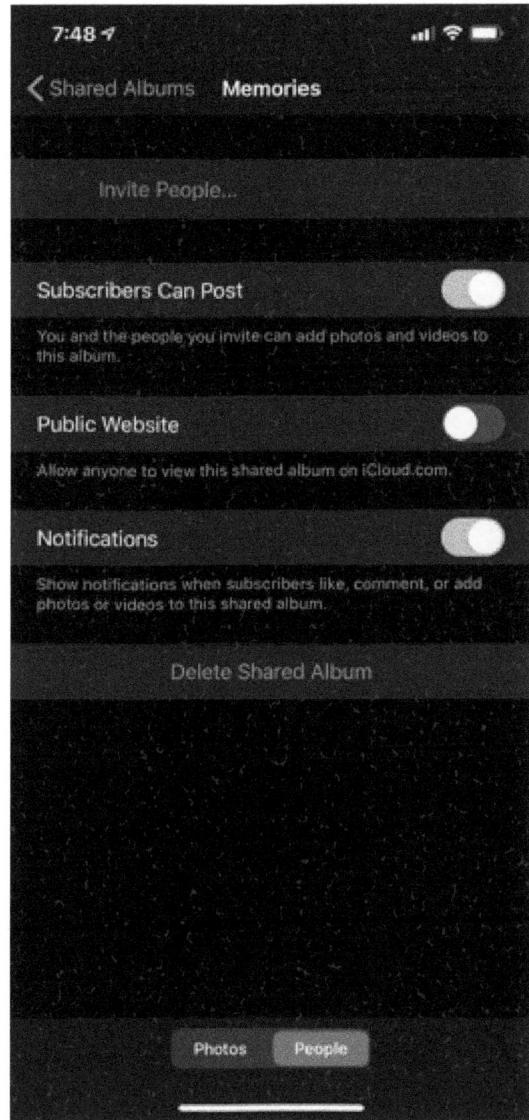

En cualquier momento, también puedes entrar en Personas y tocar el nombre de una persona que sea miembro del álbum y eliminarla.

Buscar en

La búsqueda es bastante inteligente. Te preguntarás cómo puedes buscar fotos cuando no hay texto. Hay varias maneras.

Cuando se hace una foto, se geoetiqueta la ubicación (en otras palabras, se etiqueta el lugar donde se tomó, ya sea la ciudad o, en algunos casos, el nombre real de un lugar; por ejemplo, si estabas en un museo, sabría el nombre del museo basándose en la geoetiqueta).

Otra forma es el reconocimiento facial. Cuando haces una foto, la IA del teléfono la escanea para ver si detecta una persona o incluso un animal.

Una de las primeras cosas que ves cuando pulsas la opción de búsqueda es Personas; en el ejemplo de abajo, puedo pulsar en Papá y ver todas las fotos que he hecho en las que aparece mi padre; también puedo buscar en el cuadro de arriba una ubicación y Papá, lo que encontraría cualquier foto de mi padre en esa ubicación.

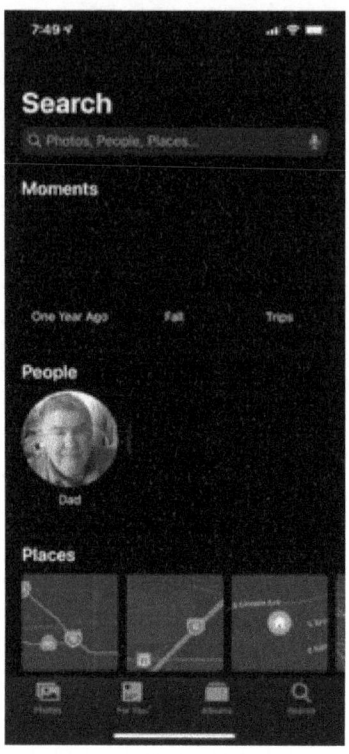

Por poner un ejemplo, voy mucho a Disneyland porque vivo en el sur de California y tengo un hijo. Cuando busco Disneyland, me muestra todas las fotos que he hecho allí: ¡más de 6.000! Como he dicho, voy mucho.

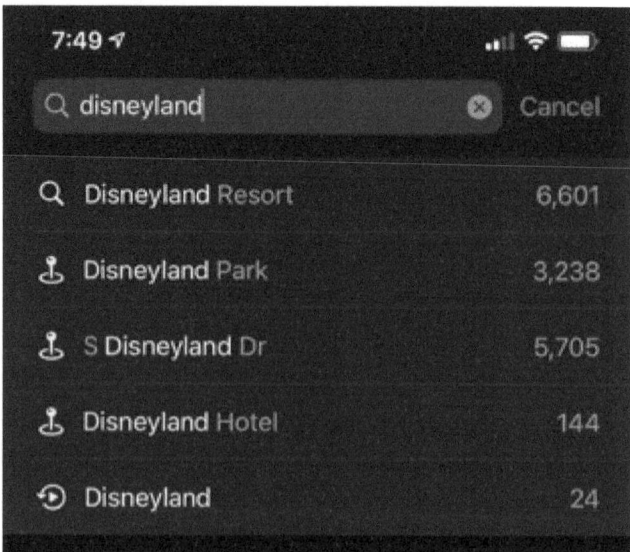

Como hay tantos resultados, puedo empezar a añadir otras cosas a la búsqueda. Por ejemplo, puedo buscar Nashville, pero también fotos con comida o fotos tomadas en invierno.

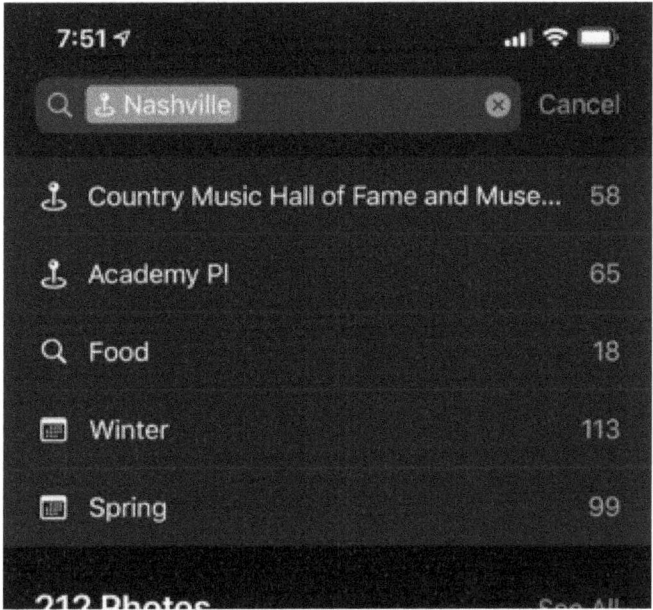

La búsqueda no es tan inteligente cuando se trata de otras cosas, pero está evolucionando. Puede detectar objetos, por ejemplo, pero no con tanta precisión como las personas. Sin embargo, hace un buen trabajo con los animales.

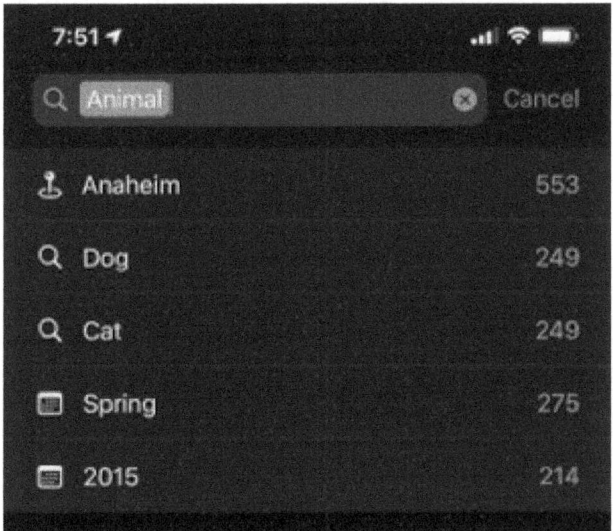

Cuando haya una persona que detecte en muchas de tus fotos, aparecerá como Persona sin nombre; una vez que le des un nombre, empezará a mostrar todas las fotos con esa persona con ese nombre.

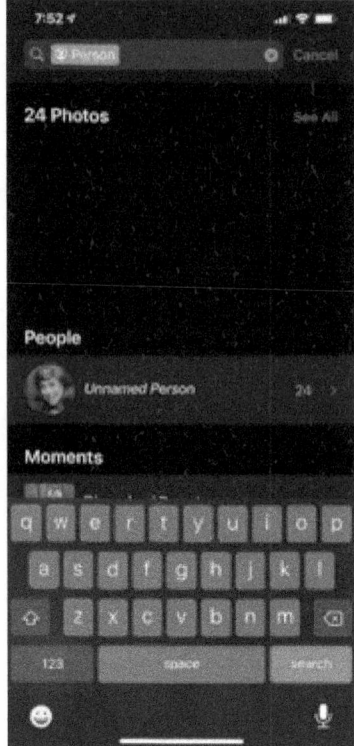

Cuando pulsas sobre una persona, puedes seleccionar las opciones de la esquina superior derecha para ver otras opciones; puedes compartir las fotos, convertirlas en una película y mucho más. También hay una opción para confirmar fotos adicionales, que te permite ver fotos de las que la IA podría no estar muy segura.

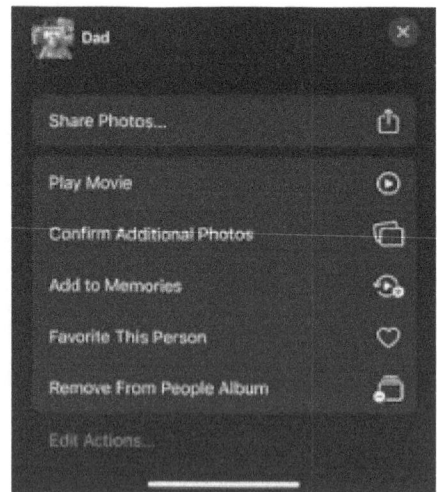

Ocultar fotos

Todos tenemos fotos embarazosas: ¿esas en las que apareces vestido con un tutú y montado en un unicornio? ¿O soy sólo yo?

Si quieres ocultar "ciertas" fotos para que sólo las veas tú, es una opción. Antes podías ocultarlas, pero aparecían en tus álbumes. Estaban "más o menos" ocultas, pero creo que la mayoría de la gente estaría de acuerdo en que no estaban tan ocultas como que eran más difíciles de encontrar.

En iOS 15 y posteriores, se añadió la posibilidad de ocultar completamente esa carpeta. Ve a la app Ajustes y luego a Fotos; desplázate hasta Álbum oculto. Si está activada, el Álbum Oculto estará en el área de Utilidades de álbumes (como he dicho, más difícil de encontrar, pero no realmente oculto); si está desactivada, se ha ido. No se encuentra por ninguna parte. Las imágenes se guardan y almacenan en la nube, aunque no puedas verlas. Para verlas, vuelve a activarla, ve a Álbumes y desplázate hasta Utilidades. Si conoces a algún famoso, pásale esta información para que dejemos de oír hablar de todas esas fotos "accidentales" que se comparten para que sean privadas.

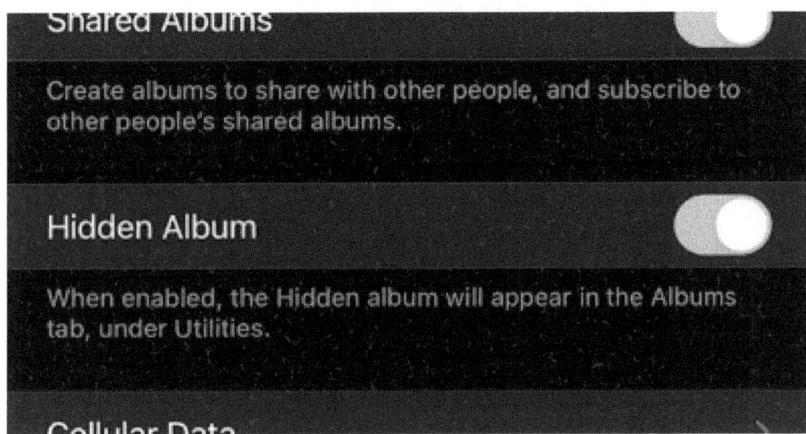

Para ocultar una foto, búscala, selecciónala y toca el icono Compartir; aparecerá la opción con la que quieres compartirla (un nombre un poco engañoso, ¿verdad?: la estás ocultando porque no quieres compartirla).

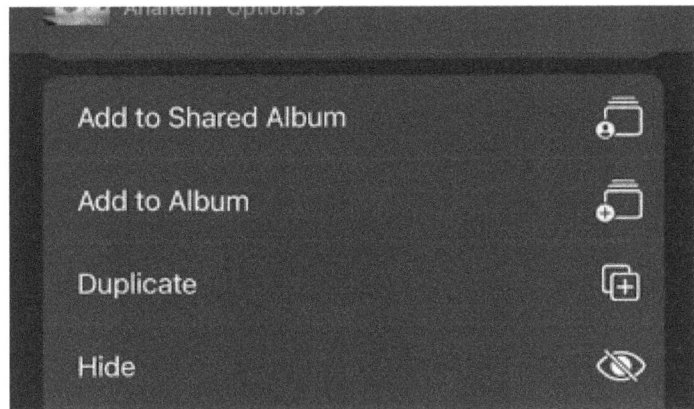

Te confirmará que realmente quieres ocultarlo. Si más tarde cambias de opinión, entra en el álbum oculto y desocúltalo de la misma manera. También puedes seleccionar varias imágenes a la vez para ocultarlas como grupo.

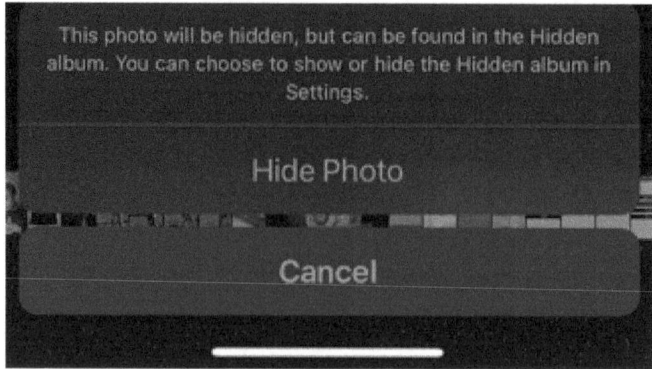

Pie de foto

Si deslizas el dedo hacia arriba sobre una foto, podrás hacer cambios y añadir filtros, así como un pie de foto. Así, puedes añadir algo como "Vacaciones en el Gran Cañón" y luego buscar ese término.

FOTOS DUPLICADAS

Es probable que las fotos y los vídeos ocupen rápidamente la mayor parte del espacio de tu teléfono. Es más, muchas fotos estarán duplicadas. Hay muchas razones por las que esto ocurre. Si miras la imagen de abajo, verás que tengo más de 1.000 duplicados. Puedes limpiar esto abriendo la aplicación Fotos, pulsando en Álbumes, yendo a la parte inferior hasta Utilidades y seleccionando Duplicados.

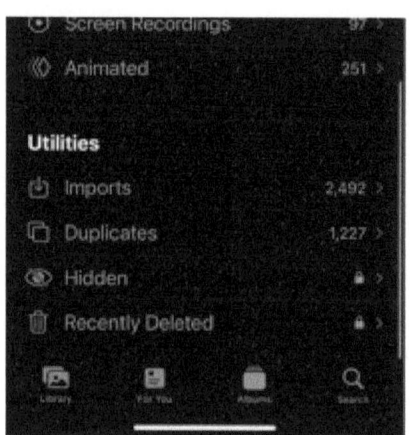

Esto te muestra todos los duplicados de tu teléfono. ¿No necesitas dos copias? Sólo tienes que pulsar Fusionar. Se fusionarán. Mantendrá la imagen de mayor calidad si las dos imágenes tienen tamaños diferentes.

BIBLIOTECA COMPARTIDA

Compartir un álbum no es nada nuevo en iOS. Sin embargo, compartir una biblioteca es algo muy diferente. Compartir una biblioteca permite a los demás acceder a todas tus fotos, o a las fotos que les autorices a ver (por ejemplo, un intervalo de fechas). Una de las características más interesantes es que puedes compartir directamente a esa carpeta cuando haces una foto. Veamos cómo configurarlo y cómo funciona.

Para empezar, tienes que ir a tu Configuración. Desde Ajustes, navega hasta Fotos y, a continuación, haz clic en la opción Biblioteca compartida.

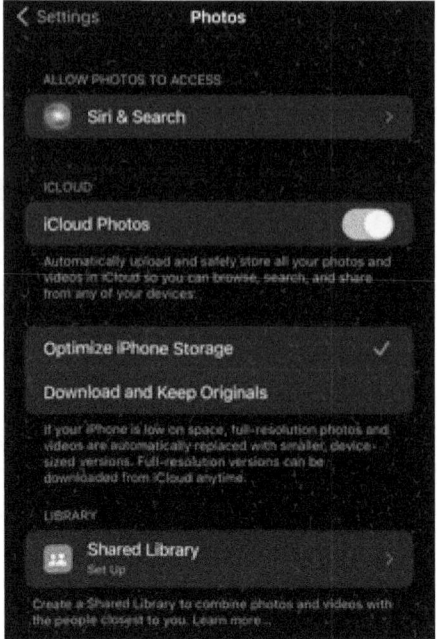

Esto te lleva a un conjunto muy simple de instrucciones para configurar las cosas; sólo tienes que pulsar la opción azul "Empezar" para empezar.

A continuación, añadirás los contactos que quieras añadir para compartir -ten cuidado aquí: dado que se comparten todas tus fotos, probablemente sólo quieras seleccionar a los familiares directos.

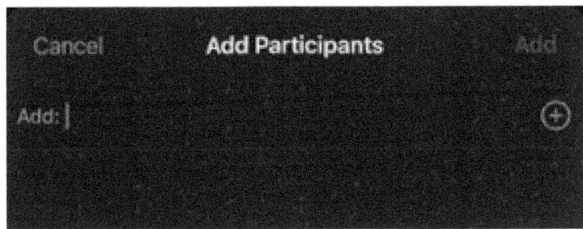

A continuación, selecciona lo que quieres compartir: todas tus fotos, un intervalo de fechas de fotos o elige manualmente.

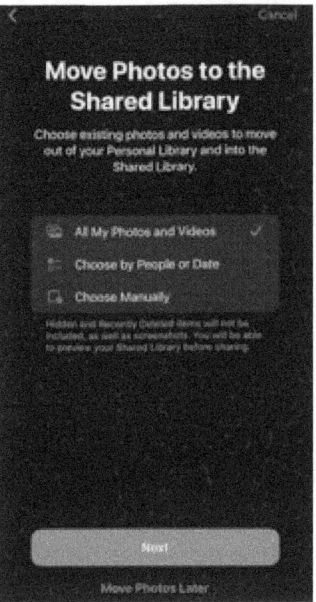

A continuación, te mostrará una vista previa de lo que estás compartiendo. Si eres usuario de iPhone desde hace tiempo, puede que sea bastante grande: en mi caso, puedo ver que estoy compartiendo casi 50.000 fotos y 4.000 vídeos. Si estás compartiendo algo similar, probablemente verás una pantalla de procesamiento durante mucho tiempo.

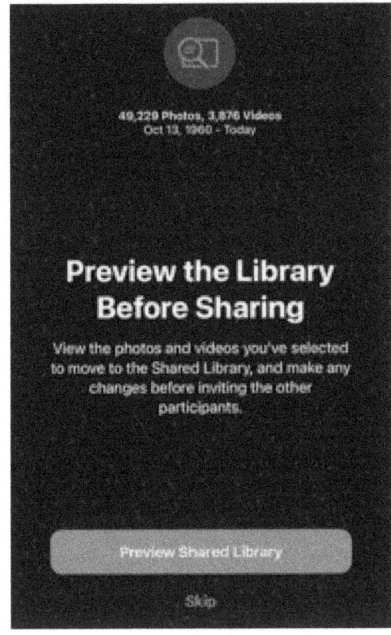

A partir de aquí, decidirás cómo les invitas a ver las fotos.

Sólo pondrá una pequeña miniatura con el enlace en el mensaje que envíes.

También te preguntará si quieres compartir directamente desde la cámara, es decir, compartir lo que fotografíes.

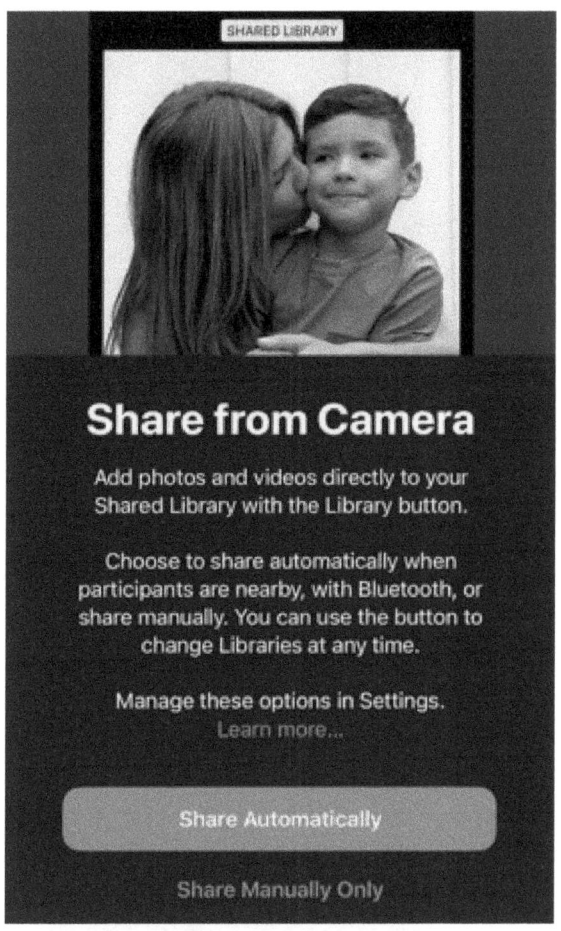

Una vez que respondas a la pregunta sobre la cámara, estarás listo para empezar a compartir.

Ahora, cuando entres en Fotos, verás que al hacer clic en los tres puntitos de la esquina superior derecha de todas las fotos, hay una opción para ver las distintas bibliotecas.

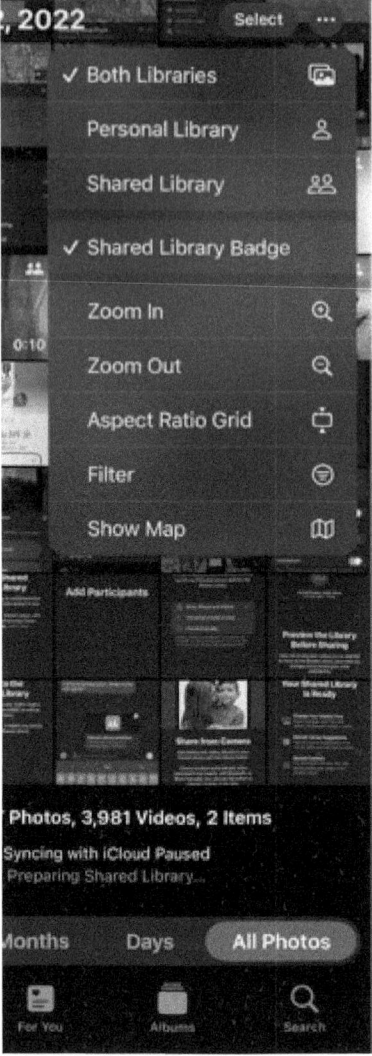

Si entras en la aplicación de la cámara, también verás el icono de una personita activado o desactivado.

Desactivado significa que no estás compartiendo las fotos que tomas en tu Biblioteca compartida; activado significa que sí.

FOTOS (RECUERDOS)

El iPhone siempre ha brillado por hacer las cosas sin esfuerzo; ¿recuerdas los viejos tiempos en los que compartir un pase de diapositivas de tus vacaciones requería habilidad? ¿En iPhone? ¡Requiere unos segundos de tu tiempo! ¡Puedes crear un recuerdo de película completo con transiciones y música que puedes compartir por correo electrónico o mensaje de texto en cuestión de segundos! ¡Y quedan genial!

Para empezar, ve a la aplicación Fotos, pulsa Álbumes y selecciona el icono + para crear un álbum nuevo o puedes utilizar uno ya existente.

A continuación, seleccione Nuevo álbum.

Y por último, ponle nombre a tu álbum y selecciona las fotos que irán en él.

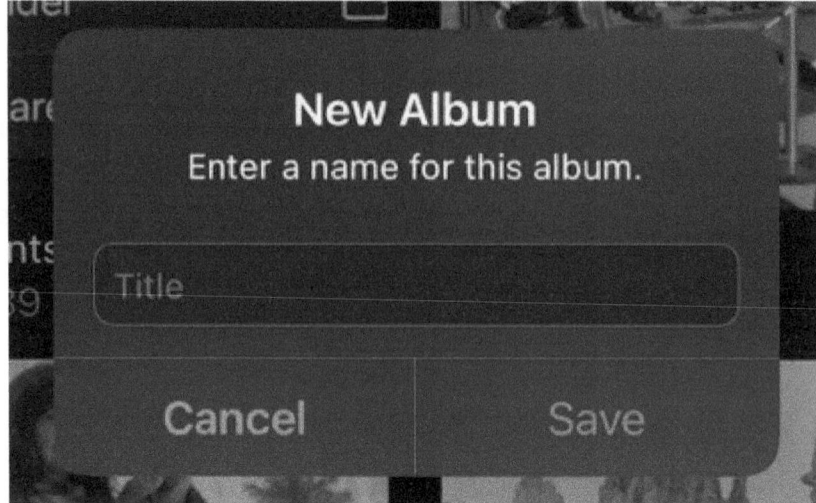

He creado uno llamado Navidad a lo largo de los años.

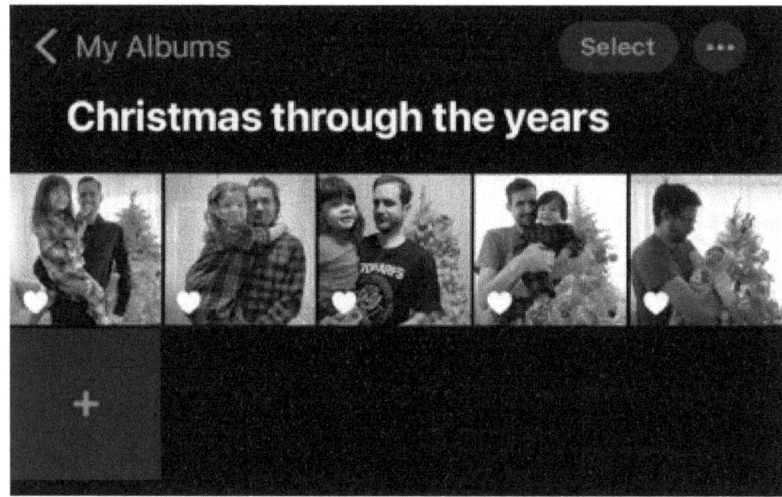

Para crear un vídeo de este álbum, pulse sobre los tres puntos de la esquina superior derecha y, a continuación, seleccione Reproducir película de memoria.

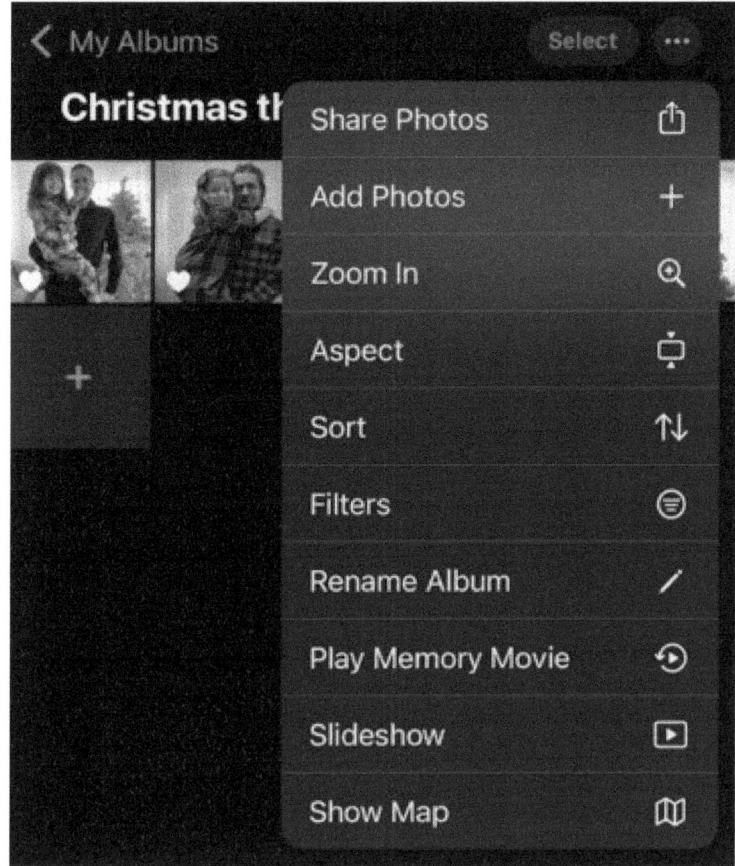

Todo se genera automáticamente, e incluso encuentra música para acompañarlo: sin decirle nada a Apple, reconoce que estas fotos eran de las fiestas y adjunta música navideña al vídeo. Si quieres compartirlo con alguien, toca Compartir en la esquina superior derecha.

A continuación, selecciona cómo y con quién compartirlo, ¡y deja que el iPhone haga el resto!

Para cambiar la música, selecciona el icono Música en la esquina inferior izquierda y, a continuación, el icono Añadir música.

Apple te sugerirá algunas que cree que encajarían bien con las fotos. Si quieres buscar una canción, toca la lupa.

Cuando tocas el icono de música, también hay tres círculos a la derecha del icono de añadir música. Puedes usarlos para ajustar el aspecto de la película.

Hay varios looks diferentes entre los que elegir. Toca el que quieras y cambiará al instante.

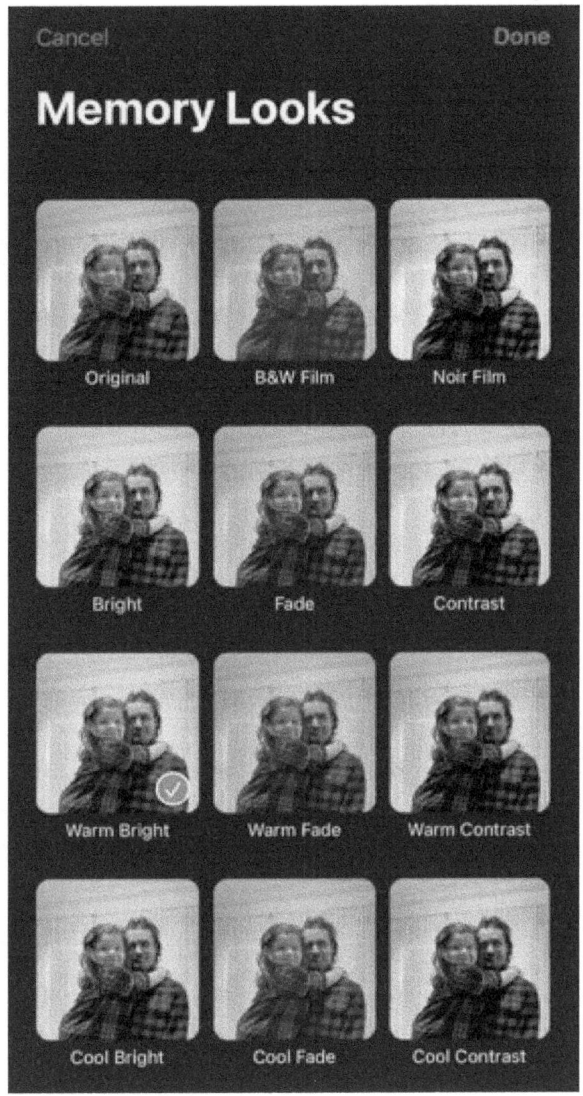

MIRAR HACIA ARRIBA

Las fotos del iPhone son muy inteligentes. Fíjate en la foto de abajo. Sabes que es un perro, pero ¿y si quieres saber qué tipo de perro (es decir, la raza del perro)?

Cuando deslizas el dedo hacia arriba, si Apple reconoce algo significativo en la foto (esto no siempre funciona), entonces dirá "Mira hacia arriba" y al lado dirá lo que es. En la foto de abajo es un perro, pero podría ser comida, otros tipos de animales... ¡muchas cosas!

Toca Buscar y te dirá lo que ve en la foto y te dará una página para ver más.

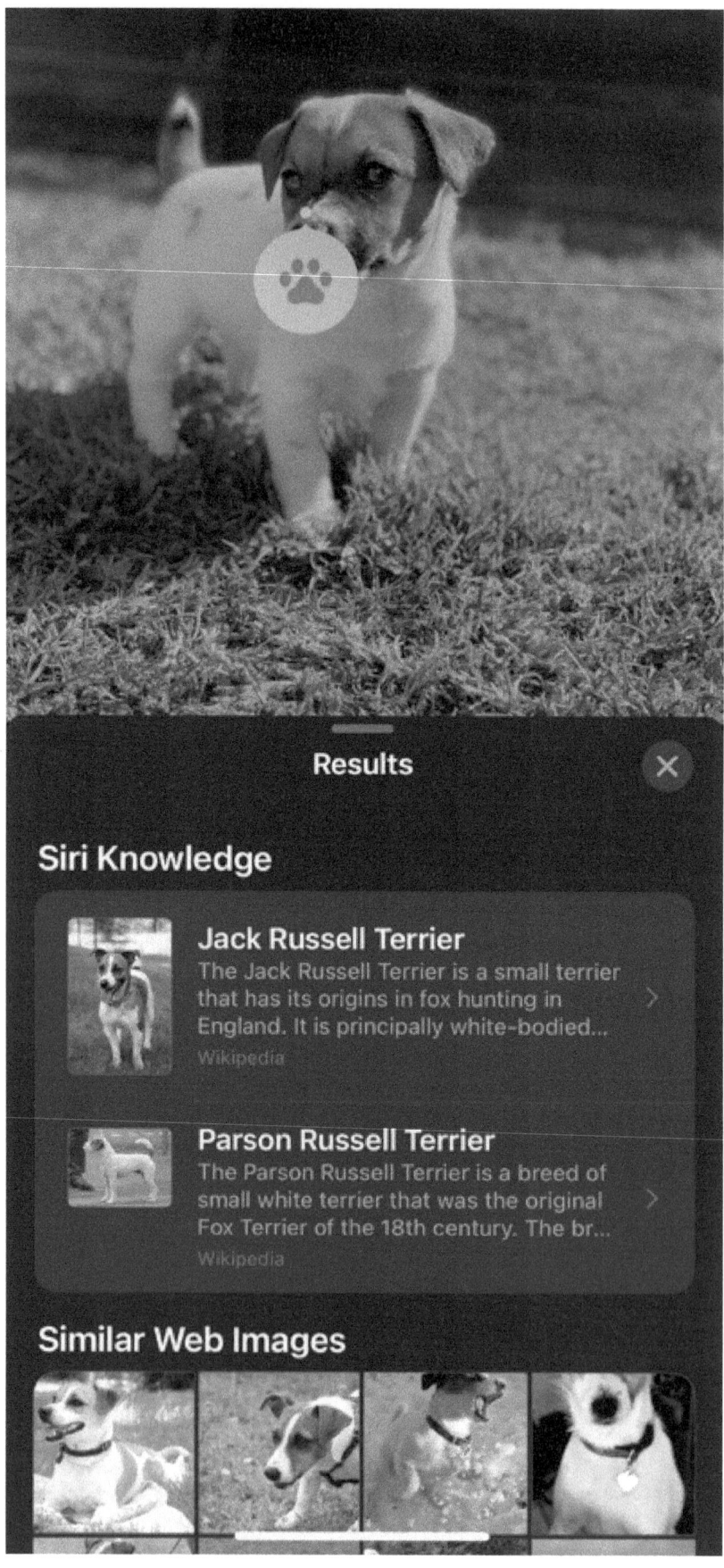

TEXTO INTELIGENTE

El iPhone no solo reconoce lugares importantes. También ve texto. Mantén pulsado el dedo sobre el texto y podrás copiarlo, buscarlo o incluso traducirlo. Si es un número de teléfono, puedes llamar a la persona pulsando sobre la foto.

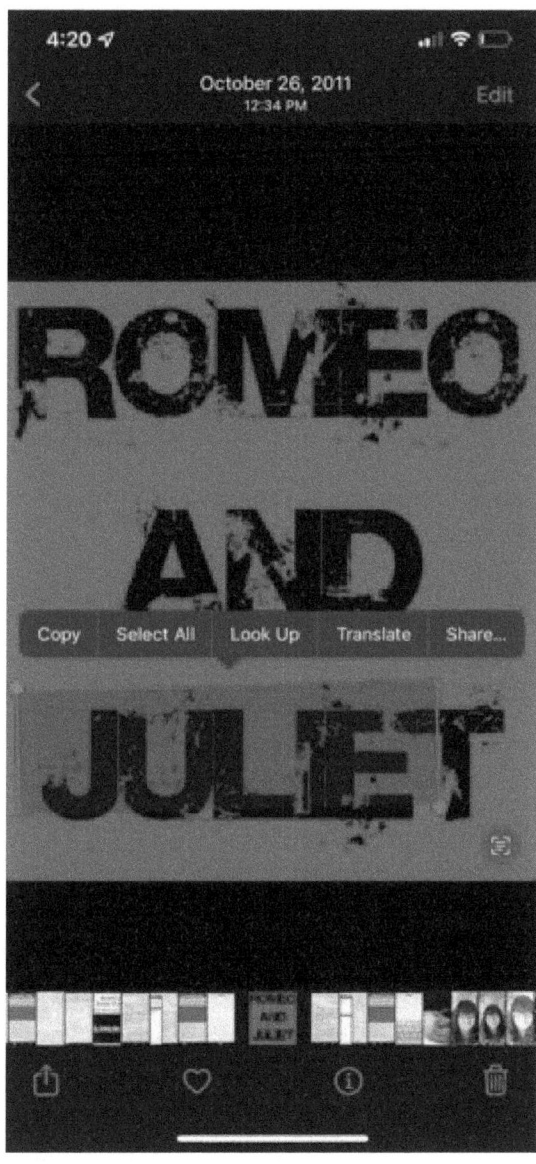

ANIMOJI

Este capítulo tratará:
- Qué es Animoji?
- Cómo utilizar Animoji

CÓMO AÑADIR TU PROPIO ANIMOJI

Voy a ser sincero, creo que Animoji es un poco espeluznante, ¡pero también divertido! ¿En qué consiste? Casi tienes que probarlo para entenderlo. En pocas palabras, Animoji te convierte en un emoji. ¿Quieres enviarle a alguien un emoji de un mono? Eso es divertido. ¿Pero sabes qué más es divertido? ¡Hacer que ese mono tenga la misma expresión que tú!

Cuando usas Animojipones la cámara delante de ti. Si sacas la lengua, el emoji saca la lengua. Si guiñas un ojo, el emoji guiña un ojo. Así que es una manera de enviar a una persona un emoji con exactamente cómo te sientes.

Para usarla, abre tu aplicación iMessage de iMessage. Inicia un mensaje como lo harías normalmente. Pulsa el botón App seguido del botón Animoji Animoji. Elige un Animoji y toca para verlo a pantalla completa. Mira directamente a la cámara y coloca tu cara en la fama. Toca el botón Grabar y habla durante un máximo de 10 segundos. Toca el botón Vista previa para ver el Animoji. Toca el botón de flecha hacia arriba para enviar o la papelera para eliminar.

También puedes crear un emoji que se parezca a ti. Haz clic en el botón grande "+" junto a los otros Animojis.

Esto te guiará a través de todos los pasos para enviar tu propio Animoji personalizado-desde el color del pelo hasta el tipo de nariz.

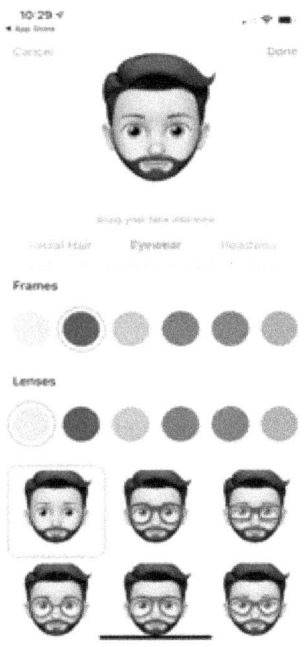

Cuando haya terminado, estará listo para enviar.

Ya puedes usar Animojis como foto de perfil en Mensajes.

Vaya a Ajustes > Mensajesy selecciona Compartir nombre y foto.

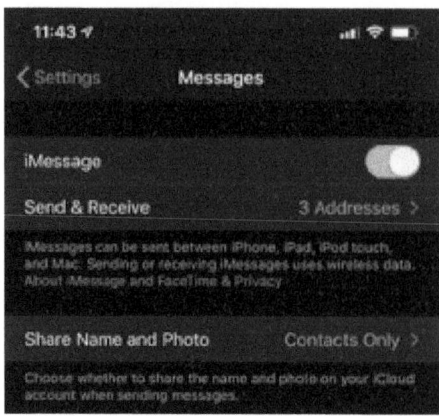

Desde aquí, seleccione Editar debajo de su avatar, seleccione su foto y, a continuación, permita que se utilice.

HOLA, SIRI

Este capítulo tratará:
- Siri

A estas alturas, probablemente lo sepas todo sobre Siri y cómo puede recordarte cosas. Si no es así, mantén pulsado el botón lateral.

Siri funciona igual que siempre, pero ha recibido algunas actualizaciones para hacerla más rápida.

El mayor cambio de Siri es el aspecto. El tema de muchos de los cambios en iOS es cómo minimizar lo que ya funciona. Con Siri eso significa tener un aspecto más pequeño. Ahora se inicia de una forma menos intrusiva.

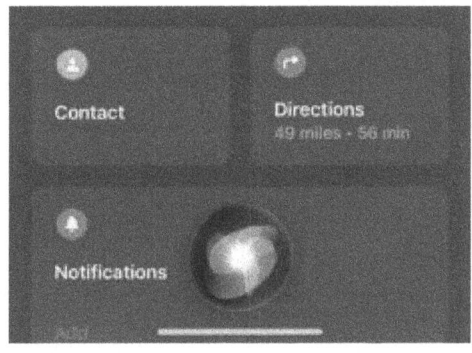

Sus respuestas también van con menos distracciones. Antes lanzaba respuestas a pantalla completa que te sacaban de lo que estabas haciendo para ver la respuesta. Ahora solo ocupa un poco de espacio.

Entonces, ¿qué hacer exactamente con él? Lo primero que debes hacer es presentar Siri a tu familia. Siri es muy lista y quiere conocer a tu familia. Para presentársela a tu familia, activa Siri manteniendo pulsado el botón Inicio y di: "Brian es mi hermano" o "Susan es mi jefa". Una vez confirmada la relación, ya puedes decir cosas como: "Llama a mi hermano" o "Envía un correo electrónico a a mi jefe".

Siri también se basa en la ubicación. ¿Qué significa esto? Significa que en lugar de decir: "Recuérdame que llame a mi mujer a las 8 de la mañana", puedes decir: "Recuérdame que llame a mi mujer cuando salga del trabajo", y en cuanto salgas de la oficina recibirás un recordatorio. Siri puede ser un poco frustrante al principio, pero es una de las aplicaciones más potentes del teléfono, ¡así que dale una oportunidad!

Todo el mundo odia tener que esperar. No hay nada peor que tener hambre y tener que esperar una hora por una mesa. Siri hace todo lo posible por hacerte la vida más fácil reservando por ti. Para que esto funcione, necesitarás una aplicación gratuita llamada "OpenTable" (también necesitarás una cuenta gratuita), que está en la App store de Apple. Esta aplicación obtiene su dinero de los restaurantes que le pagan, así que no te preocupes por tener que pagar para usarla. Una vez instalada, sólo tendrás que activar Siri (pulsar el botón Home hasta que se encienda) y decir: "Siri, hazme una reserva en el Olive Garden" (o donde quieras comer). Tenga en cuenta que no todos los restaurantes participan en OpenTable, pero cientos (si no miles) sí lo hacen, y crece mensualmente, así que si no está ahí, probablemente lo estará pronto.

Siri está en constante evolución. Y con la última actualización, Apple le ha enseñado todo lo que necesita saber sobre deportes. Adelante, ¡pruébalo! Mantén pulsado el botón "Inicio" para activar Siri y, a continuación, di algo como: "¿Cuál es el marcador del partido de los Kings?" o: "¿Quién lidera la liga en jonrones?".

Siri también se ha vuelto un poco más sabia en películas. Puedes decir "Películas dirigidas por Peter Jackson" y te dará una lista y te permitirá ver una sinopsis, la calificación de la crítica de Rotten Tomatoes y, en algunos casos, incluso un tráiler o una opción para comprar la película. También puedes decir "Horario de las películas" y aparecerán las películas cercanas que estén en cartelera. De momento, no puedes comprar entradas para la película, aunque cabe imaginar que esa opción llegará muy pronto.

Por último, Siripuede abrir aplicaciones por ti. Si quieres abrir una aplicación, solo tienes que decir "Abrir" y el nombre de la aplicación.

El nuevo iOS te permite añadir atajos a Sirien Ajustes > Siri y Búsqueda > Atajos.

SIRI ATAJOS

Siri Atajos es una de las aplicaciones más potentes de tu teléfono. Y probablemente la que la mayoría de la gente nunca utiliza. ¿En qué consiste?

Puede que atajos no sea la mejor forma de describirlo. Automatización le hace más justicia, en mi opinión. Es una forma de enseñar a Siri cómo automatizar las cosas que haces a menudo en la vida.

Pondré un ejemplo:

Digamos que tienes una lista de reproducción cuando conectas tu teléfono a CarPlay. Siempre la reproduces en aleatorio. La detienes cuando llegas a tu ubicación.

La antigua forma de hacerlo era manualmente. La nueva forma de hacerlo es simplemente conectar el teléfono y dejar que el teléfono haga el resto.

No tienes nada que hacer.

Siri Atajos es más fácil en iOS porque todo está integrado en el teléfono con una aplicación nativa preinstalada.

ATAJOS FRENTE A AUTOMATIZACIÓN

Cuando abras la aplicación por primera vez, verás tres menús en la parte inferior: accesos directos, automatización y galería. ¿Cuál es la diferencia?

Los accesos directos son cosas que puedes añadir a tu teléfono, como si fueran aplicaciones, por lo que puedes tener un icono que represente tu acceso directo en la pantalla de inicio. "Automatización"son las acciones que realiza el teléfono cuando ocurre algo.por ejemplo, el teléfono hace X. "Galería" son automatizaciones prefabricadas que puedes añadir.

USO DE ATAJOS

Para crear un acceso directo, vaya al menú contextual y pulse "Crear acceso directo".

A continuación, seleccione: "Añadir acción".

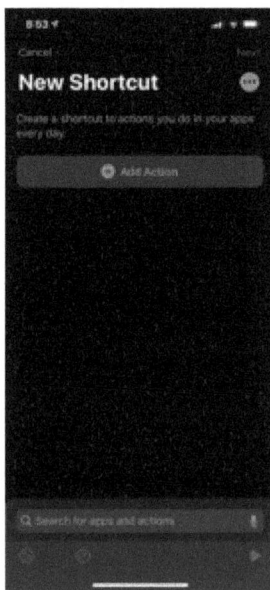

A partir de aquí, define el acceso directo. ¿Quieres tener un acceso directo cada vez que quieras reproducir tu lista de reproducción de entrenamiento, por ejemplo? Pulsa "Media". Voy a crear un acceso directo para llamar a mi mujer, para no tener que entrar en la aplicación del teléfono para hacerlo. En "Sugerencias", selecciono "Llamar" y "Esposa".

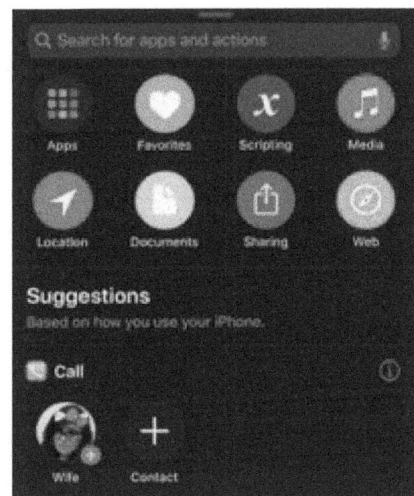

Se crea el acceso directo. Desde aquí puedo tocar el botón '+' para crear una acción adicional. Por ejemplo, cada vez que la llame, obtener el tiempo de conducción actual para poder decirle lo lejos que estoy de casa.

Si toco los tres puntos, puedo personalizar el acceso directo.

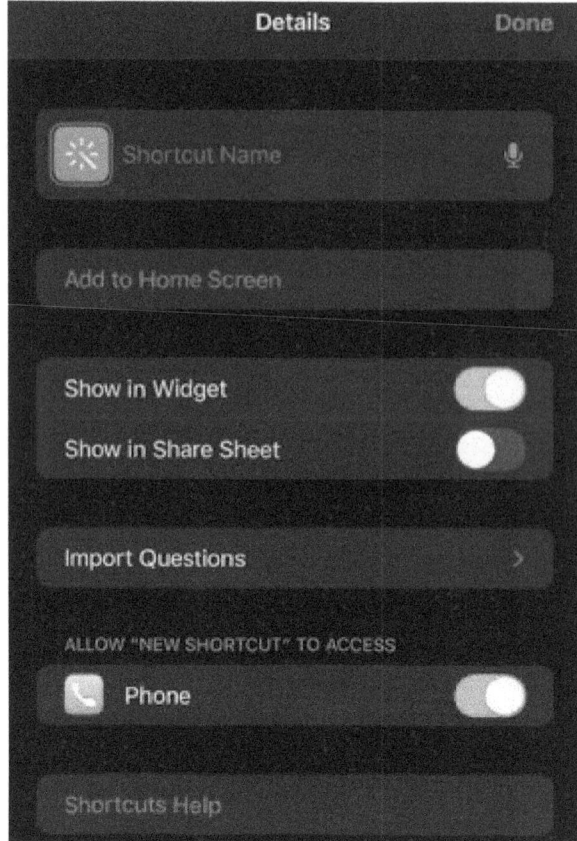

Una vez que le doy un nombre, puedo añadirlo a mi pantalla de inicio con "Añadir a pantalla de inicio". Desde aquí, si toco en el pequeño icono, puedo elegir una foto personalizada para asignársela.

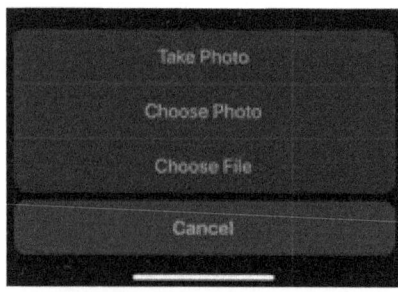

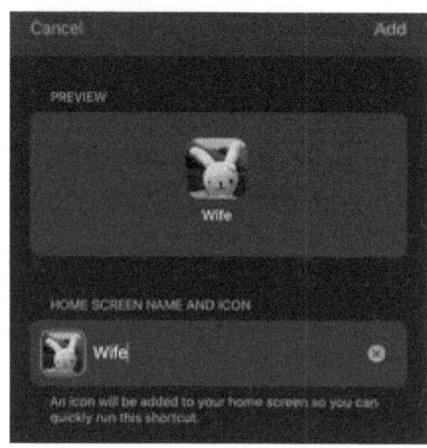

Una vez que lo añadas, aparecerá en tu pantalla de inicio.

El acceso directo también aparece en la aplicación Siri Atajo.

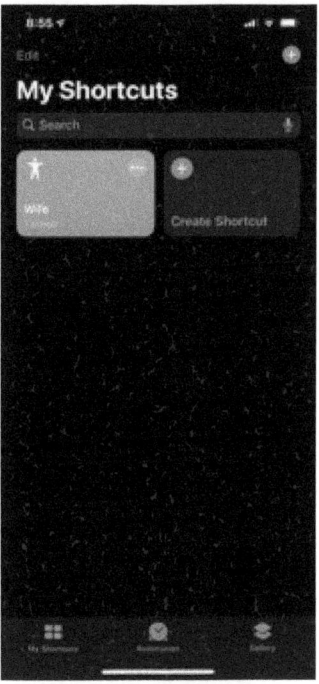

Para eliminarlo, mantén pulsado sobre él. A continuación, toca "Eliminar".

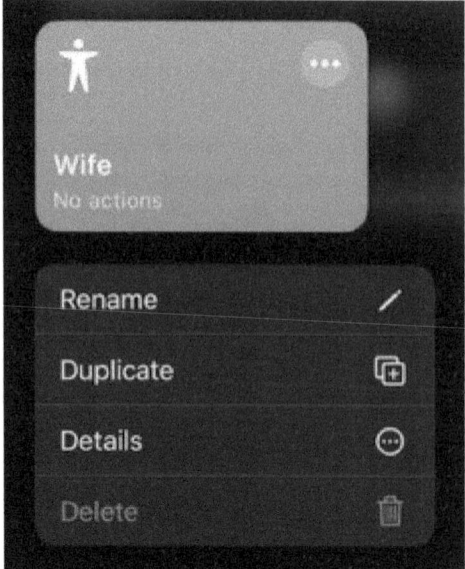

USO DE LA AUTOMATIZACIÓN

Añadir una automatización es similar al método utilizado para los accesos directos. Seleccione "Automatización"en el menú Atajo. Tiene dos opciones. Automatización personal y Automatización del hogar. Personal es una automatización que estaría en tu dispositivo iOS para que la uses. Automatización del hogar sería algo accesible a cualquier persona en su casa y es ideal para algo como el Homepod.

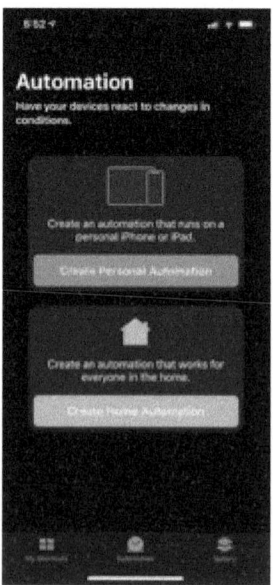

Una vez que selecciones "Crear", verás una serie de sugerencias. Selecciona las que quieras y sigue los pasos.

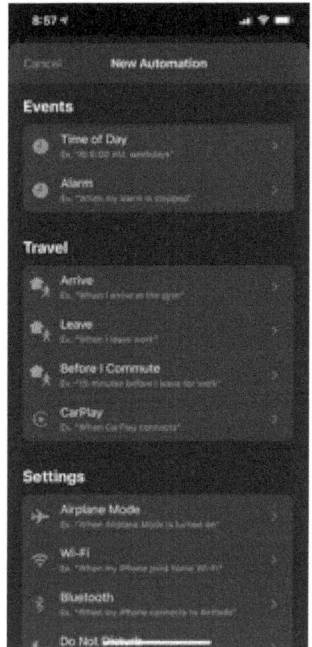

Para eliminar la automatización, desliza el dedo sobre ella y selecciona "Eliminar".

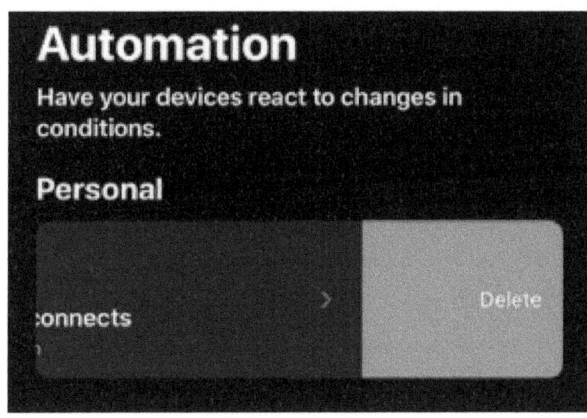

Servicios Apple

Este capítulo tratará:
- iCloud
- Arcade Apple
- Apple Music
- Applte TV+
- Noticias de Apple
- Tarjeta Apple

Solía ocurrir que un par de veces al año Apple subía al escenario y anunciaba algo por lo que a todo el mundo le estallaba la cabeza. ¡El iPhone! el iPad ¡El Apple Watch! ¡El iPod!

Eso sigue ocurriendo hoy en día, pero Apple también es muy consciente de la realidad: la mayoría de la gente no actualiza su hardware cada año. ¿Cómo gana dinero una empresa cuando eso ocurre? En una palabra: servicios.

En los últimos años (especialmente en 2019) Apple anunció varios servicios, cosas por las que la gente optaría por pagar mensualmente. Era una forma de seguir ganando dinero incluso cuando la gente no compraba hardware.

Para que funcionara, Apple sabía que tenía que ser bueno. No podían limitarse a ofrecer un servicio inferior y esperar que la gente pagara porque ponía Apple. Tenía que ser bueno. Y lo es.

Este libro le guiará a través de esos servicios y le mostrará cómo sacarles el máximo partido.

iCloud

iCloud es algo de lo que Apple no habla mucho, pero es quizás su servicio más importante. Se calcula que casi 850 millones de personas lo utilizan. Sin embargo, lo que ocurre es que mucha gente ni siquiera sabe que lo está usando.

¿Qué es exactamente? Si estás familiarizado con Google Drive, entonces el concepto es algo que probablemente ya entiendes. Es un almacén online. Pero es más que eso. Es un lugar donde puedes almacenar archivos y, además, lo sincroniza todo: si envías un mensaje desde tu iPhone, aparecerá en tu MacBook y en tu iPad. Si trabajas en una presentación de Keynote desde tu iPad, puedes continuar donde lo dejaste en tu iPhone.

Lo mejor de iCloud es que es asequible. Los teléfonos nuevos tienen 5 GB gratis. A partir de ahí, el rango de precios es el siguiente (ten en cuenta que estos precios pueden cambiar después de la impresión):

- 50 GB: 0,99
- 200 GB: 2,99
- 2TB: 9,99

Estos precios son para todos los miembros de tu familia. Así, si tienes cinco personas en tu plan, cada una no necesita su propio plan de almacenamiento. Esto también significa que las compras se guardan: si un miembro de la familia compra un libro o una película, todos pueden acceder a ella.

iCloud se ha vuelto aún más potente a medida que crece nuestra fototeca. Las fotos solían ser relativamente pequeñas, pero a medida que las cámaras han avanzado, el tamaño aumenta. La mayoría de las fotos de tu teléfono ocupan varios MB. iCloud significa que puedes conservar las más recientes en tu teléfono y poner las más antiguas en la nube. También significa que no tienes que preocuparte por pagar por el teléfono con el disco duro más grande; de hecho, incluso si tienes el disco duro más grande, existe la posibilidad de que no quepan todas tus fotos.

Dónde está iCloud?

Si miras tu teléfono, no verás una app de iCloud iCloud. Eso es porque no hay una aplicación iCloud. Hay una app "Archivos"que funciona como un almacén.

Para ver iClouddirija el navegador de su ordenador a iCloud.com.

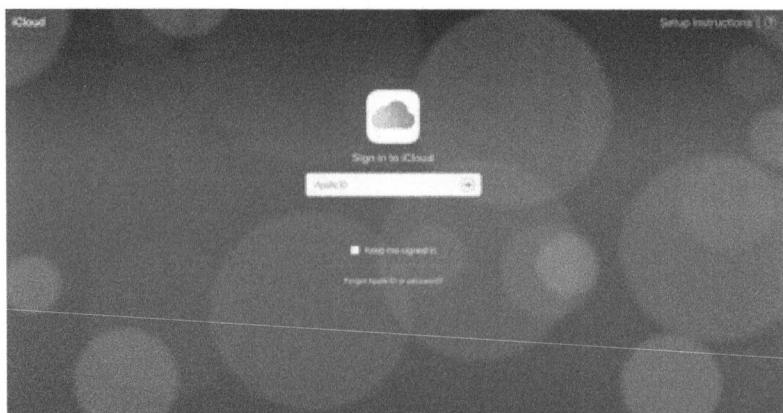

Una vez que inicies sesión, verás todo lo que tienes almacenado en la nube: fotos, contactos, notas, archivos... A todo ello puedes acceder desde todos tus dispositivos.

Además, puedes usar iCloud desde cualquier ordenador (incluso PC); esto es especialmente útil si necesitas utilizar Buscar iPhone, que localiza no solo tu iPhone, sino todos tus dispositivos Apple -teléfonos, relojes, incluso AirPods...-..

Cómo hacer una copia de seguridad del teléfono con iCloud

Lo primero que debes saber sobre iCloud es cómo hacer una copia de seguridad de tu teléfono con él. Esto es lo que tendrá que hacer si se está moviendo de un teléfono a otro.

Si no hay aplicación iCloud en el teléfono, ¿cómo se hace? Aunque no hay una app nativa en el sentido tradicional al que estás acostumbrado, hay varios ajustes de iCloud en la app Ajustes.

Abre la aplicación Ajustes; en la parte superior verás tu nombre y tu foto de perfil; tócalos.

Esto abre los ajustes de mi ID, donde puedo actualizar cosas como los números de teléfono y el correo electrónico. Una de las opciones es iCloud. Toca ahí.

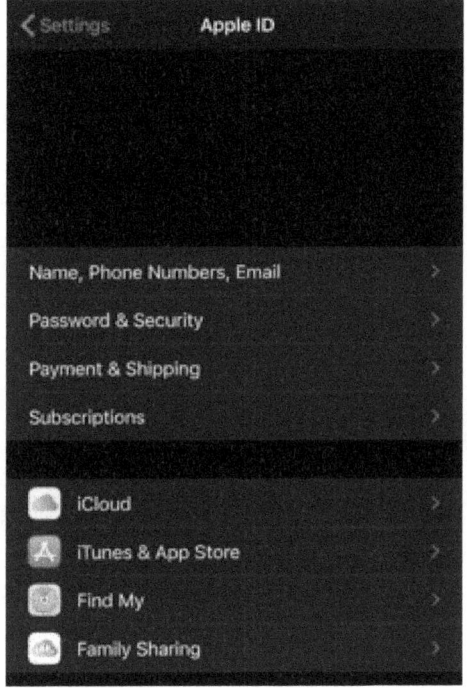

Desplácese un poco hacia abajo hasta llegar a la configuración que dice iCloud Copia de seguridad y tócalo.

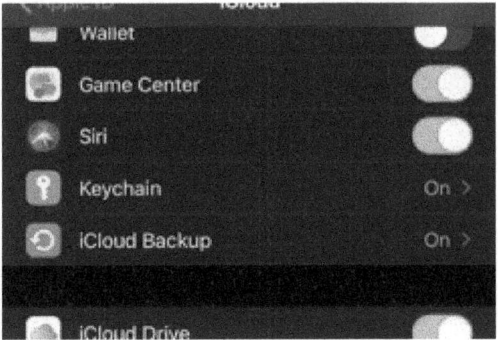

Probablemente estará activado (el interruptor estará verde); si prefieres hacer las cosas manualmente, puedes desactivarlo y hacer una copia de seguridad ahora. Si lo desactivas, tendrás que hacer una copia de seguridad manual cada vez.

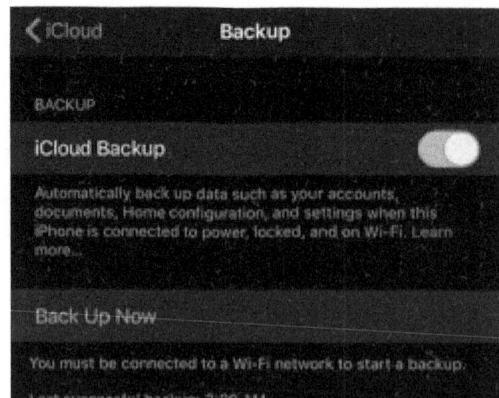

Desde iCloudtambién podrás cambiar qué apps usan iCloud y ver cuánto espacio te queda. En mi caso, tengo el plan de 2 TB y hemos usado casi la mitad.

Si pulsa en Gestionar almacenamiento, podrá ver dónde se está utilizando el almacenamiento. También puede actualizar o degradar su cuenta desde esta página pulsando en Cambiar plan de almacenamiento.

Pulsa en Uso familiar y podrás ver más específicamente qué miembros de la familia usan qué. También puedes dejar de compartir desde esta página.

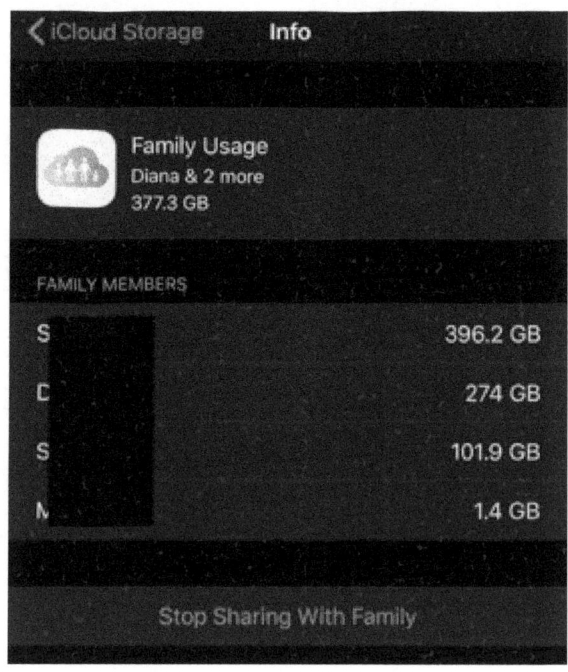

Cambiar de dispositivo

Cuando adquiera un nuevo dispositivo, durante la configuración se le pedirá que inicie sesión con el ID de Apple asociado a su dispositivo anterior y, a continuación, se le ofrecerá la opción de recuperar desde un dispositivo anterior.

Compartir fotos con iCloud

Para compartir y hacer una copia de seguridad de las fotos con iCloudve a Ajustes > Fotos y asegúrate de que Fotos de iCloud está en verde. Si tienes poco espacio de almacenamiento, puedes marcar la opción Optimizar almacenamiento.

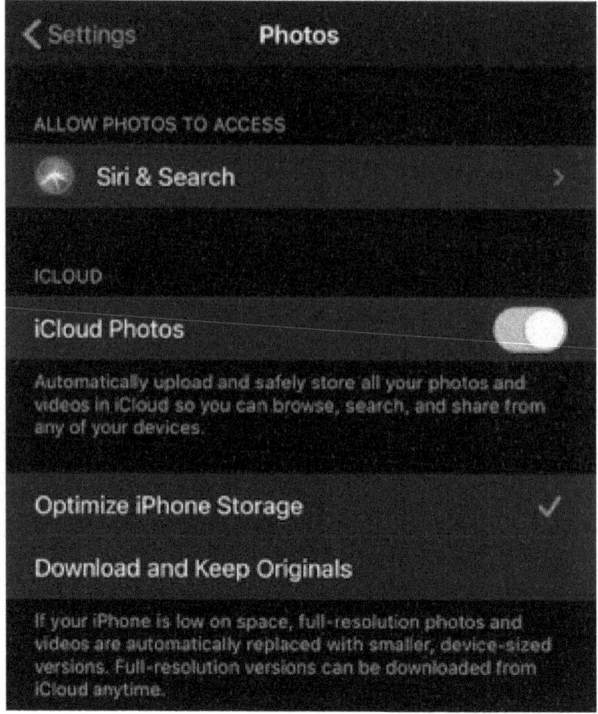

Archivos Aplicación

Para ver tus archivos en la nube, abre la app Archivos app.

Lo primero que verás son todos tus archivos recientes.

Si no ves lo que buscas, ve a las pestañas inferiores y cambia de Recientes a Examinar.

Esto abre un explorador de archivos de aspecto más tradicional.

Si quieres crear una carpeta nueva, conectarte a un servidor o escanear un documento, toca los tres puntos de la esquina superior izquierda para abrir las opciones de la aplicación.

Escanear documentos te permite utilizar la cámara como un escáner plano tradicional para escanear e imprimir documentos.

Puede pulsar en Ordenar por nombre para cambiar cómo se ordenan los archivos.

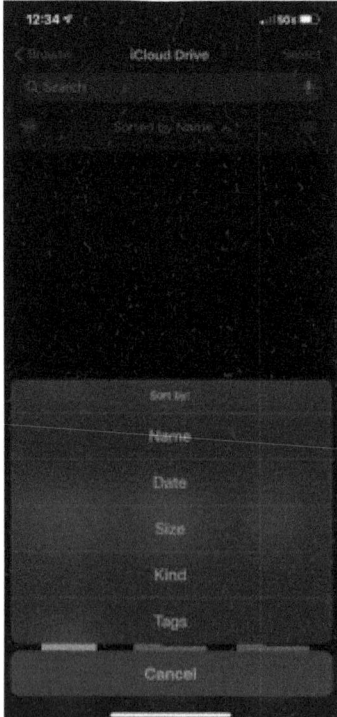

iCloud Ajustes

Otro conjunto importante de ajustes de iCloud se encuentra en Ajustes > General > Almacenamiento del iPhone.

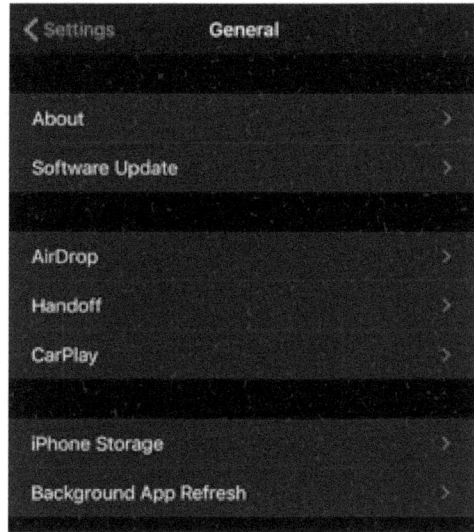

Al pulsarlo, te mostrará cuánto almacenamiento están utilizando las aplicaciones y también te hará recomendaciones.

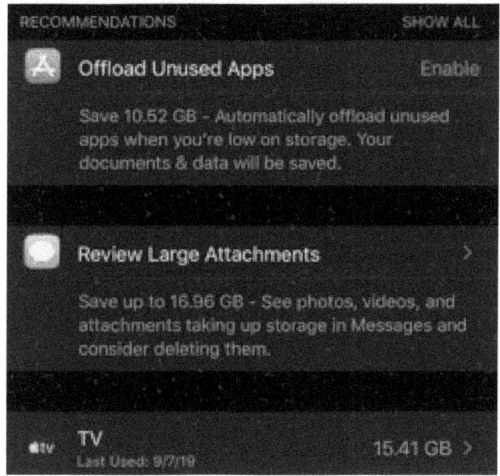

ARCADE APPLE

Arcade de Apple es una especie de Netflix para juegos. Cuesta 4,99 $ al mes (nada extra para otros miembros de tu familia: compártelo con hasta cinco miembros).

El precio te da acceso a más de 100 juegos. A diferencia de otros servicios de streaming, en los que tienes que jugar online, Apple Arcade te permite descargar los juegos para jugar sin conexión. Puedes jugar en todos tus dispositivos Apple compatibles: iPhone, iPad y Apple TV.. Cuando dejes de jugar en tu teléfono, puedes empezar a jugar donde lo dejaste en tu TV o iPad.

No hay anuncios y puedes usarlo con control parental.

Cómo inscribirse

Arcade de Apple no es una aplicación. Es un servicio. Sólo descargas lo que quieres. Para suscribirte, visita la tienda de aplicaciones y toca Arcade. Esto te lleva al menú principal de Arcade, donde todo lo que tienes que hacer es tocar Suscribirse.

Una vez suscrito, verás un menú de bienvenida.

El menú Arcade ha sido sustituido por juegos que puedes descargar. Pulsa "Obtener" para el juego que quieras. 4,99 $ es por todo, no por aplicación.

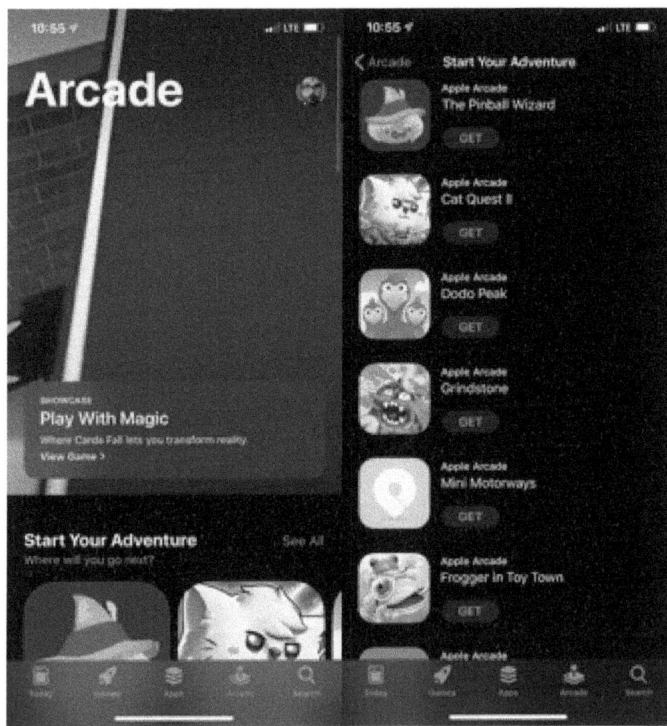

Cuando leas sobre el juego, ten en cuenta el tamaño de la aplicación; si tienes restric-ciones de datos, asegúrate de descargarlo por Wi-Fi..

La aplicación tiene el mismo aspecto que cualquier otra aplicación de tu teléfono. La única diferencia es la pantalla de inicio, que dice "Arcade."

Cancelación de Arcade Suscripción

Todas las suscripciones se cancelan de la misma manera. Vaya a la tienda de aplicaciones y pulse su cuenta. A continuación, toca Suscripciones.

Esto te muestra todas tus suscripciones activas, incluyendo Apple Arcade.

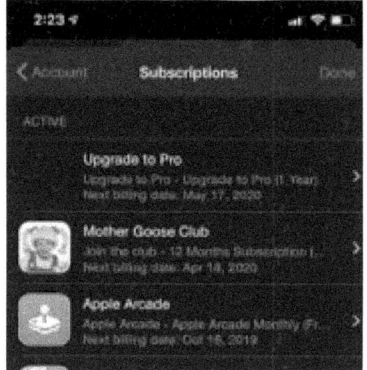

Una vez que haga clic en él, hay una opción para cancelar en la parte inferior.

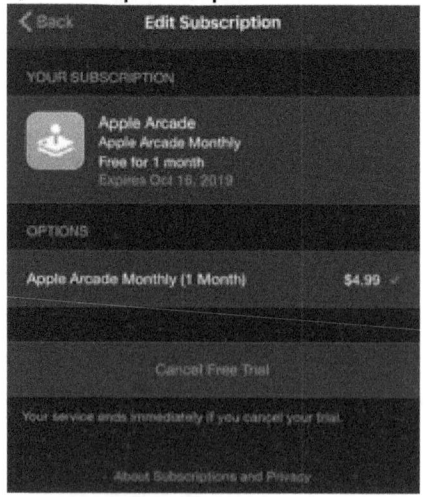

Recibirás una notificación en la que se te informa de que todas tus partidas se borrarán cuando expire tu suscripción (nota: expira en la fecha de expiración original, no en la fecha en que la cancelas).

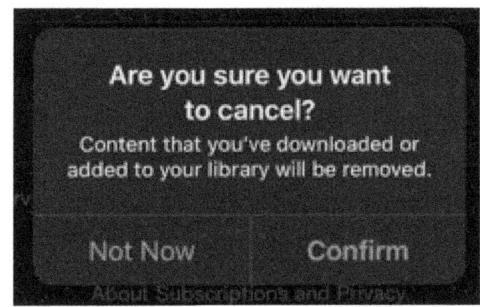

Los detalles de la suscripción ahora te indican cuándo se cancela.

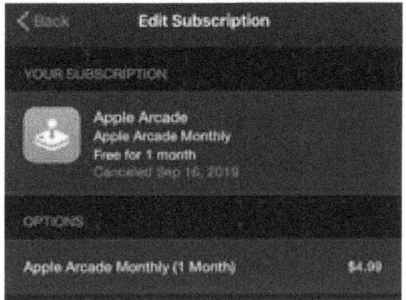

APPLE TV+

Apple lleva tiempo trabajando en un servicio durante bastante tiempo. En 2019, finalmente revelaron los detalles. Cuesta 4,99 dólares al mes (gratis durante un año si compras un iPhone, iPad, Apple Watch, Apple TV o Mac; ten en cuenta que esto puede cambiar en el futuro) y se lanza el 1 de noviembre.

Para ver cualquiera de estos programas, ve a la aplicación TV TV. Está disponible en Apple TV, iPad y iPhone; recuerda tu lugar, así que si lo pones en pausa en un dispositivo, puedes retomarlo donde lo dejaste en otro.

Cada mes se añaden nuevos programas y películas, y los actuales reciben nuevas temporadas, por lo que esta zona cambiará rápidamente.

APPLE MUSIC

Apple Music es el servicio de música en streaming de Apple.

La pregunta que se hace la mayoría de la gente es cuál es mejor: Spotify o Apple Music? Sobre el papel es difícil de decir. Ambos tienen el mismo número de canciones y cuestan lo mismo (9,99 $ al mes, 5 $ para estudiantes y 14,99 $ para familias).

No hay un ganador claro. Todo se reduce a las preferencias. Spotify tiene algunas ventajas, como un plan gratuito con publicidad.

Una de las características más destacadas de Apple Music es iTunes Match. Si eres como yo y tienes una gran colección de archivos de audio en tu ordenador, te encantará iTunes Match. Apple coloca esos archivos en la nube y tú puedes reproducirlos en streaming en cualquiera de tus dispositivos. Esta función también está disponible si no tienes Apple Music por 25 dólares al año.

Apple Music también funciona bien con los dispositivos de Apple; así que, si eres una casa Apple (es decir, todo lo que tienes, desde altavoces inteligentes hasta TV cajas de medios, tiene el logotipo de Apple), entonces Apple Music es probablemente el mejor para usted.

Apple es compatible con otros altavoces inteligentes, pero está hecho para brillar en sus propios dispositivos.

No voy a hablar aquí de Spotify, pero mi consejo es que pruebes los dos (ambos tienen versiones de prueba gratuitas) y veas qué interfaz prefieres.

Apple Music Curso intensivo

Antes de repasar dónde están las cosas en Apple Musicvale la pena señalar que ya se puede acceder a Apple Music desde el navegador web (en versión beta) aquí: http://beta.music.apple.com.

También hay que tener en cuenta que tengo una niña pequeña y no escucho mucha música "para adultos", por lo que los ejemplos que voy a poner son de música para niños.

La navegación principal en Apple Music se encuentra en la parte inferior. Hay cinco menús básicos para seleccionar:

- Biblioteca
- Para ti
- Visite
- Radio
- Buscar en

Biblioteca

Cuando crees listas de reproducción o descargues canciones o álbumes, aquí es donde los encontrarás.

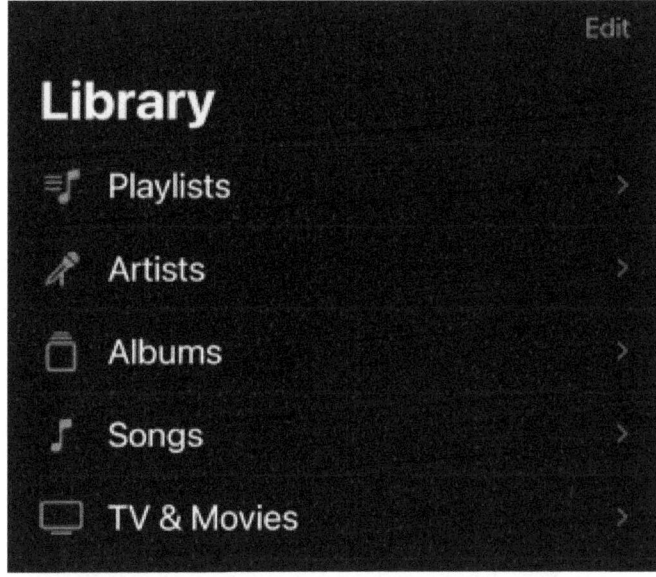

Puede cambiar las categorías que aparecen en esta primera lista pulsando en Editar y marcando las categorías que desee. Asegúrate de pulsar Hecho para guardar los cambios.

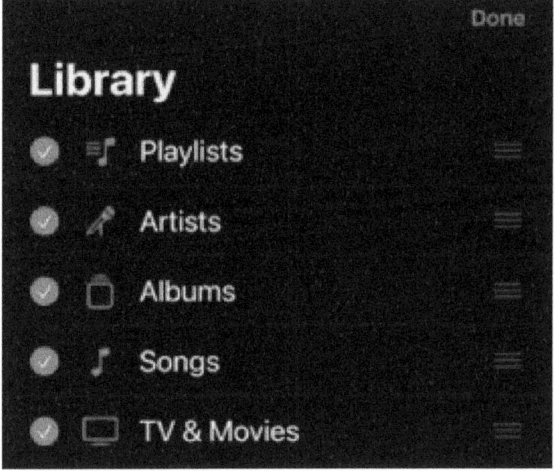

Cuando pulses sobre la lista de reproducción que quieras reproducir, también puedes compartirla con tus amigos pulsando sobre los tres puntos que muestran el menú de opciones y, a continuación, sobre Compartir lista de reproducción.

Escuchar

A medida que reproduces música, Apple Music empieza a conocerte más y más; te hace recomendaciones basadas en lo que estás reproduciendo. En Escuchar ahora, puedes obtener una mezcla de todas estas canciones y ver otras recomendaciones.

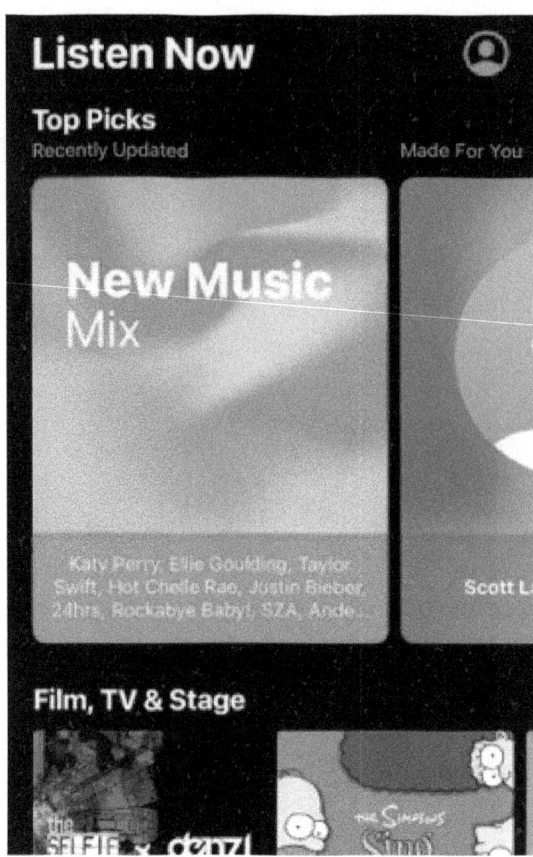

Además de diferentes estilos de música, también tiene recomendaciones de amigos para que puedas descubrir nueva música basándote en lo que escuchan tus amigos.

Visite

¿No te gustan las recomendaciones? También puedes explorar géneros en el menú Explorar. Además de las diferentes categorías de géneros, puedes ver qué música es nueva y qué música es popular.

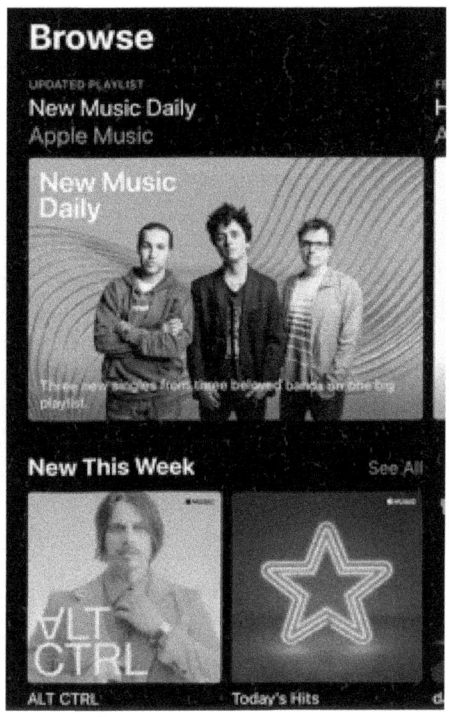

Radio

La radio es la versión de Apple de AM/FM; la emisora principal es Beats One. Hay DJs y todo lo que puedes esperar de una emisora de radio.

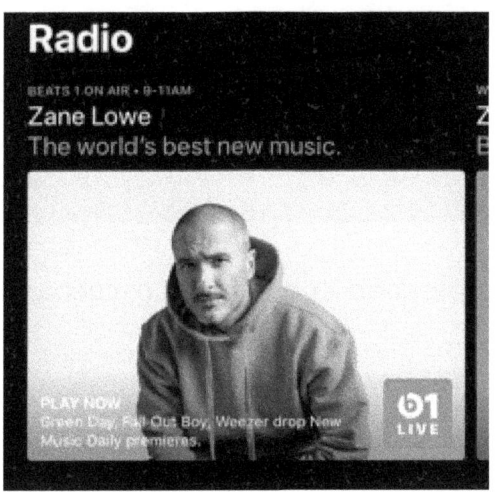

Aunque Beats One es la emisora estrella de Apple, no es la única. Puedes desplazarte hacia abajo y pulsar Emisoras de radio en Más para explorar y ver otras emisoras basadas en estilos musicales (por ejemplo, country, alternativa, rock, etc.). Bajo este menú, también encontrarás un puñado de emisoras de entrevistas que cubren noticias y deportes. No esperes encontrar la radio de opinión que puedes escuchar en la radio normal: está bastante libre de polémicas.

Buscar en

La última opción es el menú de búsqueda, que se explica por sí mismo. Escribe lo que quieres encontrar (artista, álbum, género, etc.).

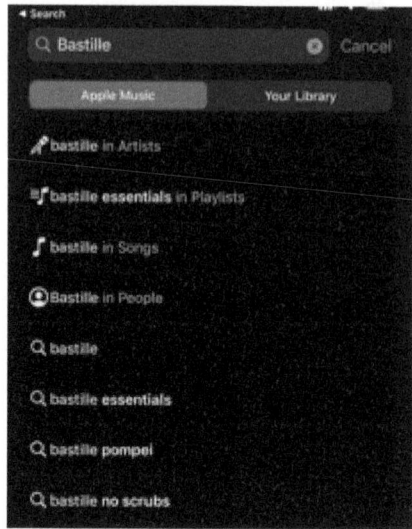

Escuchar música y crear una lista de reproducción

Puedes acceder a la música que estás escuchando en ese momento desde la parte inferior de la pantalla.

Aparece una pantalla completa de lo que estás escuchando con varias opciones.

Los botones de reproducción, atrás/adelante y volumen son bastante sencillos. Los botones de abajo pueden parecer nuevos.

La primera opción es para la letra. Si la canción está en pausa, puedes leer la letra; si se está reproduciendo, la letra aparece en negrita. Si alguna vez te has preguntado si el cantante está diciendo "denso" o "baila", esta función te cambiará el juego.

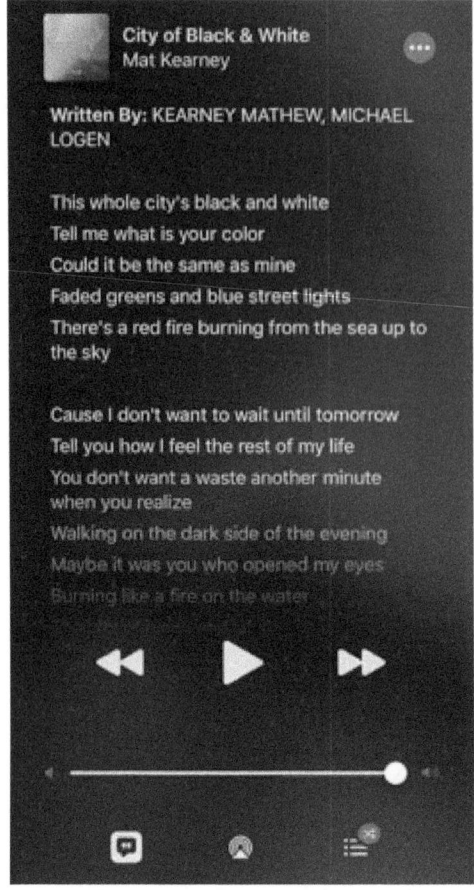

La opción del medio te permite elegir dónde reproducir la música. Por ejemplo, si tienes un HomePod y quieres escuchar de forma inalámbrica la música de ese dispositivo, puedes cambiarlo aquí.

La última opción muestra la(s) siguiente(s) canción(es) de la lista de reproducción.

Si quieres añadir una canción a una lista de reproducción, haz clic en los tres puntos que aparecen junto al nombre del álbum/artista. Aparecerá una lista con varias opciones (también puedes ir aquí para amar u odiar una canción -lo que ayuda a Apple Music a saber lo que te gusta); la opción que quieres es Añadir a una lista de reproducción. Si no tienes una lista de reproducción o quieres añadirla a una nueva, también puedes crear una aquí.

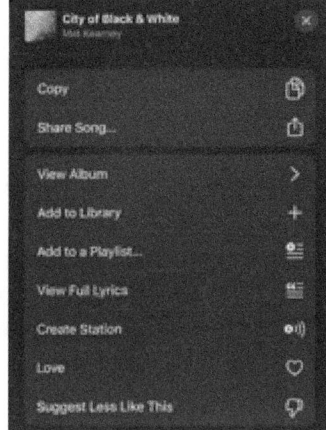

En cualquier momento, puedes tocar el nombre del artista para ver toda su música.

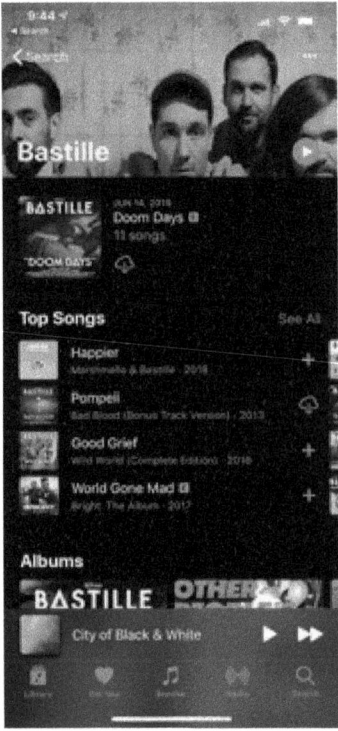

Además de ver información sobre el grupo, sus canciones populares y sus álbumes, puedes obtener una lista de reproducción de sus canciones esenciales o una lista de reproducción de grupos a los que han influido.

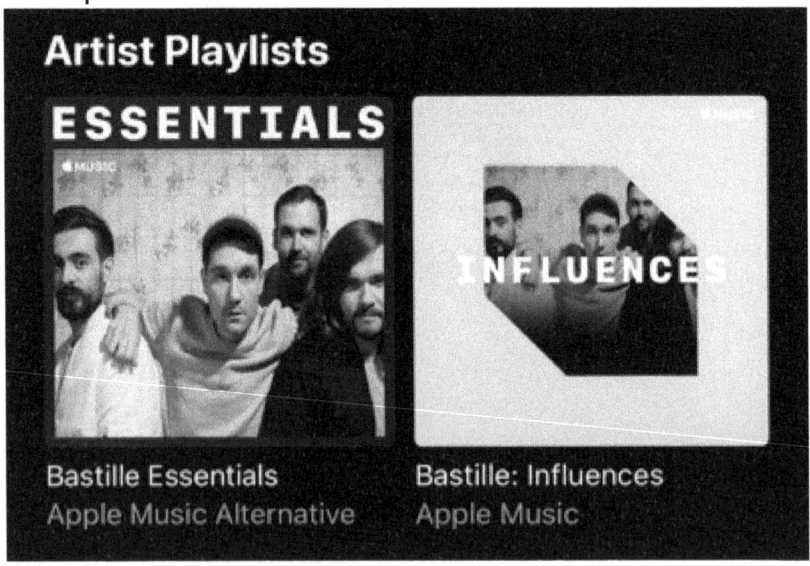

Si te desplazas hasta la parte inferior, también puedes ver Artistas similares, que es una forma estupenda de descubrir nuevos grupos parecidos a los que estás escuchando en ese momento.

Consejos para sacar el máximo partido a Apple Music

Corazón

¿Te gusta lo que oyes? Te gusta. ¿Lo odias? No te gusta. Apple llega a conocerte por lo que escuchas, pero mejora la precisión cuando le dices lo que piensas de una canción que realmente te gusta... o que odias.

Ajustes de uso

Algunas de las funciones más ingeniosas de Apple Music no están en Apple Music, sino en tus ajustes.

Abre la aplicación Ajustes y desplázate hasta Música.

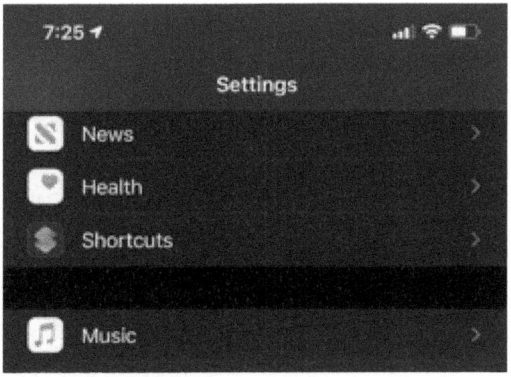

Hay que tener en cuenta algunas cosas.

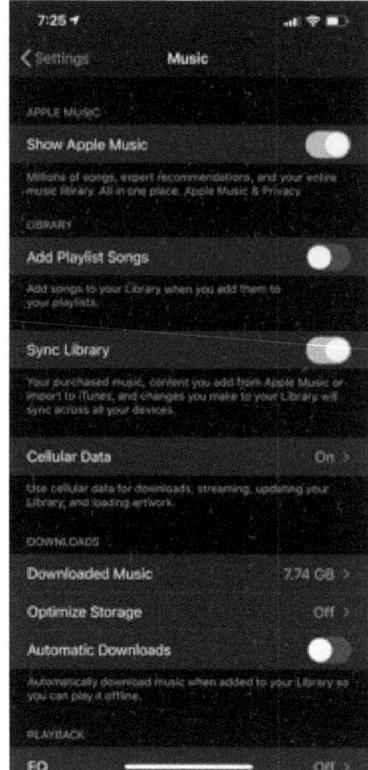

El primero se encuentra en Datos. Toca ahí y verás una opción para activar o desactivar la transmisión de alta calidad. Si quieres la mejor calidad incluso cuando estás usando datos, entonces actívala.

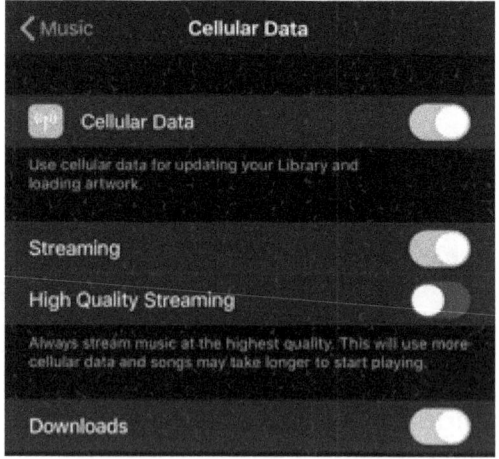

A continuación, vaya a Optimizar almacenamiento. Si te estás quedando sin espacio, asegúrate de pulsar para desactivarlo.

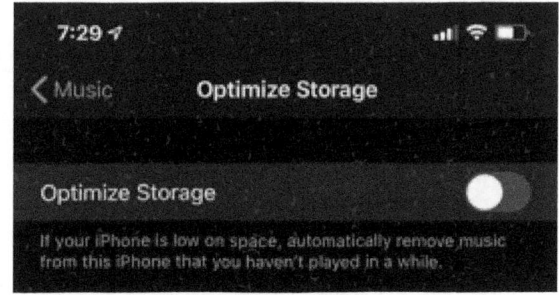

Si quieres cambiar el sonido de tu música -por ejemplo, más o menos graves-, ve a EQ en los ajustes.

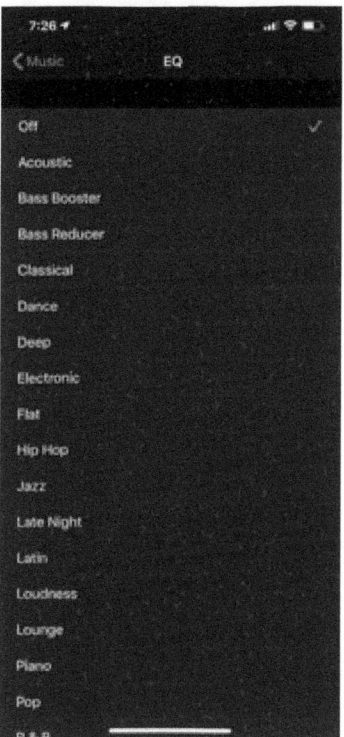

Descargar música

Si no quieres depender de los datos cuando estás fuera, asegúrate de tocar la nube en tu música para descargar la música localmente en tu teléfono. Si no ves una nube, añádela a tu biblioteca pulsando el signo más, lo que la convertirá en una nube.

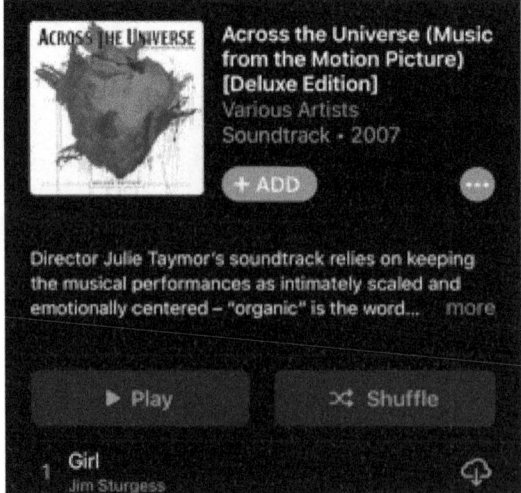

Hola Siri

Siri ¡sabe de música! Di "Oye Siri" y di lo que quieres escuchar, y la IA se pondrá manos a la obra.

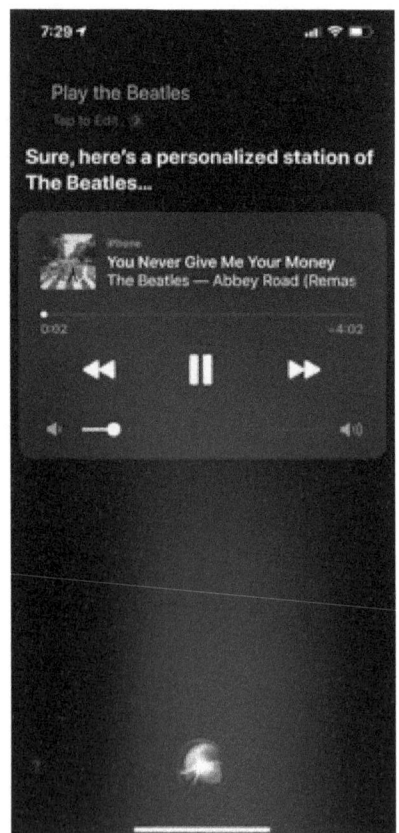

Despertar con música

Si quieres despertarte con una canción en lugar de con un zumbido, abre la alarma. A continuación, toca "Sonido."

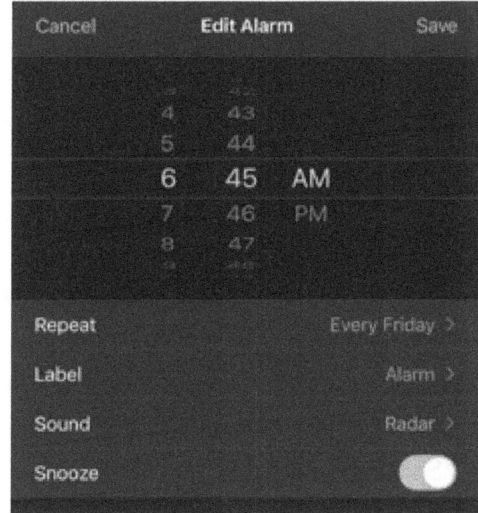

Desde aquí, selecciona "Elige una canción".

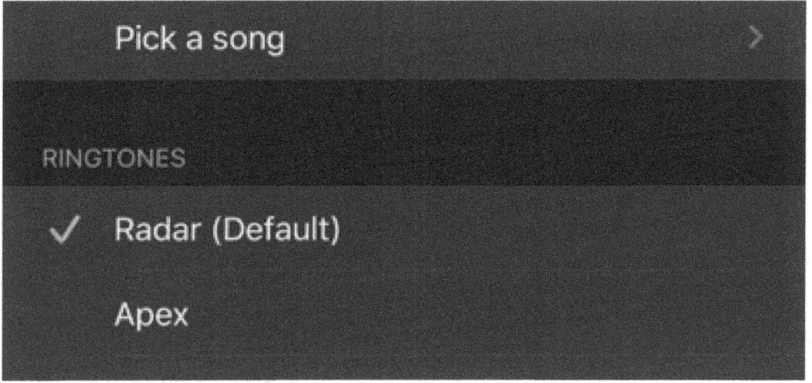

Por último, elige tu música.

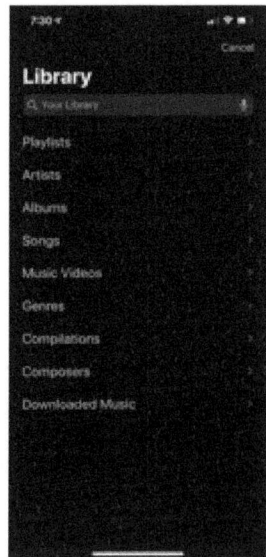

NOTICIAS DE APPLE+

En 2012, una pequeña aplicación con grandes ambiciones llamada Next (más tarde pasó a llamarse Texture) trastocó la industria de las revistas al crear el Netflix de las revistas. Por un módico precio, podías leer cientos de revistas (y también sus números atrasados). No se trataba de pequeñas revistas independientes, sino de las grandes: People, Time, Wired y muchas más.

Apple se dio cuenta y, en 2018, adquirió la empresa. La escritura estaba en la pared: Apple quería entrar en los servicios de impresión.

En 2019 se anunció que Texture cerraría porque Apple lanzaría un nuevo servicio llamado News+. News+ hace todo lo que hacía Texture, pero además combina periódicos (Los Angeles Times y The Wall Street Journal).

Hay una versión gratuita del servicio que recopila las noticias por ti; la versión de pago, que incluye las suscripciones a revistas, cuesta 9,99 dólares. (Puedes tener cinco miembros de la familia en tu plan).

Lo que realmente hace que Apple News es que está diseñado para ti y tus gustos. Si tienes otros miembros de la familia en tu plan, también se seleccionará para ellos; se basa en los gustos del usuario, así que si a un miembro de tu familia le gustan las noticias de entretenimiento y a ti las de juegos, no verás sus intereses, solo los tuyos.

Noticias Apple Curso acelerado

Para empezar, abre la aplicación News desde tu teléfono (si no la tienes, puedes descargarla gratuitamente de la tienda de aplicaciones)

La interfaz de usuario de la aplicación es bastante sencilla. Hay tres opciones de menú en la parte inferior:

Hoy-Aquí encontrará sus noticias seleccionadas

Noticias+-Dónde encontrar revistas

Seguir: aquí es donde puedes cambiar tus intereses y dejar de seguir ciertas noticias.

Hoy

El menú "Hoy" le ofrece todas las noticias (empezando por las noticias principales/de última hora) en un formato desplegable.

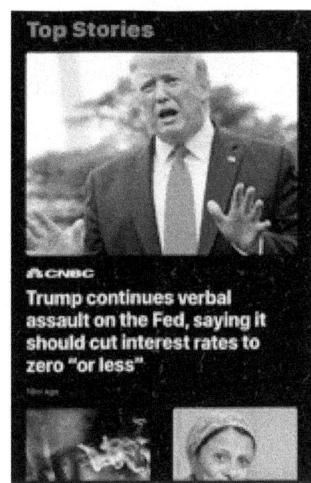

La aplicación se basa mucho en los gestos. Desliza el dedo hacia la izquierda sobre un titular o una historia y obtendrás opciones para sugerir más historias similares, compartir la historia o guardarla para más tarde.

Desliza el dedo hacia la derecha sobre una noticia y podrás rechazarla (para que deje de mostrar noticias similares) o denunciarla. Por lo general, "denunciar" en una aplicación de noticias significa que la encuentras inapropiada por su naturaleza; eso es cierto aquí, pero hay otras razones para denunciarla, como que la fecha es incorrecta, que está en la categoría equivocada, que es un enlace roto o cualquier otra cosa.

A medida que te desplazas hacia abajo, empiezas a ver diferentes categorías (Trending Stories en el ejemplo de abajo); cuando tocas los tres puntos con un círculo, tendrás la opción de bloquearla para que no se muestre más en tu feed.

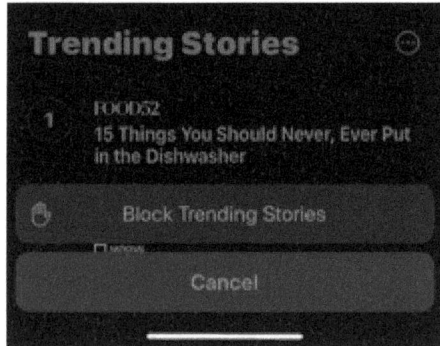

Cuando pulsas para leer una historia, sólo hay unas pocas opciones. En la parte superior, está la opción de ampliar o reducir el texto; al lado está la opción de compartir la historia con amigos (suponiendo que tengan Apple News). Para ir a la siguiente noticia, hay una opción en la esquina inferior derecha (o desliza el dedo hacia la izquierda desde la esquina derecha de la pantalla); para volver a la página anterior, toca la flecha hacia atrás en la esquina superior izquierda o desliza el dedo hacia la derecha desde el lado izquierdo de la pantalla.

Algunos han criticado Apple News Cuando Apple anunció el servicio junto con su asociación con Los Angeles Times y Wall Street Journal, muchos esperaban un formato similar al de la sección de revistas: un diseño tipo periódico completo.

Peor aún, muchos ni siquiera sabían cómo encontrar el periódico. Y si lo encontraban, no podían buscar artículos. Aunque la aplicación es bastante ingeniosa, aún se trata de un producto en fase inicial y es posible que algunas de las funciones que quieres no estén disponibles todavía.

Dicho esto, puedes leer "más o menos" Los Angeles Times (o cualquier periódico en Apple News) de una forma más tradicional. Primero, busca un artículo en tu feed de la publicación de la que quieras ver más y haz clic en el nombre de la publicación en la parte superior de la historia.

Los Angeles Times

Aparecerá la publicación junto con todos los temas de esa publicación.

Si desea buscar una noticia o publicación concreta, diríjase a Siguiendo en la pestaña de la parte inferior de la pantalla y busque lo que desee encontrar.

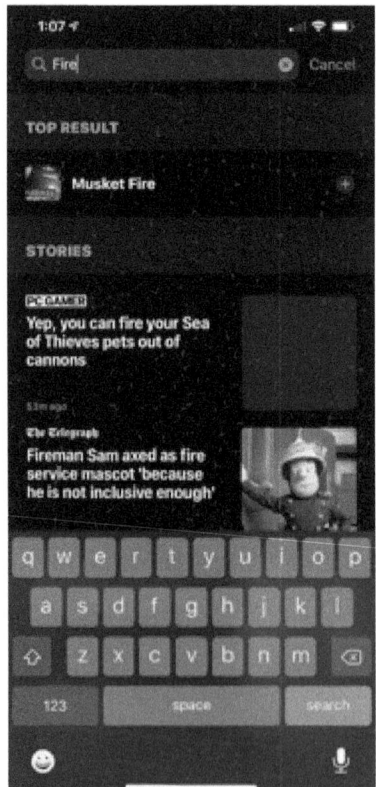

Después de

Ya que estamos en la pestaña Siguiendo, hablemos de ello un minuto, y luego volvamos a la pestaña central (Noticias+).

Aquí es donde vas a poder consultar tu historial, leer historias guardadas (como se ha indicado anteriormente), buscar historias y publicaciones, y seguir o dejar de seguir temas.

Para dejar de seguir una categoría, desliza el dedo hacia la izquierda sobre ella y selecciona Dejar de seguir.

Para añadir una nueva categoría, desplázate un poco hacia abajo. Verás temas sugeridos. Pulsa el signo + en los que quieras seguir.

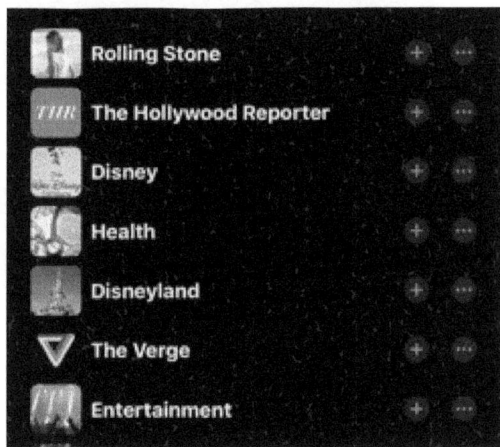

Puede desplazar las categorías pulsando el botón Editar situado en la parte superior derecha.

Noticias+

La última sección es Noticias+; aquí es donde encontrarás todas las revistas que te gustan.

El formato es similar al de la pantalla "Hoy": las revistas que lees están en la parte superior y, debajo, hay artículos extraídos de distintas revistas que la aplicación considera de tu interés. También hay una sección más personalizada, Para ti.

Cuando lees artículos de la lista, se abre en la revista real y tiene un aspecto un poco diferente al de los artículos del área Hoy.

Cuando quiera leer más de una revista (o consultar números anteriores), sólo tiene que hacer clic en el logotipo del artículo que esté leyendo.

Aparecerá una lista de todos los números que puedes leer, así como algunos de los últimos artículos de la revista.

Tocando el botón + en la esquina superior derecha podrá seguir la publicación.

Si mantienes pulsada la portada de la revista desde la sección Mis revistas, también puedes dejar de seguirla, eliminarla o ver los números anteriores de la publicación.

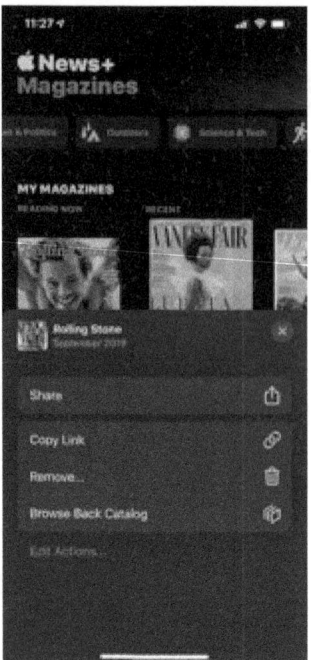

Para consultar todas las revistas disponibles, seleccione Consultar el catálogo en la pantalla principal (o busque por la categoría que le interese).

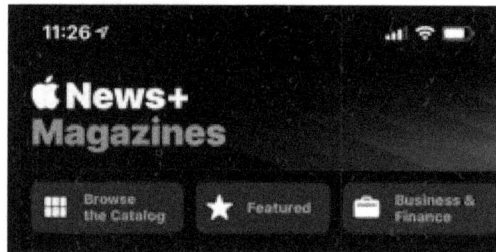

Aparecerá una lista de todas las revistas que puedes leer (en este momento hay unas 300).

Mantenga pulsado cualquiera de ellos y podrá descargar la revista, seguirla, bloquearla o consultar la biblioteca de números atrasados.

TARJETA APPLE

Uno de los nuevos productos de Apple de los que más se habla es Apple Card. Apple Card es una tarjeta de crédito que, a primera vista, no difiere de la mayoría de las tarjetas de crédito. Puede que no tenga las mejores recompensas (entre el 1% y el 3% de devolución en efectivo en función de tu compra) o el mejor tipo de interés, pero eso no significa que no esté revolucionando el sector; sin duda es algo que deberías plantearte conseguir.

A primera vista, la ventaja de la Tarjeta Apple es recibir tus recompensas al día siguiente, sin tener que esperar. Eso está muy bien. Pero donde destaca es en la seguridad y en cómo te ayuda a hacer un seguimiento de las compras.

Obtener la tarjeta

Conseguir una tarjeta Apple será probablemente el registro de tarjeta de crédito más fácil que hayas experimentado en tu vida. Para empezar, ve a la aplicación Wallet de tu iPhone.

Cuando se abra la aplicación, pulsa el botón + y sigue la solicitud. Solo te hará una serie de preguntas y luego te dirá si estás aprobado.

Si te la aprueban, tu tarjeta aparecerá en tu aplicación Wallet junto con otras tarjetas.

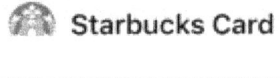

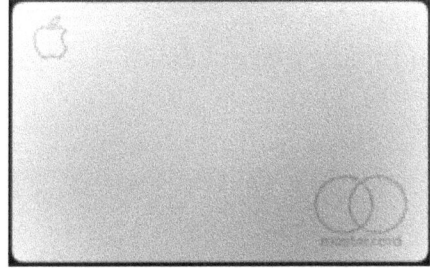

Cuando no hay Apple Pay

Una vez que te aprueben la tarjeta, puedes empezar a utilizarla. No hay necesidad de esperar a recibir la tarjeta; de hecho, las recompensas son mejores si no la utiliza.

Pero a veces necesitas una tarjeta. No todo el mundo acepta Apple Paydespués de todo. Afortunadamente, puedes solicitar una tarjeta.

Probablemente te sorprenderá la tarjeta. Es gruesa. Muy gruesa. Probablemente sea la tarjeta más gruesa de tu cartera. Ni siquiera se puede doblar. No parece una tarjeta de plástico. Se siente como metal. Eso es porque está hecha de metal. No pesa nada, por suerte.

Tarda una semana en llegar, y activarlo probablemente te impresionará. No hay que llamar a ningún número. Ni número que introducir en una página web. Nada de eso.

Viene en un elegante sobre; cuando levantes la solapa del sobre y lo pongas junto a la parte inferior de tu iPhone, éste reconocerá la tarjeta e iniciará el proceso de activación. Se parece un poco a la pantalla de abajo; la tarjeta de la ilustración ya estaba activada, así que los pasos ya no están ahí. Todo el proceso es rápido, elegante y sin fisuras, todo lo que cabe esperar de Apple.

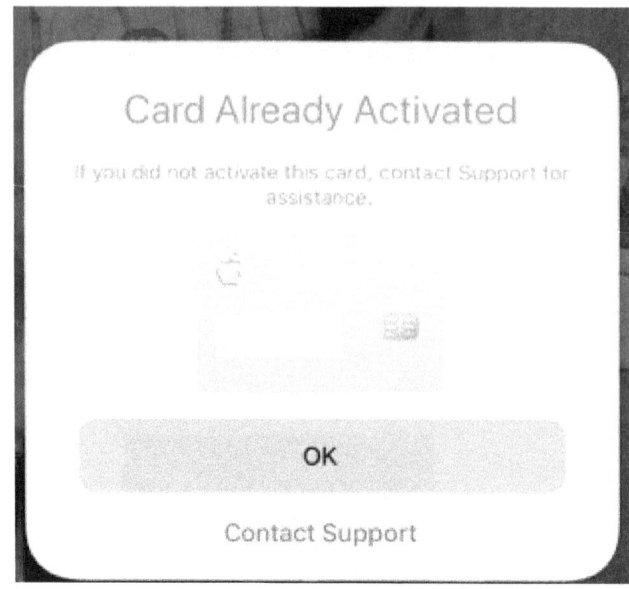

Mucha gente cree que tiene que esperar a tener su tarjeta para usarla en línea donde Apple Pay no es aceptado. Eso no es cierto. Solo necesitas el número de la tarjeta de crédito. Lo sé, lo sé: ¡no hay número de tarjeta de crédito! Ahí es donde te equivocas. No hay un número visible, pero hay un número.

Para verlo, toca la tarjeta en la aplicación Wallet y, a continuación, toca los tres puntitos de la parte superior.

Se abrirá la información de su cuenta, donde podrá ver su límite de crédito, el tipo de interés, realizar pagos y ponerse en contacto con el servicio de asistencia. Una de las opciones es "Información de la tarjeta".

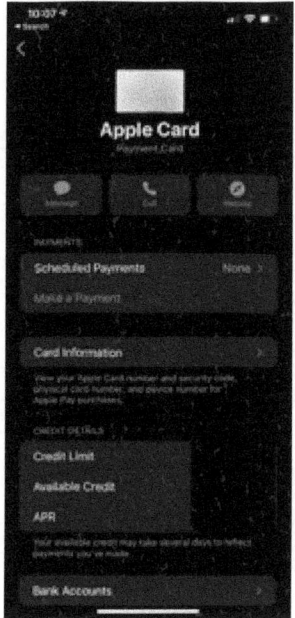

Aquí podrás ver el número de tu tarjeta, la fecha de caducidad y la tarjeta de seguridad. ¿Te preocupa que alguien tenga tu número? Sólo tienes que solicitar un nuevo número.

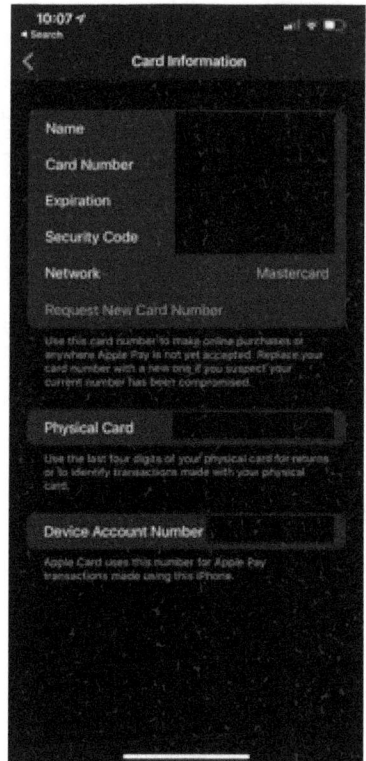

Solicitar un nuevo número no afecta a tu tarjeta física. Si alguien te roba la tarjeta física, asegúrate de desactivarla y solicita una nueva. ¿Cómo hacerlo? Pulsa la flecha atrás para volver al menú de tu cuenta. Desplázate hasta "Solicitar tarjeta de sustitución". Esto suspenderá tu cuenta para detener cualquier transacción futura y se enviará una nueva tarjeta.

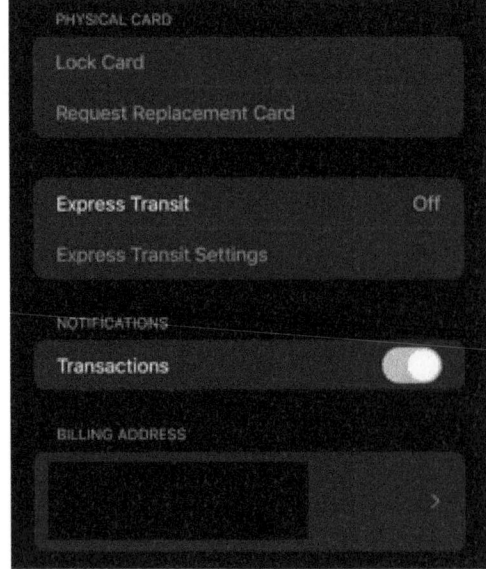

¿Y si quieres eliminar la tarjeta? Retroceda una pantalla y, a continuación, vaya a la parte inferior de la pantalla y pulse Eliminar esta tarjeta (recuerde, sin embargo, que esto no cerrará su cuenta).

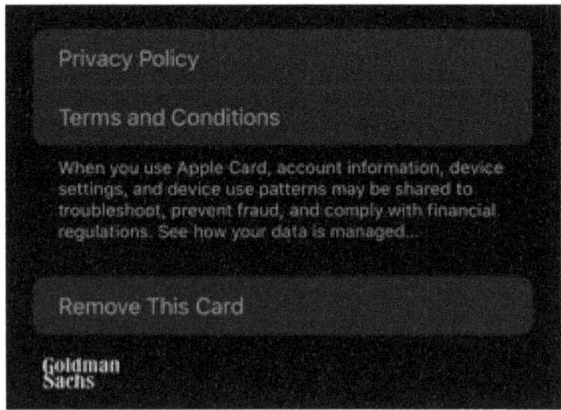

Actividad de la tarjeta Seeing

Cuando tocas tu tarjeta desde la aplicación Wallet, puedes ver toda tu actividad, como el saldo, cuándo vence el pago y las transacciones recientes.

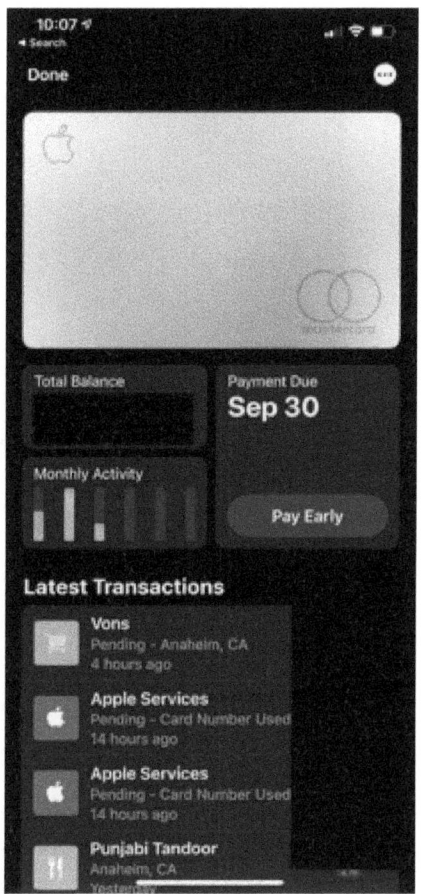

¿No está seguro de qué es una transacción? Púlsala y obtendrás más información sobre el comercio y, en muchos casos, verás un mapa de dónde se compró. Esto es útil para localizar pagos misteriosos, que aparecen en otras tarjetas de crédito con nombres raros que no tienen ningún sentido y parecen más códigos que comercios.

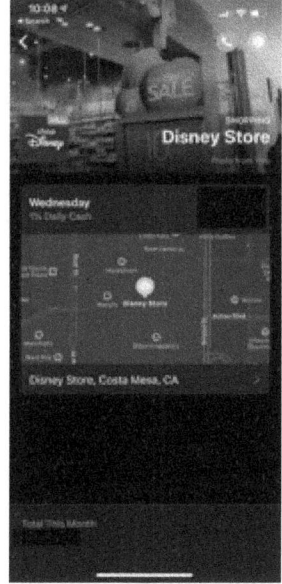

Si pulsa en Actividad mensual desde la pantalla anterior, podrá ver las categorías en las que está gastando dinero. También puedes ver tus recompensas.

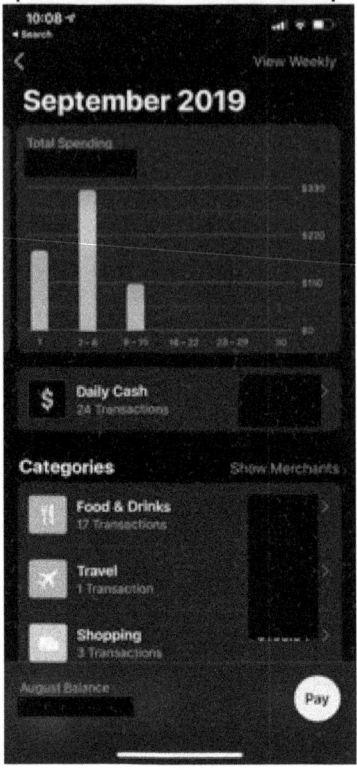

La gran pregunta que te haces es cómo gastar esas recompensas. El dinero de las recompensas está en una tarjeta separada llamada Cash Card a la que puedes acceder desde tu aplicación Wallet. Puedes gastar el dinero usándolo en cualquier lugar que acepte Apple Payo puedes transferir el dinero directamente a tu cuenta bancaria. También puedes usar la Cash Card para enviar dinero por SMS a tus amigos.

Pagos y extractos

Para realizar un pago con su tarjeta, vaya a la página principal de su tarjeta y pulse la casilla Pago pendiente. Aparecerá la información sobre el pago. Los intereses son muy transparentes en la Tarjeta Apple. ¿Ves esos puntos en el círculo? Toque la marca de verificación y arrástrela hasta uno de esos puntos; esto le indica cuál sería su cargo por intereses al realizar sólo una parte del pago. Arrastre hasta la zona que desee pagar y, a continuación, seleccione Pagar ahora (o Pagar más tarde para programar el pago). Si no tienes configurada tu cuenta bancaria, tendrás que hacerlo en este momento; necesitarás tu número de cuenta bancaria y la información de ruta.

Para ver el extracto de su tarjeta de crédito, pulse Saldo total en el menú principal. Vaya a la parte inferior y seleccione el extracto que desea ver.

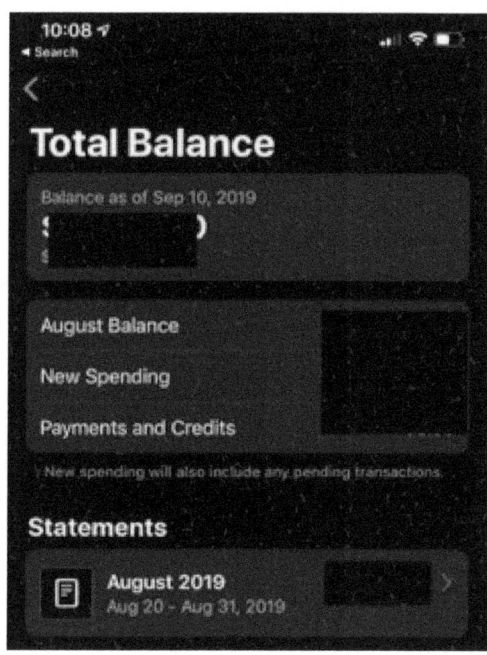

Esto trae a colación una breve declaración digital de alto nivel.

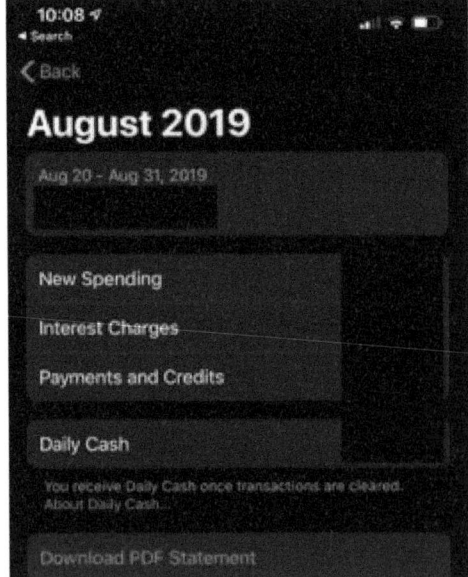

Si quieres ver tu extracto completo -el largo extracto en papel que normalmente recibirías por correo de otras tarjetas de crédito-, toca Descargar extracto en PDF.

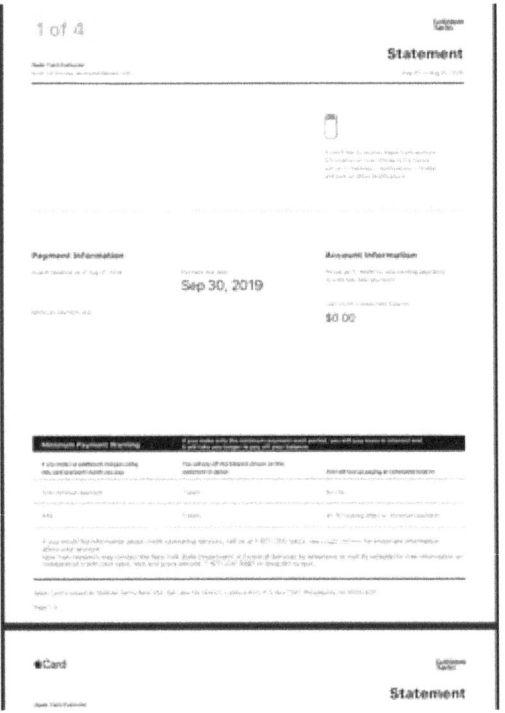

FITNESS

Una de las mayores mejoras que llegarán a los dispositivos Apple es Fitness+. Te trata de un nuevo servicio de Apple que revolucionará el sector del fitness.

Apple ofreció una visión general del servicio en septiembre, pero no lo había puesto en marcha hasta la publicación de este libro.

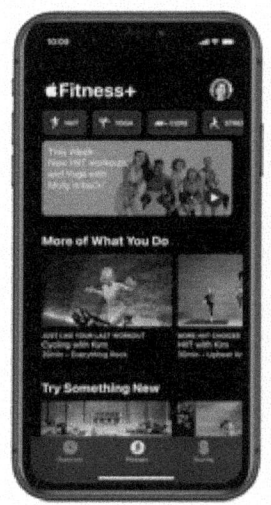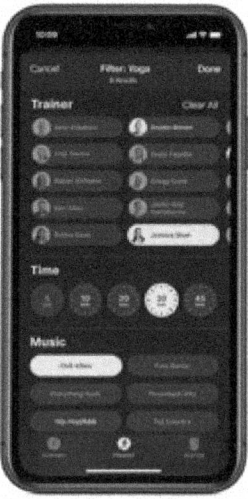

Costará 9,99 $ al mes o 79,99 $ al año (con tres meses gratis si compras un nuevo Apple Watch); Fitness+ también estará incluido en el nuevo servicio Apple One Premier (29,99 $/mes), que te da acceso a ti y a toda tu familia a todos los servicios de Apple.

El funcionamiento de los servicios consiste en que el usuario elige el tipo de entrenamiento que desea realizar a través de su Apple TViPad o iPhone, que se sincronizará al instante con tu reloj. Así, mientras se reproduce el vídeo de entrenamiento, verás datos como tu frecuencia cardiaca en el vídeo.

Los entrenamientos cambian cada semana y puedes utilizarlos con o sin aparatos. Hay entrenamientos para principiantes y avanzados, y la IA de Apple te recomendará diferentes entrenamientos y entrenadores en función de tu régimen de entrenamiento.

Incluso puedes filtrar los entrenamientos por tiempo (de 5 a 45 minutos); así, si sólo tienes unos minutos en tu agenda, puedes encontrar una rutina de entrenamiento que se ajuste a ese horario.

Si ha utilizado (o está familiarizado con) Peloton, entonces es un concepto muy similar. La mayor diferencia es que puede funcionar con más dispositivos (o con ninguno), lo que lo hace ideal para viajar.

También podrás elegir el tipo de música que suena durante el entrenamiento.

MANTENER Y PROTEGER

MODO STANDBY

Pagaste cientos de dólares por tu teléfono, así que ¿por qué no usarlo como reloj? El modo StandBy es una nueva función que convierte el teléfono en una especie de reloj digital cuando se gira horizontalmente. Para aprovechar al máximo este modo, valdría la pena comprar un soporte para tu teléfono; si tu teléfono es compatible con MagSafe, hay muchos que cuestan menos de 20 dólares.

Para activar esta función, ve a Ajustes >En espera y asegúrate de que está activada.

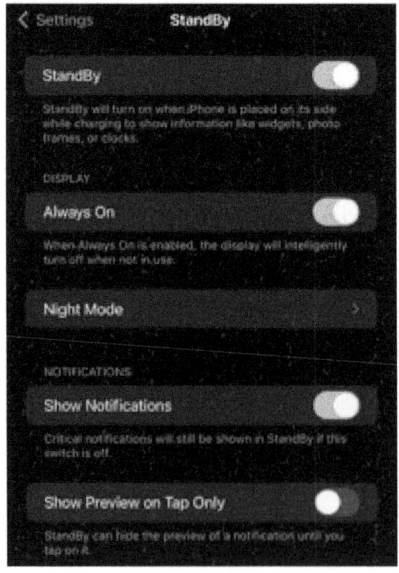

MAGSAFE

MagSafe se introdujo por primera vez en los iPhone de 2020. ¿Qué es? En una palabra: imán. Es un imán. Pero es mucho más que eso. Si alguna vez has intentado cargar tu teléfono de forma inalámbrica, probablemente te habrás encontrado con que no está bien alineado y, como resultado, no carga bien. Puede ser frustrante. Cuando usas un cargador MagSafe (se vende por separado) puedes asegurarte de obtener la mejor carga porque está unido magnéticamente a tu teléfono.

Hay muchos accesorios para el MagSafe, como la cartera MagSafe y el pack de carga MagSafe.

CARGADOR MAGSAFE

El cargador MagSafe es la forma más sencilla de cargar el teléfono de forma inalámbrica; está fabricado por Apple, pero también hay soluciones de terceros disponibles; personalmente, siempre recomiendo utilizar los adaptadores oficiales de Apple para la carga para asegurarse de que no se sobrecarga. Es un poco más caro, pero merece la pena para mayor tranquilidad.

El final del cargador MagSafe es USB-C. Se está convirtiendo en el estándar USB, pero si no tienes un adaptador USB-C, tendrás que comprar uno: no se incluye con el cargador.

CARTERA MAGSAFE

La Cartera MagSafe de Apple tiene la calidad que cabe esperar de Apple. Tiene una conexión fuerte y, dependiendo de cómo la uses, debería permanecer unida cuando metas el teléfono en el bolsillo. Uno de los mayores inconvenientes de la cartera es su tamaño. Sólo caben dos o tres tarjetas. La idea es utilizar Apple Wallet para la mayoría de tus compras. Si usted hace eso, entonces esta cartera podría funcionar bien para usted.

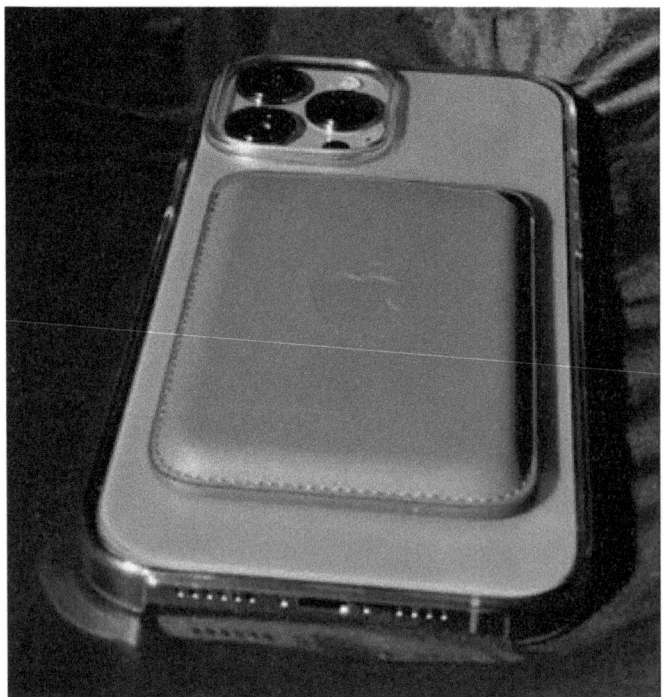

Batería MagSafe

La batería oficial MagSafe es fina y elegante. En el iPhone Mini llega hasta el borde del teléfono, lo que puede hacer que resulte un poco incómodo de sujetar. También tiene animaciones en pantalla que te informan sobre el estado de la batería. Si ves que no carga el teléfono, probablemente sea porque aún tiene batería suficiente y no se ha puesto en marcha.

La animación es bastante sencilla; sólo te informa sobre el estado de tu batería.

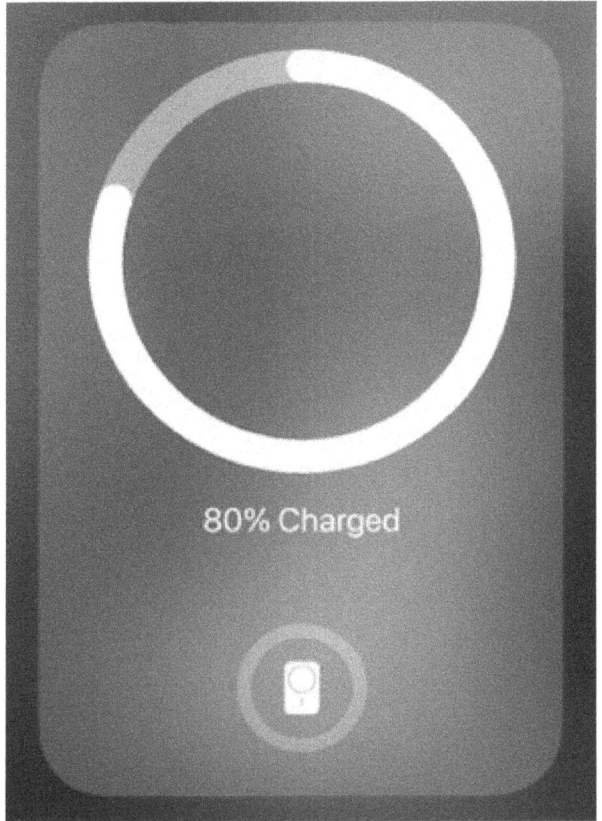

Una ventaja de la MagSafe Battery con respecto a otros packs de baterías es que también se puede utilizar como cargador: basta con conectarla a un puerto USB-C para que funcione como el cargador MagSafe normal.

No te engañes pensando que tienes que comprar carteras y cargadores MagSafe sólo de Apple; hay cientos de accesorios compatibles.

A continuación se muestra sólo un ejemplo de un respaldo de batería barato que cargará magnéticamente su dispositivo. Personalmente, si usted consigue un paquete de carga de terceros, recomiendo uno de una empresa más grande que tiene una asociación con Apple.

La única advertencia que debes tener en cuenta: si tienes una funda para tu teléfono, asegúrate de que sea una funda MagSafe. Una funda MagSafe tiene imanes en la carcasa que se alinean con los imanes del teléfono para garantizar que la conexión magnética se mantenga fuerte.

ÍNDICE

SOBRE EL AUTOR

Scott La Counte es bibliotecario y escritor. Su primer libro, *Quiet, Please: Dispatches from a Public Librarian* (Da Capo 2008) fue la elección del editor para el Chicago Tribune y un título Discovery para Los Angeles Times; en 2011, publicó el libro YA The N00b Warriors, que se convirtió en un bestseller #1 de Amazon; su libro más reciente es *#OrganicJesus: Finding Your Way to an Unprocessed, GMO-Free Christianity* (Kregel 2016).

Ha escrito docenas de las guías más vendidas sobre productos tecnológicos. Actualmente imparte clases de diseño UX en la UC Berkeley y de escritura en el Gotham Writers Workshop.

Puede ponerse en contacto con él en ScottDouglas.org.

Milton Keynes UK
Ingram Content Group UK Ltd.
UKHW030629161023
430697UK00014B/627